本书为"研究阐释党的二十大精神"成都市哲学社会科学规划"雏鹰计划"专项重点项目"新媒体驱动文创'超级IP'助推成都建设世界文化名城研究"（项目编号：2022E10）的研究成果；成都工贸职业技术学院电子商务国际化创新发展研究高水平科研创新团队阶段性研究成果。

天府文化专题研究

任丹丹　金佳林◎著

中国戏剧出版社
CHINA THEATRE PRESS

图书在版编目（CIP）数据

天府文化专题研究 / 任丹丹，金佳林著. -- 北京：中国戏剧出版社，2024.3
ISBN 978-7-104-05475-7

Ⅰ.①天… Ⅱ.①任… ②金… Ⅲ.①地方文化—研究—成都 Ⅳ.①G127.711

中国国家版本馆CIP数据核字（2024）第065518号

天府文化专题研究

责任编辑：肖　楠
项目统筹：杨秋伟
责任印制：冯志强

出版发行：	中国戏剧出版社
出 版 人：	樊国宾
社　　址：	北京市西城区天宁寺前街2号国家音乐产业基地L座
邮　　编：	100055
网　　址：	www.theatrebook.cn
电　　话：	010-63385980（总编室）　　010-63381560（发行部）
传　　真：	010-63381560

读者服务：010-63381560
邮购地址：北京市西城区天宁寺前街2号国家音乐产业基地L座

印　　刷：	天津和萱印刷有限公司
开　　本：	787mm×1092mm　1/16
印　　张：	15.75
字　　数：	260千字
版　　次：	2024年3月　北京第1版第1次印刷
书　　号：	ISBN 978-7-104-05475-7
定　　价：	88.00元

版权专有，违者必究；如有质量问题，请与出版社联系调换。

前 言

　　文化兴盛是国家强大的必要条件。文化关乎国家命运和民族精神独立。在全球化的背景下，文化具有传递主流价值观和提高国际影响力的功能。在跨文化交流中，一种文化必须坚守自身的文化传统，同时具备持续的创新能力。天府文化具有鲜明的地方特色，传承了杰出的传统文化，在中国文化中不可或缺。以成都为中心的地域性文化被称作天府文化。天府文化在继承古老蜀文化的同时，也在新时代的急流中呈现出生命活力。成都一直在积极推动新发展理念城市和世界文化名城的发展战略，天府文化成为城市发展、城市精神和城市品质的重要支撑。如何促进成都的天府文化持续发展，并发挥城市凝聚力和创新动力的作用？如何在意识形态上达成共识，进一步认同成都的人文理念、城市愿景和价值追求？如何发扬成都人热爱学习借鉴、敢于创新开拓的精神，推动天府文化的发展与转化，增强中华文化的自信心，并打造一个具有国际特色、中国特色和成都特质的世界文化名城？这些议题具有讨论深度和价值。

　　天府文化的传承和发展需要全社会的共同努力。政府应该加大对天府文化的保护和宣传力度，让更多的人了解和认识天府文化的价值和意义。同时，社会各界也应该积极参与到天府文化的传承和发展中，推动天府文化的创新和发展。

　　天府文化孕育于古蜀文明，是现代成都发展的一面重要旗帜。本书第一部分将带领读者走进天府文化的形成与发展，天府文化璀璨夺目、特色鲜明、成果丰硕，继承了辉煌的古蜀文化，在悠久的历史中孕育了独特的丝路文化、治水文化、思想学术文化、文学艺术、出版传播文化、宗教文化，在现代的发展历程中丰富延伸了科技文化、美术文化和游乐文化。灿烂的天府文化诞生于四川地区独特的地理环境，是四川人民在漫长历史中创造的，要了解天府文化，必须沿着时间的脉络，梳理其形成和发展的历史，在探究其与四川地理之间的紧密联系的同时，深入了解其中的学术文化。

　　天府文化是现代成都建设发展的宝贵资源，本书第二部分深入剖析了天府文化，并且挖掘川剧、川菜、蜀绣、三星堆、都江堰、蜀道等资源的价值。在当今这个文化多元时代，地域文化资源是地方特色发展的不竭动力。我们要深刻认识到这些独具地方和民族特色的文化资源的价值，积极宣传，使更多的人了解和体验天府文化的独特魅力，坚定发扬天府文化的信心和决心。

作为中国文化的重要组成部分，天府文化对于我国现代文明建设和传统文化传承具有重要的影响。本书第三部分阐述了天府文化的艺术价值与保护方式，对在现代社会仍旧鲜活生动的天府文化展现的主要特征进行分析，带领读者深入了解川剧、蜀绣、三星堆、都江堰的艺术价值，并且梳理四川地区政府以及社会力量为保护天府文化做出的一系列努力，归纳其保护方式，总结其保护经验。

我们不仅要认识到天府文化的保护价值和已实施的保护措施，也要看到天府文化的传播困境，本书第四部分即讨论了天府文化的传播困境与对策。有赖于现代科技的发展，我们能够利用线上、线下等多种媒体推广天府文化，将天府文化推向世界。然而天府文化的传播过程并非一帆风顺，还存在许多问题需要我们去思考和解决，透过一系列现象，抓住问题的本质和根源。针对传播困境，政府部门、社会机构和四川人民要积极行动，联合多方力量、利用多种渠道、采取多种举措，形成传播天府文化的合力，共同推动天府文化的广泛传播。

天府文化是四川人民的精神象征，彰显着四川地区的民族文化精髓，对天府文化进行开发，是天府文化活态传承、与地方经济相互促进的有效途径。本书最后一部分阐述了天府文化的开发，从文化、经济和城市发展的角度分析天府文化开发的意义，结合四川地区发展现状，提炼天府文化开发的主要模式，分析其中存在的问题，并从创意文化产业、影像开发、乡村文化旅游、大熊猫文化等层面提出建设性的意见，促进天府文化通过开发的方式实现有效保护、传承和创新发展。

在撰写本书的过程中，笔者得到了许多专家学者的帮助和指导，参考了诸多学术文献，在此表达真诚的感谢。

任丹丹

2024 年 3 月

目 录

前　言 1

绪论 001

第一章　天府文化的形成与发展 004
　　第一节　天府文化的概述 005
　　第二节　天府文化的形成 021
　　第三节　天府地理与文化 030
　　第四节　天府学术与文化 037

第二章　天府文化的资源及价值 054
　　第一节　川剧的资源及价值 055
　　第二节　川菜的资源及价值 070
　　第三节　蜀绣的资源及价值 086
　　第四节　三星堆的资源及价值 092
　　第五节　都江堰的资源及价值 106
　　第六节　蜀道的资源及价值 130

第三章　天府文化的艺术价值与保护方式 ························ 160
第一节　天府文化的历史地位 ······························ 161
第二节　天府文化的主要特征 ······························ 162
第三节　天府文化的艺术价值 ······························ 168
第四节　天府文化的保护方式 ······························ 176

第四章　天府文化的传播困境与对策 ···························· 182
第一节　天府文化的传播现状 ······························ 183
第二节　天府文化的传播困境 ······························ 193
第三节　天府文化的传播策略 ······························ 195

第五章　天府文化的开发 ···································· 207
第一节　天府文化开发的意义 ······························ 208
第二节　天府文化开发的主要模式 ·························· 210
第三节　天府文化开发存在的问题 ·························· 215
第四节　天府文化开发问题的解决对策 ······················ 219

后记 ·· 240

主要参考文献 ·· 242

绪论

在两千多年的历史中，成都作为四川的历史文化名城从未改变过它的城名和城址。它所蕴含的历史文化底蕴非常丰富。此外，成都作为一座充满活力的城市，被誉为"中国十大最具活力休闲城市"。历史悠久的文化遗产与现代理念的融合，使成都形成独特的天府文化。

要传承天府文化，就需要对其历史与现状有所了解。成都是一座拥有近五千年文化古迹的历史文化名城，同时也是古蜀文明的起源地。游览金沙遗址博物馆，可以让我们了解古蜀国手工业的制作工艺。都江堰是世界上历史最悠久、唯一得以延续使用的宏大水利工程，由蜀郡太守李冰与其子所创建，被列入世界自然文化遗产名录。此外，成都还有许多历史文化遗产，如"三国文化"武侯祠、"唐代诗文化"杜甫草堂、"道教文化"青城山、四大历史文化街区——宽窄巷子、文殊院和水井坊。许多杰出的历史人物的身影都曾在"天府之国"中出现，"自古诗人皆入蜀"。① 在成都，曾有许多名人，如司马相如、扬雄、李白、杜甫、巴金、李劼人等。除了名人，成都勤劳的居民还保留了许多非物质文化遗产，如川剧、蜀绣、蜀锦、漆艺和皮影戏等。因为历史的沉淀，成都这座文化古城独特的天府文化得以形成。

天府文化蕴含了悠久的历史积淀，随着时代的发展，它也充盈了生命力和活力。现如今，天府文化的核心为"创新创造、优雅时尚、乐观包容、友善公益"。成都正快速推进"三城三都"计划（世界文创名城、世界旅游名城、世界赛事名城、国际美食之都、国际音乐之都、国际会展之都），用来展示"天府之国"的全新魅力和形象。成都使用了"天府广场""天府大道""天府少城"等地名，营造了独特的"天府风貌"。

2023年，成都成功举办第31届世界大学生夏季运动会。作为中国西部首次举办的综合性国际体育赛事，成都大运会不仅是一场运动风采与青春活力的精彩碰撞，更是一次天府文化与现代文明的交相辉映。大运会以中国传统文化为底色，以创新形态为表征，从整体设计到细节巧思，向世界彰显出天府之国的独特魅力。

大运会赛场别具一格的场馆设计是中国传统文化的传承与发扬。东安湖体育公园主体育场由12 000多块彩釉玻璃拼成的太阳神鸟穹顶熠熠生辉；凤凰山体育公园酷似盖碗茶的造型彰显着中国人的待客之道；简阳市文化体育中心的外立面造型是对非遗工艺瓷胎竹编的抽象简化、寻根溯源、从造型到内核，让世界得以窥见古典文明的韵味风华。

大运会丰富多元的形象元素是天府美学的经典呈现。大运会会徽主体在世界大学生运动会对应英文首字母"U"的基础上，糅合了"太阳神鸟"与"凤凰"这两种典型中国元素，与国际大学生体育联合会标志元素一脉相承。火炬"蓉火"，取包容之意，用朱红、明黄、翠绿、湖蓝四个渐变色块和太阳神鸟、三星堆青铜

---

① 刘掞藜：《中国政治史略》，巴蜀书社2021年版，第199页。

立人与熊猫元素凸显热情和朝气；奖牌以"蓉光"为名，运用蜀锦工艺制成的奖牌绶带，表面可拼接的芙蓉花纹寓意团结合作。除此之外，川剧脸谱样式的吉祥物"蓉宝"手办和"太空蓉宝"虚拟数字文创更是为地域特色插上了时尚和科技的翅膀。

大运村妙趣横生的全方位、沉浸式体验是中国文化的一场盛大展演。在大运村互动体验中心，全球健儿可以体验皮影、蜀绣、竹编等多项四川非物质文化遗产代表性项目技艺，也可以在画脸谱、扎风筝、穿汉服中亲身感受中华传统文化。在大运村展览中心，蜀锦、自贡扎染、宜宾蜡染等非遗文化展览和书法美术展品从不同视角反映着地域文化的多姿多彩和生活气息。在运动员餐厅里，除了世界各地的美食，火锅、串串、熊猫造型的赖汤圆等特色小吃种类繁多，让各国运动员在比赛之余，能够品尝地道的川味特色。"好逛、好玩、好吃"，大运村在承担后勤保障、休闲放松的功能之外，也传达出"多元文化，美美与共"的理念。

接棒北京冬奥会，成都大运会用创新的姿态开启了一场国风与体育的邂逅。通过与绚丽的天府文化交流互鉴，让世界青年真实感受宽窄巷子里的人间烟火、玉林路上的小酒馆、春熙路的繁花似锦、成都南的熙攘人潮，了解一个真实、立体、全面的成都。让源远流长的历史文明重新焕发生机，让世界再一次看见独特的东方之美，让世界人民走进成都，了解成都。

第一章 天府文化的形成与发展

　　天府文化源自古蜀国，指中国四川省的地方文化，是中华文化的重要组成部分。天府文化以成都为中心，融合了巴蜀文化、荆楚文化、中原文化等多元文化，形成独特的地域特色和精神内核。本章内容为天府文化的形成与发展，主要包括天府文化的概述、天府文化的形成、天府地理与文化、天府学术与文化四个方面的内容。

第一节 天府文化的概述

天府文化是成都为建设"三城三都",打造世界文化名城,引领未来文化发展而提出的概念。天府文化是该地区民族文化的核心,展现了地域特色,并且逐渐成为成都市的文化标志,越来越受到社会的关注。

一、天府文化概念内涵

"天府文化"作为一个表示地域文化的概念,近几年才频繁出现。重庆成为直辖市前,讲到四川文化,人们一般都称为"巴蜀文化"。重庆成为直辖市后,人们经常用"蜀文化"指称四川文化,偶尔也用"天府文化"来指称。而在提到成都的文化时,一般则称"成都文化",很少有用"天府文化"指称成都文化。自从2017年4月成都市第十三次党代会报告中提出"传承巴蜀文明,发展天府文化",并将"天府文化"的核心概括为"创新创造、优雅时尚、乐观包容、友善公益"后,"天府文化"逐渐成为在成都及四川媒体中出现频率极高并赢得广泛回应与拥赞的热词之一。随后,成都市委、市政府采取了一系列举措,强力推进"天府文化"研究、发掘、传播与建设。如创办《天府文化》杂志,在成都大学成立"天府文化研究院",出台《建设西部文创中心行动计划(2017—2022年)》等,从"涵养天府文化"(搭建天府文化研究、展示、传播平台)、"厚植文化传承"(搭建天府文化传承、保护、转化平台)、"提升公共文化服务水平"三个方面提出发展天府文化的具体措施及"让天府文化成为彰显成都魅力的一面旗帜"的发展目标。总之,政府民间、线上线下,"天府文化"耳熟能详,人们竞相谈论,热闹非凡。

(一)"天府"释义

"天府"有四个义项。第一,西周王室档案库。人口登记簿、国家盟书以及诉讼记录都被保存在天府,后泛指朝廷的仓库。第二,星宿名,亢宿、房宿都有四星,并称天府。第三,人身体部位及经穴名。《黄帝内经·素问·至真要大论》:"天府绝,死不治"[1],注谓天府在肘后之侧上腋下。第四,土地肥沃。《战国策·秦策》:"大王之国,西有巴、蜀、汉中之利,北有胡貉、代马之用,南有巫山、黔中之限,东有肴、函之固。田肥美,民殷富,战车万乘,奋击百万,沃野千里,

---

[1] 段青峰译:《崇文国学经典:黄帝内经》,崇文书局2023年版,第134页。

蓄积饶多，地势形便。此所谓天府，天下之雄国也。"① 此乃苏秦说秦王之言，所谓"天府"，实指"八百里秦川"的关中平原。此后，汉初张良在论证定都关中之优势时也说关中平原是"金城千里，天府之国也"②，显然是着眼于地理、交通、物产等条件而说的。两汉之时，由于以成都为中心的成都平原得都江堰自流灌溉系统之利，社会经济持续发展，且不像关中平原屡经战乱破坏，故"沃野千里，号为陆海，旱则引水浸润，雨则杜塞水门，故记曰：水旱从人，不知饥馑，时无荒年，天下谓之天府也"③。

自三国迄清代，"天府"或"天府之国"虽可指关中平原或成都平原，乃至其他富庶繁盛之地，但随着唐代以后中国经济中心的南移，加之五代以后，关中地区战乱频繁，元气大伤，昔日荣光逐渐黯淡，成都平原后来居上，独享"天府之国"的美誉。明清时期，"湖广填四川"促进了经济的发展，成都平原日益富庶，成为名副其实的"天府"，且"天府之国"的美誉一直流传至今。

（二）"天府文化"的范围和义界

我们常用"巴蜀文化"称谓重庆未直辖前的四川文化，常用"蜀文化"称谓当今的四川文化，而用"成都文化"称谓成都市行政辖区内的历史文化。那么，成都市第十三次党代会提出的"天府文化"，其大致范围是什么？不用"成都文化"而用"天府文化"概念，其用意又何在呢？仔细推究，主要基于如下原因。

第一，"蜀文化""四川文化"的概念当然包括了成都文化，但都不能突出、彰显成都文化，且成都市作为四川省管辖的城市，实不宜以"蜀文化""四川文化"代表本地文化，如何突出"成都文化"并传承发扬，似乎从省委、省政府高度提出更为适宜。

第二，以前所用的"成都文化"，其地域虽然与成都市行政辖区一致，但又显得太普通，不能彰显其历史性、包容性、丰富性和独特性，且"地名+文化"的文化命名方式毫无新意。因此，虽然现代以来人们多用"成都文化"概念，但随着成都平原经济区、成都城市群一体化建设发展的加快，再继续沿用此概念已名不副实，让人觉得不是十分贴切、完满。

第三，用"天府文化"来指称以成都为中心的成都平原文化，既不及"蜀文

---

① ［西汉］刘向：《战国策》，江苏科学技术出版社2018年版，第29页。
② ［西汉］司马迁：《史记·留侯世家》，中华书局1982年版，第2页。
③ 转引自宋如海等编著《古堰流芳 福泽万世：都江堰》，中国大百科全书出版社1998年版，第74页。

化""四川文化"之宽泛，又可免"成都文化"概念的过窄，因而不失为一个能体现成都文化内核与特色的概念。如前所言，历史上的"天府之国"，主要指成都平原，也即我们今天所说的"1+7"成都平原经济区（成都+德阳、绵阳、资阳、眉山、乐山、雅安、遂宁），这个区域是四川省最肥沃、最富庶的地区，面积共8.7万平方千米，占全省面积的17.9%。这一区域，就是"天府文化区"。如果认真梳理历代最能代表蜀地文化的物质文明与精神文明成果，那么可以发现绝大部分也出于这个区域。"天府"概念历史悠久（三国时已指成都平原）、包容性强（可以成都市为中心，延展至整个成都平原）、知名度高（秦汉以来，中国有不少地方称"天府"或"天府之国"，但清代以后则专指成都平原）、独特性鲜明（成都是一座文化个性突出、文化特征鲜明的城市，富庶、温润、休闲、美味、诗意、乐观、幽默、优雅……都是初来成都的人最容易获致的印象）。因此，用"天府文化"来指称以成都为中心的成都平原文化，有厚重的历史纵深感和巨大的弹性与张力，可谓恰到好处。这也是自市第十三次党代会报告提出此一概念后，立即得到各方广泛响应、赞同的原因。

至此，我们可以尝试为"天府文化"下一义界，即"天府文化"是指以成都平原为空间，从古蜀文明一直传承延续到现在的物质文明与精神文明的总和，是蜀文化的主干和核心，是蜀地民众千百年来的智慧结晶，是中华大地众多地域文化中的奇葩。天府文化源远流长、体系独立、成果丰富、吸引力强。天府文化以其在地理、历史等方面独具特色、追求创新创造、包容并接纳不同文化、蜀风雅韵时尚典雅为人所称道。这些特征使得天府文化拥有长久的文化吸引力、影响力和美的魅力，展现出文化的瑰丽。

二、天府文化的主要内容

天府文化成就辉煌、成果丰硕，对中华文明及世界文明贡献巨大，举其荦荦大端，略有如下十一个方面。

（一）辉煌灿烂的古蜀文化

古蜀文化历史悠久、自成体系、成就辉煌。从时代来看，相继出现了宝墩文化、三星堆文化、十二桥文化等；以帝王世系而论，则相继出现了蚕丛、柏灌、鱼凫以及望帝、丛帝"五代蜀王"。而举世闻名的广汉三星堆遗址和成都金沙遗址，就是古蜀文明辉煌成就的集中体现。

三星堆遗址的发现，始于1929年，其文化遗存分为四期。最早的在新石器时代晚期，最晚的在商末周初。这里，有高大的城墙与深广的城壕，有全世界最大的青铜雕像群和最长的黄金权杖，有玉石礼器、青铜酒器和印度洋海贝。这些都表明当时国家这一形式已经形成，经济文化也发展到了一定的水平，对外交流的渠道早已通向远方。

金沙遗址位于今天成都市城市苏坡乡金沙村，通过近些年来的多次发掘，证明了成都是一个延续时间长达四千多年的历史文化名城。在金沙，出土了震惊世界的、已被确定为我国文化遗产标志的太阳神鸟金箔，出土了大量的玉器、金器、陶器、石器、青铜器、象牙，从中不仅可以看到当年的文化发展程度之高，也可以看到当年蜀中与中原地区、华东沿海地区，乃至南亚、西亚等已经有明显的文化交流。

三星堆文化与金沙文化是古蜀文明的代表和标志，是长江上游的一个最重要的古代文明的中心。早期蜀文化的高度发展，也为中华民族及其文明起源的多元一体论提供了一个有力的佐证，它说明早在夏商时期，在曾被认为"西僻之国也，而戎狄之长也"①的蜀地，存在着一个独立发展的、独具特色的又与外界保持着交流的古蜀文化。古蜀文明有其独立而悠久的史源，有独特的文化模式和文明类型，是一支高度发达的灿烂的古代文明，李学勤、段渝等学者都认为古蜀文化是与中原夏商文化平行发展的另一个文明中心。

（二）源远流长的丝路文化

成都是南方丝绸之路的起点。所谓"南方丝绸之路"，是指除"北方丝绸之路"（也称"草原丝绸之路"）、"海上丝绸之路"外的第三条中西交通道路。由于它是由成都南行经云南到缅甸、印度、巴基斯坦等地，故称"南方丝绸之路"。它是古代成都连接缅甸、印度等国的一条国际交通路线，又称"蜀身毒（印度）道"。印度孔雀王朝时期，中国的丝绸被考底利耶大臣在其所著作的《政事论》中称为"Cinapatta"②；另外还有"桥奢耶"，其也指丝，或是蜀地丝织品之译名。早在商代，成都平原的广汉蜀王都和成都，就已初步成为中国西南同南亚、西亚进行经济文化交流的枢纽，其时代明显早于"北方丝绸之路"（史有明证从西汉张骞通西域开始）和"海上丝绸之路"。"南方丝绸之路"作为民间商道，不仅开通时间早，而且一直很活跃。在考古资料方面，大量外来品如琉璃、琥珀、水晶、轲虫（海贝）

---

① 转引自傅德岷、赖云琪主编《古文观止鉴赏辞典》，上海科学技术文献出版社2019年版，第88页。
② 罗开玉、谢辉：《成都通史：秦汉三国（蜀汉）时期（卷二）》，四川人民出版社2011年版，第63页。

等，在云、贵、川这一时期的墓葬、遗址（如三星堆、金沙遗址等）中都有普遍发现。这说明，成都不仅是"南方丝绸之路"的起点，而且是中国较早与外国通商并进行文化交流的地区，是中国较早的出口商品丝绸的产地，甚至是西方世界认识中国的较早城市（区域），乃至西方世界把成都当作中国的标志。

（三）泽被千秋的治水文化

"予观蜀之山川及其图记，能雄于九丘者，盖乘成水利以富殖之，其国故生生不穷"[①]，准确指出成都平原的富庶与繁荣乃以水为始，因水而成，治水而兴。

一是大禹治水。大禹治理洪水乃是"岷山导江，东别为沱"[②]，即根据地势和水系分布，将洪水引入沱江金堂峡泄走。

二是鳖灵治水。鳖灵除了决玉垒山以除水害，还开凿了金堂峡。鳖灵治水为后来的李冰治水提供了先例和经验，有十分重要的意义，如制作杩槎、竹络笼石技术等一直沿用至今。

三是建设都江堰水利工程。李冰修建的都江堰无坝引水自流灌溉系统是世界古代水利史上一项非常成功的创举。水利工程设计思路中所体现的顺应自然、因势利导、系统思维等科学理念至今仍对人类有重大价值。都江堰水利工程建成后，形成自流灌溉系统，实现了对自然资源的永续利用，两千多年来一直造福蜀人，因此，李冰父子又是中国古代体现科学发展观和正确政绩观的杰出代表。

四是"穿二江成都之中"。所谓"二江"，即指郫江与检江（又称流江），是流经成都的两条大动脉。"二江"乃自然河道，李冰加以疏淘整治，李冰"穿二江"之后，成都"二江抱城"的格局才基本形成。

五是"穿石犀溪"及建造"七星桥"。李冰"穿石犀溪"，即开凿一条新的人工河，贯穿"二江"，既开辟了一条航道，方便交通运输，又可防洪分水。此外，李冰还在"二江"之上"造七桥，上应七星"[③]。

李冰之后，历代对都江堰水利系统工程都有修复、加固、扩充之措置，出现了许多治水功臣，他们的石像至今仍伫立在离堆公园主干道两侧，供游人瞻仰凭吊。因此，天府文化中的治水文化是千百年来无数优秀官吏与劳动人民智慧的结晶，至今仍有启迪后人的重要意义。

---

① [宋] 张俞:《蜀望丛帝新庙碑记》，重庆大学出版社2014年版，第70页。
② [春秋] 孔子等:《尚书》，大吕文化出版社2022年版，第128页。
③ 转引自袁庭栋《巴蜀文化志》，四川人民出版社2022年版，第265页。

（四）博大精深的思想学术文化

1. 教育

蜀地人文荟萃，这与自汉代以来教育的高度发达关系密切，教育提升了蜀人的文化素养和文明素质，为历代人文的兴盛奠定了基础。一是西汉时文翁兴学，使"蜀学比于齐鲁"，蜀中成为中国文化教育发达的地区之一。二是书院发达。其不仅规模大、数量多，而且名师、名人辈出，在中国教育史上颇足称道。三是抗战期间全国著名高校纷纷南迁，使成都名校汇集、名师云集，成为大后方的教育文化中心之一。其中最具代表性的是西南联大（西南联合大学），该校是当时全国最高学府之一，是包括重庆大学、西南交通大学、四川大学等多所高校的前身。西南联大汇集了大批知名教育家和学者，如梁思成、林徽因、杨振宁等，他们为学校的教育质量和学术水平提供了强大的支持。此外，成都还吸引了其他高校的迁入，如云南大学、贵州大学、西北农林科技大学等，这些高校的迁入不仅丰富了成都的教育资源，也为当地培养了大批人才。高校的迁入不仅为成都带来了先进的教育理念和学术成果，也为抗战期间的学术交流和人才培养提供了重要平台。成都成为抗战时期的重要学术交流中心，吸引了大量学者和青年才俊前来学习和研究。因当时高校多分布在华西坝，故与重庆的沙坪坝、北碚夏坝、江津白沙坝合称"四坝"，成为中国抗战时期教育文化重地。

2. 思想文化及学术

古蜀文明历史悠久，且自成体系、特色鲜明。从先秦开始，著名学者、思想家、重要著作就不断涌现。究其原因，一是古蜀王国有自己的文字系统。古蜀文字"巴蜀图语"至今仍不能被完全通晓释读，成为不解之谜。二是先秦蜀人著作对中原文化产生影响。《山海经》中的《海内经》四篇与《大荒经》五篇可能产生于巴蜀，《鹖冠子》是《汉书·艺文志》中的巴蜀地区著作。三是汉代蜀学勃兴。出现了严遵等一批专精道家思想的学者，出现了一大批以《华阳国志》为代表的地方史志著作，出现了多部语言文字学著作。四是宋代蜀学的鼎盛。宋代蜀学最有特色的是儒学和史学。儒学又可分为两大系统，即正统的儒学经典研究和理学研究，二者皆成绩斐然。宋代蜀学中最有特色和成就的是史学，名家辈出、名著迭出，有华阳（今成都）范镇、范祖禹，新津张商英、张唐英，丹棱李焘，井研李心传、牟子才等。特别是李焘的《续资治通鉴长编》，共1063卷，历时40年方成，专记北宋九期史事，其价值超过官修的《宋史》。此外，因家学渊源而成为家族性学统传承，也是宋代蜀学的显著特征，如眉山苏氏（苏洵、苏轼、苏辙、苏过、苏籀)、华阳范氏(范镇、范百禄、范祖禹、范冲)、井研李氏(李舜臣、李心传、李道传、李性传)等都是有名的学术世家。五是元明清时期的蜀学,由于宋元之际与明清之际的两次长期且大规模的战乱,蜀学已不复两汉、唐宋时期群星灿烂、名著纷呈之盛况。到了清代中期以后,蜀中学术才得以复兴,呈繁荣之象。纵观元明清蜀中学者,最著名的当数杨慎(1488—1559年),存世著作170多种。此外,唐甄、费密、廖平、宋育仁、张森楷、傅增湘等也在全国有一定影响。

(五)争奇斗艳的文学艺术

成都是中华文学艺术的沃土。两千多年来,名家名作辈出,文学、绘画、书法、音乐、戏曲以及糖画、皮影等各种艺术形式和民间艺术都高度发达,取得了辉煌的成就。

1. 自古文宗出西蜀

一是创造了中国文学艺术史上的多个"第一",以及一系列栩栩如生的文学典型形象(如三国故事中众多的人物形象),为中国文学增光添彩。如第一个成熟且最有名的汉赋作家司马相如为蜀郡成都人(一说巴郡安汉人),蜀人常璩的《华阳国志》为中国最早的地方志,"三苏"为中国家族中名家最多、影响最大的"文学家族",中国最早的词集《花间集》由后蜀赵崇祚在成都编成,中国历史上第一副春联为后蜀孟昶所书的"新年纳余庆,嘉节号长春[①]",等等。

二是蜀中历代名家名作辈出。说到蜀中文人,真可谓灿若星辰。具体可分为两类:一类是土生土长的蜀地文人,另一类是流寓蜀地或虽未到过蜀地却心向往之、形诸载籍歌咏的诗人作家。据杨世明的《巴蜀文学史》、祝尚书的《巴蜀宋代文学通论》等论著所载,历代这两类文人作家总数约两百人。这样庞大的作家阵容,如此众多的名家名作,恐怕任何地方都难望其项背。更何况,在这些生长于蜀、歌咏蜀中风物、与蜀地有浓厚情结的作家中,有众多的一流作家,如司马迁、司马相如、诸葛亮、李白、杜甫、白居易、李商隐、"三苏"、黄庭坚、陆游、范成大、杨慎、张问陶、李调元、郭沫若、巴金……这一串光彩夺目的名字,足以使成都享有中国的文人渊薮、文化圣地、文学高地之美誉。

三是形成"自古诗人皆入蜀"的"巴蜀文学定律"。此一论断,主要说明"入蜀"与提高诗歌造诣之间的关系,亦即入蜀诗人得蜀地"江山之助",能写出脍炙人口的佳作,于是形成一种风气,即诗人竞相入蜀,争取受到蜀中山水风习之陶染而提升诗艺诗境,这也从另一角度解释了蜀地为何历代都是诗人作家荟萃云

[①] [清]纪昀:《阅微草堂笔记》,北京燕山出版社1997年版,第1784页。

集之地。杜甫是中国文学史上伟大的诗人之一,而他最好、流传最广的诗又大都是在留寓成都期间写成的,这有力地证明了杜甫在蜀中诗歌的"登峰造极"。由此,"入蜀"与"杜甫"又自然联系在一起,甚至可以说,"自古诗人皆入蜀"的论断,其最典型的个案和榜样就是杜甫。

2. 风格独特的"西蜀画派"

蜀地文艺发达,绘画历史悠久,名家辈出,并且形成具有独特风格的"西蜀画派"。在唐末至北宋时期,成都地区的社会环境相对稳定,经济也相对繁荣。许多当地和外地的艺术家聚集在这里进行艺术创作,形成了一个规模宏大、多元化且环境优越的艺术团体,被人们称为西蜀画派。孙位、赵公祐、范琼及常粲、常重胤父子等可为其代表。《图画见闻志》卷二中收录了27位知名画家,均为唐朝末期的艺术家,和蜀地有关的就有19位,在这27位画家中,蜀中画家占7位,蜀中外地画家占12位。在西蜀画派的众多画家与作品中,大致可分为宗教绘画与非宗教绘画两大部分。佛教寺院和道教庙观的墙壁上的寺观壁画是唐代绘画的重要方向,很多画家都有很深的造诣,蜀地画家也不例外,而其中最具有代表性的就是大圣慈寺壁画(见图1-1)。西蜀画派的非宗教绘画作品对后世影响最大,它可分为人物、山水、花鸟三个方面。此外,文同与苏轼开创的文人画(又称士人画),在我国文化史上有相当重要的地位,是蜀文化对我国文化的一大贡献。

图 1-1 大圣慈寺壁画

宋代以来,蜀中绘画虽非昔日之盛,然仍不时有名家出现,乃至现代,仍有谢无量、张大千等大家名士,蜀中绘画传统之深厚,由此可以概见。此外,蜀中的书法、篆刻、雕塑等亦极为兴盛，代有名家，在中国艺术史上占有重要地位。

3.歌舞戏曲的兴盛

一是蜀戏冠天下。成都是古典戏剧之乡。早在1700多年前的三国蜀汉初期，成都便有了戏剧的雏形——参军戏。唐代和前后蜀时期成都戏剧艺术达到了当时全国最高水平。最先出现的古典戏剧艺术形式——唐杂剧，也出现在关于成都的最早记载之中。西蜀也是猴戏和傀儡戏的产生地。成都还是我国历史上戏班成立最早、地方戏曲中最早男扮女装的地方。

二是"天府之花"——川剧。川剧是四川的代表性戏曲剧种，成都是川剧的主要发祥地和繁盛区，也是川剧"四条河道"（四个地域流派）中"上坝"派的艺术中心。蜀地自三国蜀汉出现"参军戏"，唐代出现"杂剧"之后，宋代出现了"川杂剧"。明代，已见"川戏"艺人及其戏班远至金陵（今南京）演出的记载，昆曲、弋阳腔于明末传入成都。清代雍正、乾隆年间，"花部"（地方戏）勃兴，继有梆子腔、皮黄腔入川。省外诸腔在流传过程中逐渐被四川语音及民间曲调所同化，成为流行至今的川剧昆腔、高腔、胡琴和弹戏，后来渗入四川本土的灯戏，形成风格统一的四川地方剧种。民国初期，各路声腔戏班的艺人在成都组成"三庆会"剧社，集五种声腔的剧目于一班，正式形成五腔同台的演出形式。

川剧的表演细腻生动，表现手法丰富多彩，具有深厚的现实主义传统。同时大胆使用艺术夸张手法，人物、语言富有生活气息和幽默感。传统表演自成体系，变脸、吐火、藏刀、踢慧眼、钻火圈等特技与剧情、人物心境紧密结合，神奇而夸张地为演出增加了浪漫主义色彩。此外，川剧与以蜀绣工艺绣制的川剧服装、色彩明快的脸谱也相得益彰，凸显了川剧的地域特色。

（六）源远流长的出版传播文化

四川从唐代开始就是（中国）造纸中心，在唐代，成都是世界上最早发明和使用雕版印刷术的地区，成都印刷制品被称为"西川印子""蜀刻龙爪本"。现存有剑南西川成都府的《樊赏家历》残页，西川过姓的《金刚经》残页，成都府成都县龙池坊卞家印刷的《陀罗尼经咒》，是世界上现存最早的一批印刷品，而卞家、过家等书坊则是我国已知最早的民间出版社。

在唐代雕版印刷的基础上，五代两宋时期成都地区印刷术继续发展。除了承担蜀石经的印刷工作，刻书家毋昭裔还主持了我国古代最早的一批文学总集和类书的雕刻印刷工作。"宋时蜀刻甲天下"[①]，可见，蜀中仍是全国三大印刷术中

---

① 葛金芳：《宋辽夏金经济研析》，武汉出版社1991年版，第223页。

心之一。我国历史上也是世界历史上刻印的第一部巨型佛教藏经——《开宝藏》、1 000卷的《太平御览》都是在成都地区雕版刻印的,1 000卷的《册府元龟》是在眉山雕版刻印的。两宋蜀刻书籍种类丰富,而且具有校勘认真、版质好(多用梨木)、字画端楷(多用颜体、柳体)、版式疏朗、刻工精细、墨色漆亮、纸质上乘等优点。特别是大字本,字大如钱、墨香纸润,被后世学者称赞"蜀本大字书皆善本"[①],是我国雕版印刷史上公认的精品。有趣的是,在蜀刻宋代书籍中,还出现了我国也是世界最早的不准翻刻的声明文字,开印刷史上版权保护之先河。

提及成都印刷业的繁荣,必须提到世上最早的纸币——交子,其在成都诞生。宋初,蜀地商业繁荣,商品交易扩大,而该地区流行铁钱,铁钱体重值小,"市罗一匹,为钱二万"[②]。这两万枚铁钱,如为小钱,重65千克,大钱重12千克,使用起来极为不便。于是蜀中有些商人便制楮(纸)为券,表里印记,隐秘题号,朱墨间错,私自参验,以代铁钱流通。这种楮券被称为"交子"(见图1-2),其性质与现在的存款凭据相近,既可随时兑现,也可流通于世。随后,政府开始对交子实行监管,取缔民间私自制造,建立专门的机构来管理益州的交子,发行"官交子"。随着时间的推移,纸币在全国范围内被广泛使用。在元朝世祖统治时期,纸币开始在波斯传播,并风靡全球。因此,成都在建设全面体现新发展理念的公园城市示范区及"五中心一枢纽"时,其中有一个建设"西部金融中心"的内容,可以说这是有极深厚的文化底蕴和历史传承价值的。

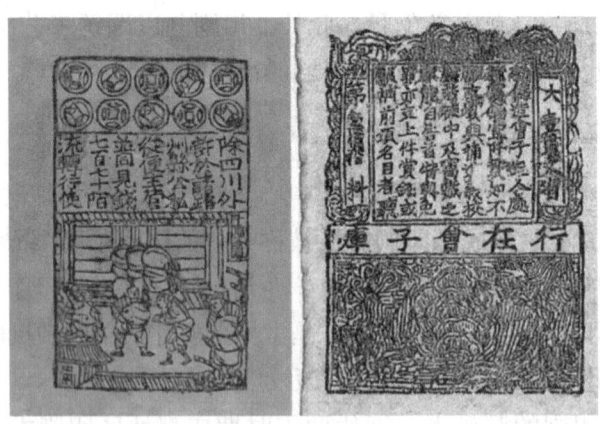

图1-2 交子

---

① 陶懋炳:《中国古代史学史略》,湖南人民出版社1987年版,第441页。
② 贾大泉:《宋代四川经济论述》,四川社科院出版社1985年版,第208页。

（七）影响深远的宗教文化

1. 道教的诞生地

道教是我国本土的宗教，对中国文化影响深远，而其诞生地就在成都大邑县鹤鸣山。相传东汉顺帝（125—144年在位）时，张陵在鹤鸣山修炼，造作道书，自称"天师"，创立五斗米道，后来发展为中国道教的主要流派正一道，此山也成为道教的发源地。此后，随着道教的传播，青城山的影响逐渐扩大，成为与鹤鸣山齐名的道教名山。据传，道教创始人老子曾在青城山修炼，并传授了道教的教义和修行方法。许多著名的道士如五代的杜光庭、北宋的陈抟、元初的张三丰等，都到鹤鸣山或青城山修道传教。因而，青城山、鹤鸣山成为道教信仰和文化的重要象征。

2. 佛教重镇

一是佛教圣地雾中山的普照寺，建于东汉明帝永平十六年（73年），仅比中国佛教第一寺洛阳白马寺（建于68年）晚5年，并且很可能是佛教从"南方丝绸之路"入蜀后所建，故称"佛教南来第一寺"。二是众多的隋唐石刻造像，证明了蜀中佛教的兴盛。据有关统计，巴蜀地区现存高度或长度在10米以上的大佛就有20座之多，占全国的70%，其中最大的当然是世界第一的乐山凌云大佛。而在全世界排名前十的大佛中，就有5座是巴蜀大佛，其地位之高不言而喻。三是峨眉山从西晋以来就一直是我国著名的佛教名山（宋代以前也是道教名山），先后建过170余所寺庙（到近代仍有73所），在明代中期僧人最多时达到3 000余人，有过很多高僧大德。印度僧人宝掌和尚、尼泊尔僧人阿罗婆曾先后来过峨眉山，历代名人留下的题咏更是不计其数。1996年，峨眉山被联合国教科文组织批准为世界自然与文化遗产。四是唐代玄奘法师在成都受戒修行的大慈寺，其壁画群的规模与气势皆可与举世闻名的莫高窟媲美。五是圆悟克勤与昭觉寺。昭觉寺建于唐代贞观年间，其规模宏大、建筑雄伟，素有"第一禅林"的美称。宋代名僧圆悟（1063—1135年）曾两度住持该寺，其著作《碧岩录》不仅是中国佛教临济宗的重要典籍，而且对日本佛学影响深远，故昭觉寺亦被日本禅宗视为祖庭。六是蜀中名刹众多。除上面提及者外，成都的石犀寺、万佛寺、金绳寺、多宝寺、文殊院，龙泉的石经寺，新都的宝光寺、金堂的大中祥符寺、什邡的马祖寺等都是著名的佛寺。

（八）高度发达的科技文化

1. 冶金

三星堆遗址所揭示的古蜀王国的冶铸技术和黄金加工工艺展现了当时令人惊叹的制作水平。一方面，青铜器的精湛制作不仅在技术上达到相当的高度，更呈现出与中原明显不同的独特风格，彰显了蜀中冶铸技术的自成体系和独具一格。这些青铜器的精巧制作不仅见证了古蜀王国在金属工艺方面的卓越成就，同时也表明蜀中很可能是中国冶金术起源的若干个中心之一。另一方面，古蜀王国在黄金加工技术上同样达到了全国最高水平。三星堆遗址中发现的金权杖以及金沙遗址中的太阳神鸟金箔是这一时期黄金加工工艺的杰出代表。这些珍贵文物不仅在精湛的工艺上令人叹为观止，更昭示了古蜀王国对黄金的独到认知和深厚的工艺传统。综合而言，三星堆遗址为我们提供了深刻的历史见证，揭示了古蜀王国在冶铸和黄金加工方面的卓越技术，为中国古代文明的多元发展贡献了独特而宝贵的遗产。

2. 钻井术与井盐开采

《华阳国志·蜀志》记载，"又识察水脉，穿广都盐井"[1]，是指钻井术及盐井开采术乃蜀人所发明。英国李约瑟在其著名的《中国科学技术史》第一卷第二分册中也指出了这一事实："今天在勘探油田时所用的这种钻深井或凿洞的技术，肯定是中国的发明，因为我们有许多证据可以证明，这种技术早在汉代就已经在四川加以应用。"[2] 这一技术的应用不仅对当地的资源开发和经济建设有着深远的影响，同时也为后来的技术发展提供了宝贵的经验。因此，古蜀人在钻井术和盐井开采术方面的发明不仅彰显了其卓越的科技智慧，同时也在中国古代科技史中添上了浓墨重彩的一笔。

3. 天然气与石油的开采

蜀地的临邛地区开采天然气的历史可以追溯至公元前67年，为世界上最早的天然气利用留下了重要的记载。这被称为"火井"的天然气开采方式，广泛应用于制盐、煮饭和照明等方面，标志着古代蜀地人民在能源利用方面的卓越创新。此为世界上最早的天然气利用记录，凸显了古蜀文化在科技领域的领先地位。

值得注意的是，中国不仅是全球最早发现和利用石油的国家，同时也产生了最早的石油钻井和采油工艺。这一创举首次发生在蜀地，为中国古代石油工业的

---

[1] [清]张鹏翮：《遂宁县志康熙二十九年本校注》，巴蜀书社出版社2017年版，第11页。
[2] 袁庭栋：《巴蜀文化志》，四川人民出版社2022年版，第107页。

发展打下了坚实基础。这一早期钻井技术的运用，将石油从井中取出并进行有效利用，不仅为当地经济发展提供了新的动力，同时也在全球能源史上留下了独特的一笔。这些创新性的天然气和石油开发实践，凸显了古代蜀地在能源利用和工程技术方面的卓越水平，为后来世界各地的能源产业发展提供了宝贵的经验。这一丰富的科技遗产进一步强调了中国在古代对于天然资源的智慧利用和科技创新的引领地位。

4. 医药

前蜀波斯后裔李珣的《海药本草》以其独特的视角，成为中国记载海外药物的开创之作。李珣通过这部著作向世人展示了他对药物的深刻了解和对外来医学知识的独到见解。《海药本草》为中国医药史上的重要文献，记录了大量海外药物，为中外医学交流提供了珍贵的资料，弘扬了中医药的博大精深。在宋神宗时代，华阳人唐慎微创作了《经史证类备急本草》，是中国历史上第一部最完备的药典。这部草药典籍包含了1 746种药物，为当时医学的发展提供了翔实的药物学资料。唐慎微在编纂这部作品时，充分汲取了经、史、子、集等各个领域的医学知识，对医学文献进行了系统整理和总结，使之成为宋代医药领域的权威之作。

这两部著作分别代表了古代中国医药领域在海外药物记载和本土草药整理方面的卓越成就。它们为后来的医学研究提供了坚实的基础，彰显了古代中医药开放包容、博大精深的文化价值，同时也为世界医学的发展贡献了独特的中国智慧。

5. 自成一体的天文星象学

自古以来，就有"天数在蜀"的说法，实为对古蜀天发达的文学生动形象的描述。在众多蜀地的天文学家中，汉武帝时期阆中人落下闳堪称最杰出者。他以卓越的才华和深厚的学养，成为我国天文学史上的璀璨之星。落下闳的最显著成就之一是他在汉武帝时期主持编制的《太初历》。这不仅是我国历史上第一部完整的历法，更是决定性地影响了中国历法结构。他的贡献为后来的历法研究和制定奠定了基础，彰显了蜀地在天文学领域的引领地位。

除此之外，落下闳提出了"浑天说"，这一理论创新性地拓展了中国古代的"宇宙起源"学说。他的思想为后代的宇宙观念和宇宙学研究提供深刻启示，对中国古代天文学理论的发展产生了深远影响。落下闳还发明了"通其率"，这一天文数学上的创新不仅在当时有着深刻的影响，而且在中国天文学的发展历程中延续至少两千年。他的贡献不仅在于推动了古代天文学的发展，更为中国的科学传统和文明留下了宝贵的遗产。因此，落下闳被誉为古代天文学领域的巨匠，他的成就不仅是蜀地的骄傲，也是中华文明的瑰宝。

（九）闻名世界的美食文化

1. 中国最重要的产粮区

成都平原是中国西部的粮仓。安史之乱后，剑南西川的财赋收入成为唐王朝战胜藩镇割据的最重要的战略支撑。据北宋文人记载，全国"财政贡赋"三分之一来自蜀中。成都地区是全国著名的稻米生产基地，更是川陕驻军粮饷的供应地。特别是在南宋，全国国土面积大为缩小，政府的财政主要依靠江南和西蜀，而各种赋税中农业占据了相当的比例，这也从侧面证实了当时成都农业的发达。至于抗战期间川人做出的重大贡献与牺牲，以及中华人民共和国成立后川人为全国人民解决"吃饭吃肉问题"所做出的巨大的贡献（大量川粮川猪外调）等，已广为人知，在此不加赘述。

2. 享誉千古的川酒川茶

与生活富足、物产丰富相联系的是著名的川酒与川茶。一是川酒。蜀中酿酒有悠久的历史，郫县（今郫都区）的郫筒酒、青城山的乳酒、嘉州的东岩酒、剑南的烧春（酒）等，都享有盛名。经过长期发展，今天有名的川酒有"六朵金花"之说，即宜宾五粮液、什邡剑南春、泸州老窖（高端者为"国窖1573"）、成都水井坊、古蔺郎酒（青花郎与红花郎）、遂宁沱牌大曲（高端者为"舍得"）。川酒已成为我国白酒业中之翘楚。二是川茶。中国是茶的原产地，蜀中又是我国种茶、制茶、饮茶最早的地区之一。在我国的饮茶史（也是世界的饮茶史）上，巴蜀地区（主要在蜀地）占十个"第一"，已知最早开茶馆卖茶的是一位"蜀妪"，而西汉卓文君亦为有记载的当垆卖酒女性第一人，可见蜀中女性的不同凡响。

此外，成都还是中国茶楼（馆）最多的城市。据清末傅崇矩的《成都通览》记载，当时成都全城有街巷516条，而茶馆竟有454家。可见蜀人嗜茶饮茶之风炽盛，乃至有这样的说法，即成都人有一半在茶馆，还有一半在来茶馆的路上。虽有夸张，亦可见蜀人好茶之一斑。另外，独具特色的盖碗茶也是成都最先发明的。

3. 具有重要国际影响的川菜及成都名小吃

一是川菜。川菜是中国四大菜系之一，历史悠久，源远流长。唐代诗人杜甫对川菜有"蜀酒浓无敌，江鱼美可求"的赞誉。南宋诗人陆游在《思蜀》中写道："老子馋堪笑，珍盘忆少城。流匙抄薏饭，加糁啜巢羹。"可见在唐宋之时，川菜就已经受到人们的喜欢，至今在川菜中犹有"太白酱肉""东坡肘子""东坡鱼"的流传。明清以来，大批外籍官员入川，厨师随行，把南北各地的饮食习尚和名馔佳肴带进四川，使得名厨荟萃天府，佳肴竞相争艳。川菜吸收南北各家烹饪之长，形成一套完整而独特的烹饪艺术，成为中国烹调艺术园地里的一朵奇葩。

二是成都名小吃。"日斜戏散归何处？宴乐居同六合居。三大钱儿买好花，切糕鬼腿闹喳喳。清晨一碗甜浆粥，才吃菜汤又面茶。凉糕炸糕聒耳朵，吊炉烧饼艾窝窝。叉子火烧刚买得，又听硬面叫饽饽。稍（烧）麦馄饨列满盘，新添挂粉好汤团。"① 成都的小吃因其风味独特和品类多样广受欢迎，就像成都的佳肴一样。成都地区有超过200种美食选择，包含了饺子、抄手、腌制卤味、凉拌食品，还有糕点汤圆等，涵盖了蒸、煮、烤、炸等不同烹饪方式。如总府街的赖汤圆，荔枝巷的钟水饺，长顺街治德号的小笼蒸牛肉，耗子洞的张鸭子，洞子口的张老五凉粉，铜井巷的素面等。今天，有的名小吃虽已迁新址，但依然沿用旧名。

（十）巧夺天工的工艺美术文化

1. 蜀锦与蜀绣

一是蜀锦。锦绣是全球最古老的丝织品，也是最早通过南方丝绸之路出口到欧洲进行贸易的中国商品。自2000年起，考古学家一直在新疆地区的古代北方丝绸之路上不断发现汉魏至隋唐时期的织锦，其中许多均为蜀锦。除此之外，相关遗迹还出现在"海上丝绸之路"上。在先秦时期，蜀锦就已经成为中外交流的重要商品。

在中国的丝绸工艺之中，锦和绣是当之无愧的最高代表。而成都的蜀锦和蜀绣更是中国丝绸工艺的翘楚。在春秋战国时期，古蜀国以其众多的布匹金银受各诸侯国赞扬。最晚在西汉初年，成都地区的丝织工匠对织帛进行创造，发明了织锦。西汉文学家扬雄的《蜀都赋》中曾这样描写当时成都的锦与刺绣："若挥锦布绣，望芒兮无幅……发文扬采，转代无穷"，在这里，"挥锦布绣"就是织锦，即"展帛刺绣"。可见，在汉代，蜀中的蜀绣和蜀锦生产已很发达了。所谓"锦"，是用多种彩色丝织成的多彩提花织物，用料考究、工艺复杂，因而"其价如金"。随着时间的推移和自主创新，蜀锦形成独特的风格。中国的丝绸历经两千多年的演变，绽放出独一无二的魅力：图案丰富多样，色彩鲜明持久，对比度强，质地坚韧而厚重，织法变幻莫测。

蜀锦因其华丽巧妙享誉全球，政府也一直看重其发展。在东汉时期，朝廷在成都设立了"锦官"负责蜀锦的制造，位置位于成都市东南部的"流江"河岸，也就是"锦官城"。在那之后，人们以"锦官城"代称成都。因此，在杜甫的诗歌中，

---

① 邵万宽：《中国面点文化》，东南大学出版社2014年版，第8页。

"晓看红湿处，花重锦官城"表现的便是成都春雨过后花开似锦的景象。在三国蜀汉时期，蜀锦天下独绝，曾是政府财政的主要来源。据文献记载，238年，魏明帝曹叡赠送日本女王许多礼物，其中就有蜀锦。至今日本还珍藏着中国唐代的"蜀江锦"，成为中日两国人民友好往来的宝贵见证。唐宋时期，蜀锦的织造工艺和美术图案发生重大变化。在宋代，蜀锦和定州缂丝、苏州苏绣同列为当时国内三大丝织名产。清代同治、光绪年间，蜀锦呈现出盛极一时的局面，同江南享有盛名的南京云锦、苏州宋锦齐名，后来又加上了广西的"僮锦"，从而形成享誉至今的"四大名锦"。

　　二是蜀绣，自其诞生起就一直受到人们的热切喜爱，与蜀锦同被誉为"蜀中瑰宝"。西晋时期，常璩在《华阳国志》中便把蜀绣与金、银、碧、锦同等，列为珍贵之物，为蜀中之宝，彰显了其卓越的工艺和独特的美感。至宋代，蜀绣工艺娴熟，织文锦绣，工艺巧妙，被誉为"冠天下"，成为当时绣艺的佼佼者。

　　20世纪初期，蜀绣工艺经历了转型，衍生出独树一帜的风格，大量新颖而制作精美的绣品应运而生，被誉为"天下无双之物"，与苏绣、湘绣一同享有中国"三大名绣"的美誉。此后，随着广东粤绣的加入，形成如今备受赞誉的"四大名绣"。蜀绣的辉煌历史与其精湛的工艺、独特的风格密不可分。其绣品图案新颖多样、制作精致、绣工考究，以丰富的色彩和精湛的技艺为人们呈现了一幅幅艺术品。蜀绣具有卓越的品质和深厚的文化底蕴，一直以来都是中国绣艺的瑰宝，为中国的传统工艺和文化艺术增光添彩。

　　2. 工艺漆器

　　自古以来，成都的漆器一直被誉为瑰宝级的艺术品，备受瞩目。成都漆器历史久远，如在广汉三星堆就已发现了殷商时期的漆器印痕。到战国中期，成都已能生产比较完美的各式漆器。秦汉之际，发达的楚地卤漆工艺流入成都，蜀、楚两地卤漆工艺交流融合、相得益彰而达到鼎盛，成都一举成为全国漆器生产中心。西汉在成都设置了由中央政府直辖的"工官"，其主要任务之一就是生产漆器。20世纪以来，在国内四川、湖南、湖北、贵州，乃至朝鲜、蒙古、越南等国，都发现了大量有"成亭""成市""蜀郡西工""成都郡工官"等烙印或戳记的精美漆器。著名的长沙马王堆一号汉墓中曾出土了大量漆器，其中绝大部分是成都所造。这些器物色彩鲜明和谐、图案美丽生动、线条流畅，虽埋藏了两千多年，但仍色泽如新。唐代以后，成都仍不时有精品漆器被发现。

　　此外，蜀人富巧思。除上述蜀锦、蜀绣、漆器外，蜀地的竹编、扇子、手杖、盆景以及珠宝金银加工都技艺非凡，闻名遐迩。

（十一）"诗意栖居"的游乐文化

蜀地人民善于游玩，在游玩欣赏的过程中生活会变得美好，实现诗意的人生。用德国哲学家马丁·海德格尔（Martin Heidegger）的话来说，这就是"诗意（地）栖居"。出行游乐，是我国传统的群众文化活动，各地均有，而且多与年节有关，诸如春节舞龙、元宵观灯、清明扫墓、端午赛舟、七夕乞巧、中秋赏月、重阳登高等，蜀地皆与各地相同。但相较而言，蜀地的出行游乐活动更有特色、更有气势、更有群众性、更有知名度，"蜀人好游乐"成为地域文化的鲜明特征。

王衍在《醉妆词》中描述了五代时期的成都充满了各种游戏和娱乐，作者生动地描绘了这些热闹的盛事。这种现象在秦汉时期就已经普遍存在，到了唐宋时期则更加盛行，而在宋代及以后的记载中尤其详尽。唐宋时期的这种群众性的出行游乐活动，一直延续到现代，其中最典型的是成都的灯会、花会以及乡村旅游。

第二节　天府文化的形成

天府文化历史悠久、灿烂辉煌。成都作为成都平原的中心城市、天府文化的核心和策源地，至今已有4500年的文明史和2300多年的建城史。在长达数千年的历史发展中，天府文化也经历了产生、发展、鼎盛、衰微、复兴、转型等历史进程，呈现出明显的阶段性。而文化又是由物质文化、制度文化与精神文化构成的庞大系统，每一系统又可细分为不同的子系统。比如精神文化中就包括思想学术、文学艺术、政治宗教等内容，而每个子系统在统摄于大系统的发展变化及其规律特征时，在不同的历史时段往往又呈现出自身的发展变化特点，造成了文化的发展嬗变及其复杂的情形，也使我们在总体论述某一文化（比如天府文化）发展变化时只能就一般发展趋势和总体发展状况进行描述和论析，很难就文化的各个方面拉出一条历时性的发展线索。

一、天府文化的形成与发展期

关于成都历史（包括文化史，迄今为止，仍没有以《成都文化史》或《天府文化史》为题的著作问世）的分期，目前比较有代表性的观点有以下两种。

一是《成都通史》编纂委员会主编的《成都通史》，此书分七卷，把成都自古蜀至1949年中华人民共和国成立前的成都历史分为七段，即古蜀时期、秦汉时期、魏晋南北朝隋唐时期、五代两宋时期、元明时期、清时期、民国时期。每个时期在成都发展链条中的地位和作用，并未在分期中标示，而是放在具体行文中加以论述。在"导论"中，以"成都生长与发展的基本轨迹"为题，把成都的发展历史分为五个阶段，即成都城市的起源与初步发展、秦汉三国（蜀汉）时期成都的第一次繁荣、唐宋时期成都城市发展的第二次繁盛、明清时期成都城市社会的发展、晚清和民国时期城市转型和发展。可以看出，除前两个阶段与《成都通史》分期完全吻合外，其他三个时期都未与朝代分期相对应，也没有提到魏晋南北朝与元代。揆诸成都历史（包括文化史）的发展，笔者认为此种分期较为科学合理，因为城市及其文化的发展显现出的阶段性不一定与朝代一一对应。

二是张学君、张莉红的《成都城市史（修订本）》，全书共分四编。第一编：先秦到魏晋南北朝成都城市的产生与发展；第二编："扬一益二"隋唐到两宋成都城市的繁荣；第三编：元明清时期成都城市的兴衰；第四编：近代成都城市的演变。虽主要着眼于城市及其文化的发展流变，但分期与上述《成都通史》亦大致相同。其他如贾大泉、陈世松主编的《四川通史》（七卷），何一民、王毅编著的《成都简史》等，亦有对成都发展历史分期的内容，体例大同小异，故略而不论。本书综合诸家论述，对天府文化的历史发展嬗变分期论述如下。

古蜀时期（从"五代蜀王"中最早的蚕丛氏到公元前316年张仪、司马错灭巴蜀）是天府文化的起源与初步发展期。前述成都有4500年的文明史，其中有一半的年代（两千多年）属于此时期。关于古蜀文化的地位和作用，李学勤指出："蜀是一个发端于上古的民族。这一民族有自己的悠久文化，并长期保持着文化的特色。"[①] 李学勤、段渝等都认为古蜀文化（主要有宝墩文化、三星堆文化、十二桥文化等，其中十二桥文化包括金沙文化）是与中原夏商文化平行发展的另一个文化中心。以前普遍认为古蜀文化是在中原夏商文化的影响下发展起来的，与中原夏商文化是"母子"关系、"源流"关系的认识是不准确的。特别是三星堆遗址和金沙遗址的发现和发掘，所呈现的高度发达的古蜀文明使我们深感震撼，纵目人、金面具、摇钱树、太阳神鸟、金箔以及具有域外文明特征的海贝、象牙、金权杖等，无不说明古蜀文明的高度成就以及与中亚、西亚甚至欧洲的交流交往。那种认为蜀为"四塞之国"，较为封闭保守的观点，看来并不正确。

古蜀文化或许是先秦时期中国众多区域文化中与异域文化交流最深最广的区域文化，而成都可能是当时中国对外交往的"门户"城市。除此之外，到了开明王朝，还创设了自己的礼乐文化与制度，说明当时精神文化已较发达，特别是至

[①] 李学勤：《〈帝系〉传说与蜀文化》，《四川文物》1992年第S1期，第13—17页。

今仍未能准确解读的"巴蜀图语",更证明了古蜀文化已有自己的文字系统,这也是文明发达的要件之一。总之,古蜀文化是一支早熟的文化,但由于公元前316年巴蜀被秦所灭,暂时中断了古蜀文明的发展,再加上时代久远,存世史料和地下出土文物不足,故对这一古老的文明的了解非常有限。但随着研究的日益深入和地下出土文物的日益丰富,我们对它的了解将更全面、更系统,古蜀文化的光芒将更加辉煌夺目。

二、天府文化的第一次繁盛期

秦汉三国时期(指从公元前316年秦惠文王灭巴蜀至三国时蜀汉灭亡的500多年间)是天府文化发展的第一次繁盛期。在这个阶段,其物质与精神文明达到了高峰。农业、水利、手工业和商业等领域的物质文化达到了较高水平。农业方面,由于李冰等历代蜀守治理水患,特别是都江堰的兴建所形成的自流灌溉系统,使水患不断的成都平原成为"水旱从人,不知饥馑,时无荒年"①的"天府之国",成都地区很快成为全蜀农业经济中心,从此,沃野千里、物产丰富、富饶美丽就与成都紧紧地联系在一起。在秦汉时期,成都手工艺技术精湛,开创了许多中国和世界上前所未有的文化历史纪录。在汉代,成都的冶铁、制盐、丝织、漆器制作和刀具制造享有盛誉。以织锦业为例,大约在东汉时期,朝廷就在成都成立了专门管理蜀锦生产的机构——锦官。蜀锦甚至成了对外作战军费开支的重要来源,《诸葛亮集》云:"今民贫国虚,决敌之资,唯仰锦耳。"②除了设立"锦官"外,朝廷还在成都设立了"车官""工官"等专门的管理机构,可见当时手工业及制造业之兴盛。农业、手工业的兴盛与水运的便利,极大地促进了商业的发展,因而成都"列备五都",成为汉代著名的"五都"(洛阳、临淄、邯郸、宛和成都五个商业城市)之一,并且有人口35万,仅次于首都长安,位居全国第二(据汉平帝元始二年统计)。用现在的话来说,已是当时的"一线城市"。

此时期成都的精神文化主要表现为教育、文教、史学及思想学术等方面。天府文化源远流长,有历史悠久的著述传统。从先秦开始,著名学者、思想家及重要著作就不断涌现,为两汉三国时的文化繁荣打下了良好的基础。"文翁兴学"提升了蜀人的文化素养和文明素质,为天府文化的全面兴盛创造了教育、人才等条件。就此阶段天府文化中的精神文化层面而言,主要有这五个方面:一是文翁

---

① 转引自宋如海《古堰流芳 福泽万世:都江堰》,中国大百科全书出版社1998年版,第74页。
② [宋]李昉等:《太平御览》,中华书局1985年版,第3624页。

兴学导致了"蜀学比于齐鲁"的兴盛局面；二是出现了司马相如、王褒、严君平和扬雄四大文学家，赢得了"文宗自古出西蜀"的美誉；三是兴起了修撰巴蜀古史之风，仅《蜀王本纪》就有八家之多，形成天府文化史上第一个竞修地方史志的高潮；四是神仙方术的思想传统催生了道教，道教产生于成都大邑鹤鸣山绝不是偶然，因为蜀中自古神仙方术思想就较为流行，而道教就是在神仙方术、民间信仰以及道家思想的影响下形成的；五是出现了一批专门研究语言文字的学者和著作，如司马相如的《凡将篇》、扬雄的《方言》等都是其中的代表性作品。

三、天府文化的低谷期

两晋南北朝至隋时期（从265年西晋建立到618年隋朝灭亡，共353年）是天府文化发展的低谷期。两晋南北朝时期，是中国历史上朝代更迭频繁、战争战乱频发、个体生命受到摧残最严重的时期，没有和平安定的环境，人们为了生存保命而自顾不暇，没有更多的心力来从事文化创造。尽管也有"诗穷而后工"[①]"国家不幸诗家幸，赋到沧桑句便工"[②]等用鲜血和泪水浇灌出的文化之花，但那只是个别现象，并不代表文化的全面繁荣。在此背景下，天府文化的发展缺少"重量级人物"和"拳头产品"，属于文化发展长河中的低谷期。但是有三点可以一提：一是道教的迅速发展，出现了范长生、李八百等高道。曹学佺的《蜀中广记》卷七十一至卷八十为《蜀中神仙记》，用十卷的篇幅来记载道教人物与史事，而其中很多人物便活动于此时期。二是出现了氐族人建立的成汉政权。大量的北方流民避乱于巴蜀，增进了民族融合与文化交流，逐渐形成蜀人能吃苦耐劳、机灵中又带有豪爽的"北人"特点。三是继续保持着全国著名商业城市的地位。左思的《蜀都赋》中"市廛所会，万商之渊""既丽且崇，实号成都"[③]及王羲之的《蜀都贴》《成都贴》中对蜀中山水风物之向往都表现出尽管此时期战乱不息、社会动荡不安，但成都仍相对安定富庶，仍是当时全国富有吸引力的旅游城市和宜居城市之一。

四、天府文化的发展期与鼎盛期

唐宋时期（618年唐朝建立至1279年南宋亡，共661年）是天府文化发展的

---

① [宋]欧阳修：《梅圣俞诗集序》，《中文自修》2007年第3期，第50-51页。
② 王钟陵：《古诗词鉴赏》，四川辞书出版社2017年版，第346页。
③ 何一民、王毅主编：《成都简史》，四川人民出版社2018年版，第121页。

鼎盛期。唐宋时期益州（今成都）物质文化和精神文化都极为兴盛，赢得了"扬一益二"的美誉。就物质文化层面而言，唐宋时期成都的农业和手工业都极度繁盛。"安史之乱"后，由于藩镇割据，不向中央王朝交纳赋税，故国库收入主要依赖江南和剑南，而宋代全国"财利贡赋"三分之一来自西蜀，可见蜀地在国家全局中占有多么重要的战略地位。以农产品而论，当时西蜀的茶叶、酒、锦都是宫中必不可少的贡品，"剑南之烧春"还是当时全国名酒之一。就手工业而言，唐宋时期的造纸、印刷、制瓷等迅速发展，取得很高成就。商业方面则有"十二月市"等各种专业性节会，"茶马古道"异常繁忙，与南昭、吐蕃也长期保持着良好的贸易关系。特别是世界上第一张纸币"交子"在成都诞生，更是在世界经济史、货币史、出版印刷史上具有里程碑的意义。

与高度发达的物质文化媲美的是唐宋时期精神文化的高度繁荣。此时期，文学、戏剧、绘画、音乐、舞蹈、书法等各种艺术门类皆高度繁荣，并且出现了陈子昂、李白、杜甫、"三苏"、陆游等蜀籍或流寓蜀地的诗（词）人，留下了大量脍炙人口的"成都诗"，在天府文化史上留下了浓墨重彩的篇章。除此之外，天府文化中女性文化的高度发达也在此时期得以集中体现。就学术思想文化而言，史学、理学、经学皆高度繁荣，并且出现了华阳范氏、丹棱李氏、井研李氏等众多文化世家和史学世家，特别是出现了像李焘《续资治通鉴长编》这样的学术名著。特别值得一提的是，代表蜀中学术特点的区域性学术流派"蜀学"也发展成熟于此时期，并一直延续到现在。唐玄宗、唐僖宗的相继入蜀，不仅把成都提升到"南京"的地位，而且留下了一批世家望族和专门人才，推动了天府文化的繁荣发展。天府文化的众多中国第一、世界第一，"剑南""江南"的相提并论，"自古诗人皆入蜀""自古文宗出西蜀""诗家律手在成都"的"巴蜀文学定律"的形成，游乐之风的遍及城乡，"大游江""小游江"的举城若狂，摩诃池的波光帆影、万里桥的送往迎来、青羊宫的二十里花市、西楼的纵酒轻歌，以及武侯祠、杜甫草堂的文化盛宴，都成为后人心驰神往并缅怀不已的昔日荣光。

五、天府文化的衰退期

元明及清代中叶（1271年忽必烈定国号为元至乾隆中期，共500年左右）是天府文化的衰退期。昔日荣光不复存在，农、工、商让位于他省，天府文化也难与吴越、齐鲁等地域文化争锋。主要原因是连续的、长期的战乱，战乱破坏了生产力、破坏了经济，也破坏了人的文化创造力。整个元代，巴蜀地区文化全面衰退，当时流行的文体——元杂剧著名作家中，没有一个川人。在全国文坛上有影响的学者仅虞集一人。明代近300年，巴蜀地区的经济文化有所恢复，出现了大学者杨慎、理学家赵贞吉、易学家来知德等一批杰出人物，天府文化出现复兴的迹象。可是好景不长，明末清初，巴蜀地区出现了连续80年的战乱和天灾，致使清初成都已残破得不能作为四川巡抚驻地，四川巡抚只能在保宁（今阆中）暂驻了十几年，直到康熙四年（1665），即明亡20年后，各官署才全部迁入成都。到顺治十八年（1661），全川人口也只有八万左右，于是才开始了大规模的移民，即"湖广填四川"。正如袁庭栋先生所云："明末清初长期的、大范围的、深度的破坏，使巴蜀地区在明代已有所恢复的社会正常秩序遭到毁灭性打击，人口锐减、四野荒芜、残垣遍地、文物尽毁，其残破程度为我国几千年历史所罕见。"[①]此论深刻有见、语颇沉痛。因此，此时期在文化上的表现亦缺乏可圈可点的成绩。除前面提到的，也只有达州的唐甄（1630—1704年）和以费密（1625—1701年）为代表的新都费氏家族（有"四费"之称）还值得一提了。

六、天府文化的复兴期

　　清中叶至清末时期（从清代乾隆中期到1911年清亡，约150年）是天府文化的复兴期。从清代中叶开始，随着"湖广填四川"的移民政策推行，四川（包括成都）的人口逐渐增长，嘉庆时期四川人口总数达到了5 182 458户、20 755 770人。以目前成都市所属区市县范围合计，当时成都总户数为1 059 763户、人口数为3 647 127人，占全省人口的17.6%[②]，这远远超过了明末清初战乱前的规模。随着人口的增长，四川的经济有了明显的复苏，其显著标志是农业的复苏与发展，粮食大量增加，并能如汉代一样外运。以农业的复苏为基础，手工业、商业也呈现出复兴局面，随着产业的复兴，文化也呈中兴之象，具体来说可概括为如下数端。

　　一是文学的复兴。出现了被誉为清代蜀中"三才子"的彭端淑（约1699—1779年）、李调元（1734—1802年）、张问陶（1764—1814年）。他们在全国都有较高的知名度，张问陶作为"性灵派"代表甚至可与袁枚相提并论。除诗歌外，词、散文、戏曲都呈现出极其兴盛的局面，如川剧的形成与鼎盛，"竹枝词"创作的盛极一时，都为清中叶以后的天府文化增添异彩。

---

① 袁庭栋：《巴蜀文化志》，巴蜀书社2009年版，第13页。
② 李世平：《四川人口史》，四川大学出版社1987年版，第177页。

二是书院的兴盛。在古时的天府大地，书院如林，学问之光辉在这片土地上照耀，弦诵之声不绝，呈现一派繁盛的文化景象。其中，锦江书院和尊经书院两座著名的书院尤为引人注目，它们对于蜀地教育的发展和蜀中人才的培养发挥了极其重要的作用，为当地文化的繁荣立下了不朽的功勋。

锦江书院作为当时的文化中心之一，汇聚了众多学子和文人雅士，成为学术交流和知识传承的重要场所。在这里，学子钻研经史、讲学授业，书院内弥漫着浓厚的学术氛围。锦江书院的存在，不仅使天府之地成为文化名邦，更培养了一代代的人才，推动了蜀地教育事业的发展。尊经书院则以推崇儒学为主，注重对经典的传承和研究。学子深入研读经书典籍，培养了深厚的文学底蕴和崇高的道德品质。尊经书院的存在，为蜀地的文化传统注入了更为深厚的儒家精神，为培养道德高尚的人才奠定了坚实的基础。

三是竹编、年画、丝织等民间艺术及手工业的蓬勃发展。竹编技艺通过巧妙的编织方式，创造出各种实用的器物和装饰品，既具有实用性，又富有艺术性。年画是中国传统的民间艺术之一，随着时间的推移，年画在不同地区呈现出各具特色的风格。这些画作通常以传统的绘画技法生动地描绘喜庆祥和的场景，寄托了人们对美好未来的期许。丝织工艺作为中国传统的纺织技艺，历经千年仍然保持着活力。丝织品以其精湛的工艺和独特的纹样吸引了人们的目光。

四是人才济济、名人辈出。清末民初的数十年，巴蜀大地人才辈出，成为各个方面的翘楚，这在天府文化史上从来没有过，也充分说明天府文化的全面复兴。在此，笔者还是引一段袁庭栋先生的话来作结："清代末年，继日益强劲的复兴之风，巴蜀大地人才辈出，硕果累累，充分展现了文化的全面复兴，经学大师廖平、革命家邹容、彭家珍、喻培伦、吴玉章、张澜，书法家顾印愚，史学家张森楷，名医唐宗海等是较早一批在全国知名、卓有建树的人物。新文化运动主将吴虞、文学家谢无量、版本目录学家傅增湘、诗人赵熙等是第二批。然后，新文学巨匠郭沫若、巴金，少年中国学会发起人王光祈、周太玄，革命家朱德、邓小平、陈毅、聂荣臻、刘伯承、罗瑞卿，史学家蒙文通，音律学家赵少咸，国画大师张大千、张善子、陈子庄、石鲁，著名作家李劼人、沙汀、艾芜，著名诗人吴芳吉，经济学家陈豹隐，金石书法大师乔大壮，数学家何鲁，著名记者范长江，文学家何其芳、赵景深，哲学家贺麟，佛学大师能海，地质学家黄汲清……真可谓群星璀璨，光耀中华。"[1]

---

[1] 袁庭栋：《巴蜀文化志》，巴蜀书社2009年版，第14页。

七、天府文化的转型期

民国至现在（从1911年辛亥革命建立"中华民国"至现在，约100多年）为天府文化的转型期。1911年的辛亥革命推翻了清王朝的统治，也结束了数千年的封建社会，具有数千年历史的天府文化也发生了巨大的转型，表现在以下五个方面。

一是西方教育体制，特别是高等教育体制的引入对西方文明的传播和城市文化的引领有重要作用。

二是经历过从全盘否定传统文化到"取其精华，去其糟粕"，再到"创造性转化、创新性发展"的曲折过程及中华优秀传统文化全面复兴的过程，目前正处于全面复兴的第三阶段。

三是新闻媒体对文化的抑扬褒贬具有重要的引领作用。新闻媒体作为传播社会舆论的重要平台，对文化的抑扬褒贬具有重要的引领作用。新闻媒体通过报道、评论、分析等手段，对社会文化现象进行解读和评价，影响着公众对文化事件的看法和态度。

四是培育新的文化核心价值观是一项需要多方共同努力、持续推动的长期任务，其成功实现需要多管齐下、假以时日。

五是要在传承天府文化中探索凝练时代表达。在传承天府文化的过程中，要不断探索凝练时代表达，使传统文化与当代社会相互交融，形成具有时代特色的文化表达方式。

成都是西部内陆地区中经济实力最强的城市之一，具备西部经济、金融、科技、文创、对外交谊以及综合交通等多项核心功能。这个地方位于亚洲和欧洲之间，是"一带一路"倡议南北交汇和东西部互通的中心，同时也是"蓉欧快铁"的出发点。成都具有巨大的文化发展和融合潜力，这是由于国家重要战略在该市交汇叠加，如"一带一路"倡议"长江经济带发展"、新时代西部大开发等。

当代成都的核心文化是当代天府文化。这种文化需要具备面向未来和创新的思维方式，以跟上现代城市的发展步伐。立足于现状和传统优势，强调了当代天府文化的核心，即"创新创造、优雅时尚、乐观包容、友善公益"。

"创新创造"是中华民族繁荣发展的根本精神，也是成都改革进取、勇于变革的文化基础。宝墩文化和金沙文化都展现了强烈的创新精神，太阳神鸟金箔被国家文物局作为中国文化遗产标志；都江堰是世界上历史最悠久的无坝引水工程；产生于宋朝的交子是世界上最早的纸币；在汉朝时期，成都创立了全国第一所地方官学；诸葛亮长期居于蜀地，其知识广博、全面，且其思想具有极大的现代转化价值。因此,创新创造是深深扎根于成都文化中的基因。

当代成都人的生活审美崇尚"优雅时尚",也为现代社会所向往。这种性格深植于人的气质,并受到环境的塑造。"花重锦官城"这一诗句描绘的是后蜀皇帝孟昶和花蕊夫人那段浪漫缠绵的芙蓉之恋。这美不胜收的自然景色还启发了蜀地居民浪漫的艺术才华。卓文君、薛涛和浣花夫人等才女深受天府文化的影响,她们将优雅时尚的元素融入成都的历史中,使这种气息流传至今。现代化的成都散发着浓厚的时尚氛围,吸引了众多国际知名品牌和跨国文化。在成都市内,超过100家图书馆的藏书可供阅读,众多特别展览和学术讲座也备受欢迎。成都的各个角落,有着超过3 000家书店,成为全国第二大的书店聚集地。成都以融合浓郁的文化和传统风情而闻名于世,既保留了文化底蕴,又拥有现代文明,成为一座优雅时尚之城。

成都历来以包容开放、宽容乐观的文化氛围而著称。立式说唱俑是1963年在成都市郫县宋家林的一个东汉砖室墓里被发现的,目前被保存在四川博物院(图1-3)。他的手脚舞蹈和动人笑容给世界各地的游客留下了深刻的印象。根据谢志成教授的介绍,四川的汉代陶俑均呈现出笑容。蜀国三星堆和金沙文化遗址、唐代胡人音乐舞蹈都体现了成都文化与外来文化的交流和融合。天府文化的特点在于汇聚了各个流派的优秀之处。到目前为止,天府文化已经发展到了更高的层次。当前,天府文化融合了历史悠久的传统文化和先进时尚的表达方式,选取了汉族文化的精髓,将多元的民族文化融合在一起。既可以融合主流文化的特点,也能够包容吸取亚文化。当前,"蓉漂"现象越来越普遍,大量高素质人才在成都安家落户,越来越多的年轻人在就业或创业时,都将目光投向了成都。

图1-3 四川博物院馆藏立式说唱俑

"我行山川异，忽在天一方。但逢新人民，未卜见故乡。"这是杜甫对热情好客的四川人民的真实描写。近年来，成都的慈善事蓬勃发展。据统计，20世纪20年代至40年代，成都市涌现了400个慈善团体。其中最有代表性的当属"中国慈善界第一人"尹昌龄及社会名流和西方传教士共同创立的"中西组合慈善会"等。到了现在，成都的公益活动仍旧活跃。成都市民在重大自然灾害后，自发捐赠的款物总额达到了30亿元。"爱心零钱盒"街头测试和交通事故"猜拳定赔偿"的处理方式等，成为"成都式公益"的代表。这些行为不断地净化着人们的心灵，表达了成都友善公益的独特品质。

成都将现代城市的快速步伐和悠闲生活方式相结合，活力与宁静交织，具有传统文化的优雅韵味和现代文明的时尚潮流，既强调创新，又海纳百川，具备智慧、勤劳和温和的气质。天府文化是地区和城市的文化，生产和居住属性兼具。因此，应积极促进天府文化的创新转型，使其获得持续发展的力量和形式，形成"文化+"产业模式。并且，天府文化在持续发展时，兼顾历史底蕴和创新元素，只有不断创新，文化才能保持历久弥新的生命力。

总的来看，目前的天府文化充分展现了成都独特的文化差异以及与时俱进的趋势。新时代天府文化的十六字箴言包含了创新、优雅、时尚、乐观、友善的精神。在成都建设西部文化中心、打造世界文化名城以及争创国家中心城市的进程中，以上述十六字为主旨，促进新天府文化与历史文化底蕴、未来导向以及国际的交融。

第三节 天府地理与文化

天府文化的形成与四川省的地理环境密切相关，这一独特的文化现象深深根植于四川丰富多彩的自然地理环境中。四川省地理位置优越、地势复杂多样，拥有雄奇壮丽的自然景观和丰富多元的生态系统。这种地理环境的多样性在很大程度上影响了当地人民的生活方式、文化传承及社会发展。

一、地形与文化

众人皆知四川被称为"天府"，其实，四川还有个"陆海"的称呼鲜为人知。晋人常璩在《华阳国志》中写道："蜀沃野千里，号称'陆海'，旱则引水浸润，雨则杜塞水门，故记曰：水旱从人，不知饥馑，时无荒年，天下谓之'天府'也。"[①]

---

① [晋]常璩：《华阳国志》，齐鲁书社2010年版，第26页。

这段话在四川被称为"天府之国"的历史上，具有重要意义。"天府"象征天帝的府库，形容四川山川秀丽，乃宇宙之奇观。"陆海"是形容四川盆地沃野千里、物产丰饶，宛若陆上的海洋。"天府陆海"最大的特征是古人早有定评的"雄、险、幽、秀"四个字，显示出巴蜀自然世界无边的神奇。这里的原始自然生态妙不可言，地质景观独具特色，草原与冰川相得益彰，民俗文化气息独特。

中国西南部的四川省地形地貌多样，包括盆地、平原、丘陵、山地、高原以及高山等地形。归纳起来，可分为东部和西部两个部分。四川盆地位于该地区东部，而川西高原和山地则位于该地区的西部。东部四川盆地乃古代的内陆湖盆，因沉积有侏罗纪、白垩纪紫红色砂岩和页岩，故又有"红色盆地"之称。盆底大致可以以广元、雅安、叙永和奉节四地的连线为界，面积约16万平方千米，形状像个菱形的大盆。盆地西部为川西冲积平原，是四川全省仅有的大平原。其中，以岷江、沱江冲积成的成都平原为最大，是盆地中农产最盛、人口最密的区域，古称"华阳之地"。因在华山之南，古人以山南水北为阳，故称为"华阳国"，是巴蜀古文明兴起的中心地域。盆地中部为丘陵地带，已辟为梯田、台土，是全省最大的农业区。

盆地内地形多样、物产丰盈、资源丰厚，自然条件十分优越，自古以来即为农业富庶之区。"天府之国"主要赞誉的就是四川盆地。盆地周边的连绵高山是盆地与邻接地区间的自然界线。盆地的特殊地理环境，对巴蜀文明的产生、发展和演变带来强烈影响。一方面，盆地四周有高山屏障，自成一个地理单元，古称"四塞之国"，使它的文化面貌具有显著的独特性，即古人所谓"人情物态，别是一方"；另一方面，天府文化虽不可避免地具有农业文明的封闭性和静态性，但它也有对外努力开拓的开放性和对内充分凝聚的向心性。这一特点在相当程度上与地理环境有关，而且时代越老，这种关系越密切，尤其是环境的多样化和兼容性，使这里山林竹木、瓜果药材、北粟南稻、桑蚕漆蜡应有尽有，从而促成蜀人巧思勤作、不畏艰险、勇于开拓等精神的形成。如果想离开盆地，可以向东穿越三峡，这样就可以到达江汉平原，那里是楚文化的发源地。秦岭和大巴山位于北部，与文化中心在关中岭谷地区的秦陇连接。如果向西北方向前进，就会来到横断山脉的"藏彝走廊"，司马迁曾这样评价过："栈道千里，无所不通。"[1] 本来闭塞的盆地反而因地理条件的多样性和多变性使古代此地与外界的交通、经济、文化交流更加便利，形成天府文化善于兼容和开放的明显特点。

四川西北部为甘孜—阿坝高原，是"世界屋脊"青藏高原的东南一隅。四川

---

[1] [西汉]司马迁：《史记》，北京燕山出版社2018年版，第144页。

北部高原上的岷江上游地区古称"江源",是氐羌高原文化较早发展起来的地方,也是蜀文化的发源地之一。西则为横断山脉,这里是全国地表起伏较大的地区之一,同时也是四川东部和西部重要的地理分界线,将农业区域与游牧区域天然地划分开来。东部和西部不同特征的地貌、气候、植被、农业和民族,均在这里分界,表现出明显的差异。

二、气候与文化

四川的气候特征之一是秋天多夜雨,这种气象现象赋予了这片土地独特的诗意和浪漫。白天阳光明媚,夜晚星月璀璨,而到了午夜梦回时,却常常能听到屋檐上雨水滴滴答答的声音,这样的天气变幻莫测,常常令人陶醉其中。这种多夜雨的气候给文人墨客带来了丰富的文学创作灵感。唐代著名诗人李商隐在《夜雨寄北》中以"巴山夜雨"为题,表达了对远方亲人的思念之情。他通过描绘夜雨的情景及涨秋池的景象,将自己的思绪牵引成一幅意境深远的画卷。这首诗是描写四川多夜雨的经典之作,被后人传颂不衰。此外,唐玄宗在巴蜀途中听到雨声与铃声相应,深感思念贵妃,便借雨铃之声作出了《雨霖铃曲》。这首曲目感情真挚,通过雨铃声与心境相应的手法,表达了对贵妃的深深思念之情,也成了描写四川多夜雨的另一经典之作。

这些诗篇和故事都凸显了四川多夜雨的独特韵味,将这一地方的气候特点融入文学创作之中,为四川的文学传统增添了丰富的色彩。四川多夜雨的气候成了文学创作者表达深情的灵感源泉,也让这片土地的文化更加丰富多彩。

三、动植物与文化

四川东部和西部不同的地形和气候,使这里生物圈显示出兼容性和多样性的特征,使四川成为珍稀动植物的宝库。这里的植物资源非常丰富,有古老的珙桐、连香树和水青树,有水杉、银杉、冷杉、云杉等高大乔木,有古老的铁树——苏铁,有各种杜鹃和花楸,且不同时令开不同颜色的山花。此外,还有40余种不同的竹类灌木,如箭竹、木竹、方竹和筇竹,它们都是大熊猫的食物来源。

四川非物质文化遗产绵竹木版年画技艺的产生及传承得益于四川盛产竹子。绵竹龙门山中段与成都平原北部连接,成都自唐以来便是国内雕版印刷的中心,绵竹受其影响,相传在宋代已有木版年画生产。历史记载表明,在清朝乾嘉年间,绵竹年画在云南、贵州、陕西、青藏、湖北、湖南和四川等都有市场。绵竹木版年画的内容涵盖了门神、戏曲故事、山水花鸟、生活场景及吉祥图案等。绵竹各地年画制作有专业分工，城区偏重拓片、杂条、斗方、案子，兼及门画，清道乡偏重彩色清水大袍，遵道乡偏重美人、娃娃戏，等等。

四川动物资源十分丰富。举世闻名的大熊猫，主要生活在四川境内保护区内；金丝猴是栖于树上，美丽可爱；扭角羚穿梭于森林、灌丛和草甸之间，角似羚羊但扭曲似牛，头似马但嘴有羊胡须，肩似驼但尾似鹿；鬣羊生活在悬崖峭壁上；毛冠鹿是密林竹丛中以草类为食的青鹿；还有小熊猫等。从历史渊源上看，它们都是一百万年到几百万年以前的古老动物，曾共同经受过第四纪冰川的严峻考验。

大熊猫，古代即作为和平使者的"义兽"，被命名为"驺虞"，被人们视为神物加以保护。因为它爱吃竹子，一般不猎食其他动物，故被视为和平的象征。当两军交锋杀得难分难解之时，谁举起"驺虞"旗，就表示讲和停战的意思，双方就会休战。由于长期自然环境的变迁和人类活动区域的不断扩大，这些百万年前古老动物"活化石"的栖息地逐渐缩小，它们借助于中国西南高山深谷的庇护才得以生存下来。大熊猫作为和平友谊与和谐吉祥的古老的象征，代表着中华民族文化的和谐精神，有着深厚的历史底蕴。它是中国的国宝，是大自然留给人类的遗产，也是世界人民的共同财富。

儒家思想的核心是"仁"，要求人与人之间要互相关爱，要和谐融洽地相处。大熊猫体形肥硕雍容，仪态万方，体毛黑白两色，反差强烈，纹章布局巧妙，以大自然最简单的黑白两种原色，蕴含了宇宙最丰富的妙理和妙趣，在外形上处处体现着恬静祥和，再加上它们虽然躯体魁梧、力量巨大，但总是缓慢地行动，从不急躁，性情非常温和。只有在繁育期间，为了保护幼崽可能会攻击有危险的动物，平时极少主动攻击其他动物，大熊猫彰显的正是孔子口中所说的"仁者"形象。因此，大熊猫从古至今受到人们的喜爱，是和谐、吉祥最好的象征。大熊猫自古便有了和平使者这个身份。早在1300年前，武则天即赠予日本国神武天皇一对大熊猫。20世纪30年代，美国服装设计师露丝·哈克尼斯（Ruth Harkness）在汶川把名为"苏琳"的大熊猫带到美国芝加哥动物园展出。20世纪50年代以来，大熊猫到美国、日本、法国、墨西哥、英国、德国、西班牙等国担任吉祥的亲善大使，传播友情，掀起了持续升温的"熊猫热"。大熊猫一般生活在高海拔、峰峦险峻的峡谷中，这些地方植被丰富、湿度高、光线较弱。四川、陕西和甘肃是大熊猫的主要栖息地。大熊猫的生存离不开自然环境。对于大熊猫而言，古老的历史、稀少的数量和重要的科学价值，以及拯救濒危物种的神圣工作昭示着繁育大熊猫的巴蜀自然环境的神秘。大熊猫经历数百万年的奋斗史，彰显着生命的壮丽、珍贵和艰辛，也是自然历程的教科书，促进人类对保护和热爱大自然的思考并付诸行动。

成都 2023 年第 31 届世界大学生夏季运动会吉祥物"蓉宝"，是以成都大熊猫繁育研究基地中 4 岁多的"芝麻"为原型创作的。憨态可掬的"芝麻"是个稚气可爱的乐天派，"蓉宝"融合了"芝麻"稚气萌动、热情似火等性格特征。成都大运会筹委会工作人员介绍，"蓉宝"的耳朵、眼睛、尾巴皆呈现火焰形态，具有进取、活力和融合的内涵寓意，代表了成都人民的热情似火和青年大学生的朝气蓬勃，体现出天府文化乐观包容的特征。大熊猫是成都享有高知名度的城市名片，更是成都极具特色的对外传播标识物，是天府文化中的"超级 IP"，具有深厚的文化内涵。

四、河流与文化

四川地区有众多的河流，水域范围广阔，水量充沛，是长江径流的三大发源地之一。众多河流在盆地南部向周围辐射，呈向心状。在西部山地高原，河流通常为西北—东南走向。东部盆地的水系形状类似于树枝，汇聚于盆底最低处，南北水源在此汇合，这为天府文化的凝聚力和向心力提供了地理基础。《尚书·禹贡》的"岷山导江，东别为沱"即整理岷江扇形水系并进行人工分流，是夏禹治理岷江的基本原则，是古代人采用的特殊的治水方式，也是蜀地居民的珍贵治水经验。

在古代，成都平原以湿地景观为主。经过长期治理，成都平原水系采用了内外江分流和连环套式的治水方式，将水向东分流进行行洪排涝。这一措施的成功实施得益于大禹、鳖灵、李冰等人，促进了农业种植事业的蓬勃发展。岷江源位于川西北山地，海拔较东南更高，水流总是沿着东南方向流出，其治水方式成为"东别为沱"，即向东分洪，分流出"沱江"。在四川方言中，沱被称为"溷水沱"。把正常的河水引到一个池塘里，形成一个类似于水库的存水系统，以储水分流，这就是"沱江"。古人对岷江流域的治理方法在很大程度上依据的是"东别为沱"。

天府文化最早发展的是农业文明，这一文明持续了数千年。它的显著特点是采用"岷山引江，东分沱水"等方法消除水患，从而促进了农业发展。江源文化（泽地文明），是中国农业古文明的一个显著特征。古代最早繁荣起来的地区就是泽地，这也是四川地区最显著的特点。现代考古的发现与古代成都平原泽地文明的发展趋势相一致，开始于广汉三星堆古遗址，途经月亮湾遗址、彭州蒙阳镇竹瓦街以殷代二鲜为代表的青铜器窖藏遗址、新繁水观音遗址、新都马家战国蜀王墓遗址、金牛区黄忠村遗址、青羊区内的金沙遗址和十二桥遗址、商业街船棺葬遗址及指挥街遗址。这些遗址在成都平原上相互串联，形成一条古文化轴线，是泽地文明形成和繁荣的主要支柱。

都江堰是泽被万代的人类公认的伟大水利工程，这不仅仅是因为它成就了成都平原"天府之国"的美誉，更为重要的是，很多昔日著名的大规模水利项目已经不复存在，而即便经历了数次挑战与变迁，都江堰仍然履行着为成都平原供水的职责，并且为地区的发展添了不小的助力。所以，成都平原可以在农业经济开发四五千年、城市文明历经三千多年之后的今天仍然充满无限生机。

五、景观与文化

四川的自然奇观与仙境神景美不胜收，要真正体会它们的内涵，需要一种生态观赏的文化眼光。生态景观与自然载体，包括风景名胜、园林、山水等，需要注入文化内涵，才具有美感和灵性。回归自然与回归文化是人类的天性，只有这两个回归结合在一起，才更具有魅力。单纯的自然奇景，如天坑、溶洞之类，一旦成为旅游地，也就被旅游者赋予了某种想象和理念，成为文化。所以，纯粹的自然景观要靠文化才能提升其品位，靠岁月和历史积淀来形成它的个性。至于那些有名人题咏的风景名胜，由于有了美文佳句而使风光具有了历史底蕴，飘溢着文化的灵秀之气，游人至此，浅酌低吟，忍把浮名放一边而欲于山水间流连忘返。总之，自然载体与文化生成二者相得益彰，相失益晦，这几乎成了一个规律。

就自然地理和人文地理的关系来讲，四川地区海拔落差近5 000米，除了海洋和沙漠以外的各种地质景观齐备，就地质、地理形成的自然景观的丰富、神秘、多元、赏心悦目来讲，世界上其他文化区域罕有其匹。除了人们熟知的"剑门天下险，夔门天下雄，青城天下幽，峨眉天下秀"[①]所表达的山水的神奇、壮美之外，这里还有大量鬼斧神工、岁月雕琢的原始生态，如圣洁的雪原、冰川，几乎可以揽星摘月、追风抚云的高原风光，热情淳朴、豪迈奔放的少数民族风情（四川56个民族成分齐全，少数民族人口约568.8万人，有全国最大的彝族聚居区、第二大藏族聚居区和唯一的羌族聚居区。宗教文化所包含的景观、仪式、经典十分丰

---

① 吕世范：《天下第一景观》，河南人民出版社1998年版，第7页。

富,宗教题材的雕塑、音乐、绘画以及各种非物质文化遗产使人流连忘返。尤其是藏羌文化走廊异彩纷呈,享誉世界)。在历史上,初唐四杰之一的王勃写下了"入蜀纪游诗三十首"赞美巴蜀山水的特异,发出"宇宙之绝观也"[1]的慨叹;杜甫带着中原人的眼光来到蜀地,吟诵"我行山川异,忽在天一方"[2]。显然,巴蜀山水令他们目不暇接、耳目一新。

改革开放以来,有许多古人未曾目睹、未曾代言的新景观被发现,九寨仙境、黄龙瑶池、稻城乡城丹巴的"香格里拉"、海螺沟冰川、熊猫故乡,皆令世人惊叹。生活在这种环境中的人民,不仅拥有丰富的物产,而且容易养成乐观豁达的人生态度、高雅的审美情趣、强大的想象力、不凡的联想和创意能力、浓烈的家国意识和故土情怀等。杜甫惊叹成都"喧然名都会,吹箫间笙簧"[3],是充满活力的音乐之都。李白赞美三峡道"朝辞白帝彩云间,千里江陵一日还。两岸猿声啼不住,轻舟已过万重山"[4],可见沿途美景如何令他心旷神怡,他更不吝笔墨赞美成都:"九天开出一成都,万户千门入画图。草树云山如锦绣,秦川得及此间无。"[5]陆游晚年对成都魂牵梦萦,其《怀成都十韵诗》中写道:"放翁五十犹豪纵,锦城一觉繁华梦。竹叶春醪碧玉壶,桃花骏马青丝鞚。斗鸡南市各分朋,射雉西郊常命中。壮士臂立绿绦鹰,佳人袍画金泥凤。橡烛那知夜漏残,银貂不管晨霜重。一梢红破海棠回,数蕊香新早梅动。酒徒诗社朝暮忙,日月匆匆迭宾送。浮世堪惊老已成,虚名自笑今何用。归来山舍万事空,卧听糟床酒鸣瓮。北窗风雨耿青灯,旧游欲说无人共。"[6]成都的美景、美人、美酒、繁花、佳茗,活力四射、流光溢彩的都市生活,在他们的笔下熠熠生辉。被《三国演义》选作开篇辞,享誉华语世界的明代大文豪杨慎著名的《临江仙》更是留下了自然、人文双美交相辉映的千古名句:"滚滚长江东逝水,浪花淘尽英雄。是非成败转头空,青山依旧在,几度夕阳红。白发渔樵江渚上,惯看秋月春风。一壶浊酒喜相逢,古今多少事,都付笑谈中。"这首词就是杨慎在四川境内时所作。

---

[1] 谭继和、唐永进等:《四川文化资源与文化强省建设》,四川人民出版社2008年版,第2页。
[2] [清]黄生:《杜诗说》,徐定祥点校,黄山书社1994年版,第50页。
[3] 四川省地方志编纂委员会:《四川省志·建筑志》,四川科学技术出版社1996年版,第417页。
[4] 陈洪、乔以钢主编:《中华好诗词900句》,南开大学出版社2018年版,第241页。
[5] 何一民、王毅主编:《成都简史》,四川人民出版社2018年版,第191页。
[6] 刘扬忠注评:《陆游诗词选评》,三秦出版社2008年版,第99页。

第四节 天府学术与文化

天府学术是指中国四川省独特的学术传统，源远流长，具有丰富内涵和独特特点，是天府文化的重要组成部分。这一学术传统在历史长河中逐步形成，并在各个时期得到了不断的发展和丰富。下面将从理学、文学、工学水利三个方面详细叙述天府学术与天府文化。

一、理学

在中国的古代哲学中，宋明理学被认为是一套最具思辨性和完整性的理论框架。其注重从本体论层面推导出纲常伦理的合理性，强调对义理和人性的探究，并富有辩证思维。宋明理学存在于封建社会后期的发展历程中，并经历了从最初形成到发展壮大，再到衰落的过程，因此，在不同的历史时期和地域范围内，出现了许多不同学派。四川的地域中心是四川理学思想发展的核心。了解理学在该地区的形成、发展和变化并掌握其特点，对于深度理解宋明理学以及研究其在四川传统思想文化中的地位和作用至关重要。

（一）理学的奠基

唐代儒学复兴思潮的主要代表人物包括韩愈和柳宗元等，他们奠定了宋明理学的思想基础。除了强调儒学的正统地位外，他们也吸收并融合了释道思想，抵制了释道异端。同时，还鼓吹将释道和先秦诸子的思想融合，为宋明理学打下思想基础。唐代儒家思想重新兴起，吸收了释道等思想，隐居于四川的赵蕤主张实行儒家的"王道"治国，同时支持柳宗元的见解，认为老子是"孔子之异流"，"扬墨申商、刑名纵横之说"[1]"皆有以佐世"[2]的思想，虽然这些思想各有千秋，但它们都对于治理国家有所帮助，"虽经纬殊致，救弊不同，然康济群生"[3]。因此，赵蕤主张汲取百家思想，这直接确认了以儒家思想为主的整个中国传统文化的历史价值。宗密则以佛教观点为基础，呼吁将儒家、道家和佛家的思想融合起来。宗密是华严宗和禅宗神会的传承人之一，他试图在思想理论上将中国两个佛教宗派华严宗和禅宗融合在一起，同时也探求将儒、道思想与佛教思想相结合。在《华

---

[1] [唐]柳宗元:《中国古代名家诗文集：柳宗元集》，黑龙江人民出版社2005年版，第232页。
[2] 同上。
[3] [唐]赵蕤:《长短经》，光明日报出版社2014年版，第131页。

严原人论》一书中，他提倡佛教、儒教和道教三者相互融合，认为它们有相同根源，应该互通。"三教同源"的观念在唐宋时期的四川大足石刻造像中得到体现，促使佛教更加与传统思想贴近。石刻造像不仅凸显了儒家尊重孝道的价值观，还在佛教的雕像上刻画了孔子和他的十个门徒的形象。赵蕤和宗密被认为是最早倡导四川理学思想的先驱者。赵蕤主张重视传统儒家思想，主张认可其他学派的思想。宗密则强调跨越异质文化之间的思想交流，这两种不同的态度都对宋明理学的形成起到了积极的促进作用。

与四川紧密相关的，是周敦颐和二程（程颢、程颐）开创的宋明理学。周敦颐在担任四川合州（今合川）判官时，他的理学思想直接影响了许多学生，这在《宋周濂溪先生惇颐年谱》中有所记载，许多四川学子都曾经跟随周敦颐学习。程瑜在担任汉州（今广汉）知州期间，与他的两个儿子一同前往四川居住，并开展学术交流活动。二程得出一个结论：易学在蜀。因党派关系引起的牵连，程颐被罚下放到了涪州（今涪陵）。在受到编制管理期间，程颐不仅写下了《伊川易传》这一具有重要意义的著作以表达他的理学思想，同时他和他的弟子在当地进行的学术活动也促进了"涪陵学派"的形成。谯定是这个学派的代表，被称为"程门大宗"，对朱熹有一定的影响。因而可以断言，周敦颐和二程为四川理学发展奠定了基础。

（二）理学的形成

在北宋理学形成过程中，张载创立了关学。年轻时，因为父亲担任涪州知州，他与弟弟张戬一起住在四川，后来张戬担任了一段时间的金堂知县，因此四川的理学思想也受到了关学的启发。此外，苏轼在京城担任翰林院官员时，与负责在崇政殿讲授经义的程颐产生了矛盾，最终进化成了"洛蜀党争"。尽管苏轼和程颐在政治主张和学术观点上存在差异，但从理学思想的一般特征来看，他们之间存在许多相似之处，都在理学的发展中作用重大。

首先，理学家以解读儒家经典为基础来阐述哲学思想。苏轼的哲学思想也是通过对儒家经典的阐释来表达的。除了与父亲苏洵、弟弟苏辙合作编写《苏氏易传》，他创作了《书传》《论语说》等。"洛蜀党争"中的许多争论都涉及儒家礼制的问题，这些争论都是为了探究如何维护儒家思想的正统，并与理学思想所讨论的内容相一致。在基本立场上，这两种思想并没有本质上的不同。

其次，在哲学的世界观方面，苏轼与程颐有相似之处，都将"道"视为一切事物的根源，并且阐述了"道"与"器"的关系："道者，器之上达者也；器者，道之下见者。其本一也，化之者道也，裁之者器也，推而行之者，一之也。"① 苏轼认为"道"是一切事物的起源，也是呈现在每个事物中的规律。具体的事物都在表达"道"。

再次，苏轼在他的宇宙生成论观点中融入了道家的"有生于无"理念。他描述了阴阳相互交织所创造的生命过程，认为宇宙最初的形态是水。水是存在于有和无之间的状态，"始离于无而入于有矣"。苏轼还精通佛学，常与名僧交往，自述"吴、越多名僧，与予善者常十九"②。他继承了儒家思想的精髓，又融合了释道思想。

最终，苏轼也像二程一样，辩证思想丰富，赞同矛盾的对立统一是一切事物生成和变化的内在原因，还探讨了"阴阳相互交融，促生万物"和"刚柔相济引发变化"这些理念。他说："世之所谓变化者，未尝不出乎一，而两于所在也。自两以往，有不可胜计者矣。故在天成象，在地成形，变化之始也。"程朱理学在南宋时期形成并被确立为官方的学术思想。四川的学者对于理学的发展做出了极其重要的贡献。

朱熹是理学思想的集大成者，而张栻（今绵竹人）这位四川籍的理学家对朱熹思想影响甚广。朱熹和张栻都是二程学派的弟子，他们的思想源头相同，还进行了长达16年的学术交流。这两个人曾经频繁见面并通过信件进行交流，其中深入探讨了《中庸》的"中和"观念以及"心"和"仁"的联系等话题。虽然两人的观点并没有完全一致，但是在长时间的交流中，反复探讨让他们得到了很多收获。③ 因此，朱熹和张栻的思想互相促进并塑造了彼此。

尽管张栻代表了"湖湘学派"并被誉为"东南三贤"，但他的学术影响范围已经超越了湖南地区，蜀人范文叔、宇文正甫深受其影响。范文叔曾在南轩书院进行十年的修习，没有着急追求个人发展。晚年他在两江之上进行讲学，传承南轩学说，在蜀中享有盛誉。到了淳熙、嘉定年间，蜀地士人纷纷阅读南轩的著作，湖湘地区反而无法与此相比。全祖望曾评价张栻的学说在四川传播的情况："宣公居长沙之二水，而蜀中反疏，然自宇文挺臣、范文叔、陈平甫传之入蜀，二江之讲舍不下长沙。黄兼山、杨浩斋、程沧州砥柱岷、峨，蜀学之盛，终出于宣公之绪。"④ 可以看出，在南宋理学形成的时期，张栻不仅是湖湘学派的思想代表，同时也是蜀学思想的代表。

---

① [宋] 苏轼：《东坡易传》，吉林文史出版社2002年版，第311页。
② [宋] 苏轼：《东坡志林（精装典藏本）》，万卷出版公司2016年版，第98页。
③ 方克立、陈代湘主编：《湘学（第五辑）》，湘潭大学出版社2010年版，第115页。
④ [明] 黄宗羲：《宋元学案》卷72，中华书局1982年版，第2407页。

张栻在南宋理学思想的发展中发挥了重要作用。除了说明心学的基本理念是"心也者,贯万事、统万理,而为万物之主宰"①,他还特别重视在学问和道德方面的实践,强调"圣门实学,贵于践履"。②因此,"南轩弟子,多留心经济之学"③。张栻的弟子胡大时,被湖湘学派奉为第一。在张栻去世后,他开始跟随传永嘉之学的止斋学派,再向朱熹请教。最终,他拜师象山并与师长建立良好的师徒关系。这样做使得张栻之学与朱熹的理学、陆九渊的心学及事功学派之间的联系和影响更加深入、广泛。

(三)理学的成熟

魏了翁和真德秀是除张栻和朱熹以外南宋时期理学发展中的重要人物。据黄百家所言,"从来西山、鹤山并称,如鸟之双翼,车之双轮,不独举也"④。在四川的理学发展史上,张栻的理学思想经由他的门徒广泛传扬,魏了翁则在汲取了朱熹及张栻学说的基础上,成了四川理学思想中最显著的代表人物。学成后,他在白鹤山下建立了一座房屋,并公开授课。众多士人都竞相前来学习,因此义理之学在蜀地传扬开来。他不仅将理学思想广泛传播至四川,还通过学术交流和教育活动为南宋晚期整个理学思想的推广做出了贡献。

在南宋理学发展成熟的阶段,魏了翁首先跨越了当时学派之间的差异,融合了几乎所有学派的精华。除了接受朱熹和张栻的学说,他还从与陆九渊之子陆持之的交流中汲取了心学思想,同时,他还将永嘉经制的精髓融合,去掉其中烦琐复杂的部分。他并不固守于任何学派或观点,广泛地汲取各个学派思想的长处,在缩小不同学派之间的差异方面,尤其是在朱熹和陆九渊后学门派间的差异方面作用重大,促进了不同思想之间的融合。魏了翁使得两百多年的"洛蜀之争"走向了融合。此外,魏了翁曾多次上书朝廷,请求为周敦颐和二程颁授谥号。最终,宋宁宗批准了他的请求,使得被贬为"伪学"的理学成了官方哲学。随着理学地位的提升,越来越多的人开始接受理学思想,为了表彰周、程、张、朱的学说,各州郡都纷纷建立了祠堂。在成都,吴猎和度在兴建周程的祠堂,祭祀名单中加入了朱熹和张栻。简州为纪念周、程、张、朱四位先生而修建了祠堂时,在虞刚简主导此事。魏了翁也受邀参与,他撰写了《成都府学三先生祠堂记》和《简州

---

① [宋]张栻:《张栻集·下》,邓洪波校点,岳麓书社2017年版,第595页。
② 胡杰,冯和一:《张栻经学与理学探析》,巴蜀书社2015年版,第166页。
③ 季啸风主编:《中国书院辞典》,浙江教育出版社1996年版,第612页。
④ 张漾文:《南宋理宗词坛研究》,南开大学出版社2014年版,第37页。

四先生祠堂记》，描述了周、程在四川的事迹以及四川理学的历史变迁。南宋晚期，魏了翁不仅是四川地区理学思想的巅峰代表，也是当时全国理学思想的典型人物。虽然无人提出"真魏"这个说法，但是黄宗羲评价道："两家学术虽同出于考亭，而鹤山识力横绝，真所谓卓荦观群书者。西山则依门傍户，不敢自出一头地，盖墨守之而已。"[①] 据此，认为魏了翁比真德秀更优秀。

此外，邵雍所倡导的先天象数学也在四川地区获得了推广和发展。张行成是南宋早期的学者，专注于研究易经。他的著作有《述衍》十八卷、《翼玄》十二卷、《元包数义》三卷、《潜虚衍义》十六卷、《皇极经世索隐》二卷、《观物外篇衍义》九卷等。此外，他在蜀中偶然获得了邵雍失传的十四幅先天图，经过演解，将其作为象数之用，被称为"通变"。张行成的著作《周易通变》共四十卷，涵盖先天卦数等四十图，深入研究了易经中的变化，将各种变通总结为一个基础原则。邵雍基于先天象数学的观点，归纳总结了易学自古到南宋时期的发展历史，进一步加强了象数学的影响力。

南宋晚期，人们逐渐接受了理学作为主导思想。从元代到明代，"五经"和孔孟思想一直备受学术界和的重视，同时，濂、洛、关、闽四大学派的理论也不可或缺。直到明代中期，程朱学派的崇高地位才开始遭到挑战，到了明清时期，实学思潮兴起并对理学进行了概括和评价。随着时间推移，四川地区的理学思想也经历了变化。

在元代官方正统思想确立的历程中，南方的吴澄与北方的许衡扮演了重要的角色。许衡提出了实行汉法的建议并被指派修改朝仪，对将程朱理学列为元代官方学说作用重大。吴澄是朱熹门下的一位弟子，受到了南宋经学家张栻、魏了翁的影响，他融合了朱熹和陆九渊的思想理论，形成"和会朱陆"学术思想。元代时期，四川地区的理学家虞集（今仁寿人）对儒家思想的形成作用重大。元朝的统治者不仅亲自向他请教礼器、祭祀、治国的知识，还推动了元朝对汉法的实行。他跟随吴澄学习，继承了"和会朱陆"学术传统。

随着明代的建立，程朱理学逐渐成为主流思想，但同时它的思想开始变得死板。因而，以陈献章为代表的心学的思潮逐渐流行起来。这时候，一位名为邹智出生于合川的四川理学家被派到广东石城担任官员。他前往白沙探讨学问，深受心学思想的影响。尽管四川地区没有形成专属于王守仁思想的门派，但四川理学家如赵贞吉、何祥等依旧是王门学派的代表人物。

赵贞吉，字孟静，号大洲。他是徐樾（王阳明和王艮的门徒）门下弟子，为

---
① ［明］黄宗羲：《宋元学案》第四册，中华书局出版社1934年版，第437页。

泰州学派的重要代表。在哲学观点中，认为性等同于理。在学习方法上，强调了第一步必须有良知，直指本心，"自改、自惩、自徙、自窒"，"廓摧诸蔽，洞然无疑，则本心自明，不假修习，本性自足，不俟旁求，天地万物，惟一无二，在在具足，浩浩充周矣"。并认为这就"如恶恶臭，如好好色，此谓之自谦"，即是保持"本知独良"①的方法。

何祥（今内江人）号克斋，赵贞吉弟子，也主张做学问应该"反求而自得本心"②，认为"为学在求放心，如思虑过去未来事，都是放心。但只存得此心常见在，便是善学了"③。学者只"须端坐澄心，默察此心虚明本体"④，识得"此心静定清明，如太虚一般，既无体质，亦无边际"的"本来面目"，"妄念始不为心害"，这即是最高的"圣学工夫"。⑤

杨慎是四川的知名思想家，出生于今天的新都区。他最初支持程朱理学，但随着心学崛起和理学派系分裂，他觉得那些一味宣扬口号式的"吾道学、吾心学"⑥的人，往往缺乏实际行动，只会让人们印象朦胧，甚至可能成为空谈。因此，他认为这些学说祸乱民心，必须被处决而不应该被宽恕。他对程朱陆王的学说都进行了批判。

在明代中期以后，气本论唯物主义思想兴起，理学思想也经历了变革。来知德是明末思想家，尽管他曾受到薛瑄正统理学思想的影响，但之后隐居了很长一段时间，并且对于理学思想一直保持沉默。他专注于探究易学，并且借鉴气本论的思想，以更深入的方式探讨周敦颐所著《太极图说》中的宇宙生成理论。他认为，阴阳之气是一个永恒存在的概念，而太极则是运转的阴阳二气能量系统。太极图中的黑白两仪体现了阴阳的相互转化和协调一致的关系，这种思想可以运用到各个层面，包括社会治理、风俗习惯、学术研究以及国家实力等，甚至也可以应用到微小之处，如草木、饮食。这些都是整个社会和自然界的基本法则。他的思想框架根植于广泛的辩证思考和哲学思索，与程朱理学和阳明心学的信条有所相似。

在明清之际，实用学派的思想逐渐兴盛。费密经历了明末清初社会动荡时期，

---

① 王维和、张宏敏编校：《〈明儒学案〉〈宋元学案〉之黄宗羲案语汇辑》，杭州出版社2012年版，第877页。
② 同上书，第924页。
③ [明]黄宗羲：《黄宗羲全集（第八册 明儒学案2）》，浙江古籍出版社1992年版，第1011页。
④ 同上书，第104页。
⑤ 同上书，第105页。
⑥ 秦际明：《杨慎学案》，四川人民出版社2019年版，第54页。

对社会历史的演进进行了归纳。他的主要思想传承是南宋时期的事功学派，同时也公开批判了程朱和陆王的思想，凸显了实用主义的思想特征。费密运用了"道脉"论来驳斥理学的"道统"观点。他的观点是，"程朱谓道统绝于孟子，续于明道"，只是朱熹和陆九渊争夺学派地位的狭隘看法，既没有遵循古代经典，也没有尊重七十子的贡献，更没有肯定汉唐朝代守道者。费密主张圣人教诲不仅长存不灭，还会在历代帝王公卿的行政管理中得到体现。因此，若要传承正统思想，就必须注重帝王公卿的行动，而言语只起到辅助的作用。费密认为古经中的精髓都是为了指导实践，因此否定了理学只谈经书而不实践的理论。有人认为陆九渊表达了自己的思想，但对经典的理解比较粗略。王守仁则"复溯九渊本心之说，改九渊接孟轲，自此穷理、良知二说并立"，引发争论。因此，朱熹和王阳明各执一见，均与古经背道而驰，这种心性空谈对救世毫无益处。于是，费密承袭了南宋事功学派的哲学思想，强调了"道与物不可分离"的重要性，认为"道"是针对具体事物的规律，可以用来指导人民。他认为，如果远离人民而只考虑"道"，则无法称之为真正的"道"。由此推翻了程朱理学把本体之道置于事物之上的观点。

与费密同时代的达县（今达州）人唐甄认为程朱学派只注重学问而不重实践，导致学术脱离实际应用。他认为应该像古代圣人一样言行一致，把学问用于从政，将学问与实践相结合。另一方面，唐甄也赞扬程朱的学说，认为它能够深入探究人性的本质，以追求本善，明辨私欲并将之纳入整体，与孔子、孟子的观点相符。尽管批评了程朱学说，但他认为程朱是古代的贤人，因此自己并不是反对程朱的观点，而是借鉴他们的思想。与此同时，唐甄受到王守仁心学的启发，认为道藏于心，无须外求。认为"心之本体"不仅包含了一切事物，还包括仁义礼智，是自然本质和道德本原的完美结合。他认为王阳明注重专注于良知，能够避免谗言，无所不达，将知识与行动融合在一起，这是他致知的真正成就。然而，他也指出王守仁不具备圣人的品德，不能盲目地接受王守仁的观点。据此推断，唐甄在总结和批判理学时，强调了学问、道德和事务之间的关系，反对将它们割裂开来。根据唐甄的看法，认为孔子、孟子等人主张道德与事业的结合。儒家不仅要培育人的道德和心性，还应当治理国家、维护社会安宁，不能仅滞留于理论层面。基于此，唐甄倡导消除君主和普通民众之间的阶级差异。他主张皇帝不是神明而是人，从秦朝以来的所有帝王都是贼。他批评了封建社会的君主专制制度，表现出了与黄宗羲类似的民主启蒙思想的倾向。

虽然清朝仍把程朱理学视为官方正统思想，但当时的理学思想已经逐渐僵化且衰落了。因此，乾嘉时期出现了一种考据学派，他们重新审视了理学和整个儒学。刘沅（成都人）曾深入反思理学思想，以挽救圣人之道。并指出，"唐以后言道者始益支离"①，批判了整个宋明理学，力求直接以孔子、孟子所述的"圣人之道定百家""以圣人之书权衡杂术"②。从那时起，四川的知识分子开始直接研究儒家经典，像廖平这样的儒学泰斗崭露头角，对中国现代思想的发展产生了深远的影响。

总而言之，四川理学思想有四个明显的特点，具体如下。

第一，四川理学的历史发展与整个宋明理学的变迁同步。它起源于唐代，随着北宋和南宋的发展而发展，并在明代中期逐渐产生了分歧，由反思理学到对理学进行批判。清代则转向经学研究，注重考据。历代都孕育出许多杰出的思想代表。

第二，就四川理学思想而言，它融合了宋明理学多个阶段的不同学派，如程朱学派、陆王心学、邵雍象数学，以及宋代和明清之间的实学和事功学派等，都在四川理学中被深入地探讨。

第三，四川学派的思想将儒家、佛教和道家的思想元素融合在了一起。它的重点在于深入探究义理和性理问题，被认为是一个具有高度思辨性的思想框架，为封建社会的道德准则提供了理论支持，促进了封建道德实践的有序进展。

第四，四川理学和宋明理学之间联系紧密。从四川理学的形成、发展和演变过程来看，它不仅受到了理学主流思想的影响，而且也积极地促进了理学主流思想的形成、发展和演变。

二、文学

天府学术与天府文化的文学传统丰富多样，包括诗词、小说、戏曲等多种文学形式。四川省是中国古代文学的重要发源地之一，这里涌现出了许多杰出的文学家和作品。四川省的文学作品以其独特的风格和主题吸引了广大读者和学者的关注。四川省的文学作品以其真实、生动、幽默的风格而闻名，这与四川人民的豪爽和幽默的性格有着密切的联系。四川省的文学作品也反映了四川人民的生活、情感和智慧，具有浓厚的地方特色和人文特点。

---

① 双流县社会科学界联合会、双流传统文化研习会编撰：《槐轩概述》，上海科学技术文献出版社2015年版，第68页。
② 李柳骥、马骁、王君编校：《火神派医学经典全书》，中国医药科技出版社2018年版，第143页。

（一）"辞宗""赋圣"司马相如

司马相如（约公元前179—前118年），出生在四川省蓬安县，是西汉时期的辞赋大家，在中国文学史上备受推崇。据《史记·司马相如列传》所述，司马相如的出生地是成都，字长卿。年少时勤奋读书和击剑，因而被称为"犬子"。司马相如因敬慕蔺相如，便把自己的名字改为相如。

在汉景帝时期，司马相如被任命为武骑常侍，未得到重用。梁孝王来后，齐国的邹阳、淮阴的枚乘、吴庄的忌夫子和司马相如相处得非常愉快。司马相如于是借口生病辞官，前往梁国旅行，并写下了《子虚赋》。梁孝王死后，司马相如回到四川，"家贫，无以自业"[1]。

直至临邛卓文君"夜亡奔相如，相如乃与驰归成都"[2]。有了卓文君的支持，进入富人阶层的司马相如也有了更多的时间进行创作，最终凭借其《子虚赋》《上林赋》《大人赋》等作品为汉武帝所赏识。在汉武帝时期，司马相如还曾作为中郎将，代表朝廷通西南夷，并成功完成通西南夷的任务，显示了其卓越的军政、外交才能。

司马相如还是汉赋的奠基人。其代表作品有《子虚赋》《上林赋》《大人赋》《凤求凰》等，相传他还曾代笔《长门赋》。司马相如作品辞藻富丽、结构宏大，实为赋才天纵，旷世莫比。汉代辞赋大家扬雄就很欣赏司马相如的赋作，赞叹说："长卿赋不似从人间来，其神化所至邪？"[3]历史学家班固、文论家刘勰称司马相如为"辞宗"，后世林文轩、王应麟、王世贞等又称其为"赋圣"。鲁迅的《汉文学史纲要》中把汉代两司马放在一个专节里加以评述，指出："武帝时文人，赋莫若司马相如，文莫若司马迁。"[4]由此足见司马相如在文学创作方面的成就之高。

司马相如有名言如"世必有非常之人，然后有非常之事；有非常之事，然后有非常之功""事固未有不始于忧勤，而终于佚乐者也""盖明者远见于未萌，而智者避危于无形。祸固多藏于隐微而发于人之所忽者也。故鄙彦曰：'家累千金，不坐垂堂。'此言虽小，可以喻大"[5]，为世人所熟悉。

---

[1] [汉]司马迁：《史记》，梁明德主编，张志英校注，北京时代华文书局2014年版，第252页。
[2] 张福清：《北宋戏谑诗校注》，暨南大学出版社2018年版，第223页。
[3] [汉]刘歆等：《西京杂记译注》，吕壮译注，上海三联书店2013年版，第171页。
[4] 鲁迅：《汉文学史纲要》，译林出版社2018年版，第93页。
[5] [清]曾国藩：《经史百家杂钞（上）》，岳麓书社2008年版，第439页。

（二）"汉代孔子"扬雄

扬雄（公元前53—18年），字子云，生于西汉末年，出生于蜀郡成都（今四川成都郫都区），是著名学者、哲学家、文学家和语言学家。

扬雄从小口吃，与人交流非常困难，因此他决心用文章震惊世人，流芳千古。当时，前辈司马相如的辞赋已天下闻名，扬雄十分钦佩。于是他静下心来，学习了几十年。直到40多岁，才带着自己写的《甘泉赋》《河东赋》进京展示。汉成帝见到以后，连连夸赞是司马相如再世，立即将他提拔为亲近侍从。从此以后，扬雄每写出一篇文章都会不胫而走，风行天下。他本人也因此成为司马相如之后最著名的辞赋家。其中，扬雄《蜀都赋》以蜀都、蜀史为题材，开创了以蜀都为创作题材的先河，成为后来所有都城赋创作的开山之作，对左思以蜀都为文学题材的《蜀都赋》创作产生了直接影响。

但扬雄本人认为"赋"始终是雕虫小技，真正的事业在于道统的传承。扬雄志存高远，不仅要借撰写大赋来传扬大汉雄伟，更执着于模仿《周易》《论语》而著成《太玄》《法言》。这两部书，代表了当时中国经学最高水准，所以扬雄也因此被称为"汉代孔子"。同时，作为严遵的弟子，扬雄也受到道家思想的影响，扬雄在撰写《太玄》时，将"玄"这个源自老子道思想的概念放在最高境界，运用它构建宇宙生成的图式，并探索事物发展的规律，对道家思想进行了融合和发展。

另外，扬雄著《方言》《官箴》《州箴》，开创了方言学、地名学、职官，其所著的《难盖天八事》也是天文学历史上的重要文献，其《反离骚》则是我国第一个敢于对屈原命运提出新见解的篇章。

《陋室铭》中的"西蜀子云亭"指的就是扬雄居住、学习并撰写《太玄经》的亭子。子云亭的原址在今成都市郫都区城郊的扬雄故里。清乾隆年间，为便于统一纪念，曾将子云亭整体迁建扬雄墓旁。今子云亭已不存，只剩土台一座。位于绵阳市区西北部凤凰山的子云亭公园，有新建"子云亭"，景色优美。

（三）"九天诗仙"李白

李白（701—762年），唐代剑南道绵州（今四川江油）人，字太白，号青莲居士，又号"谪仙人"。李白是唐代著名的浪漫主义诗人，被后人尊称为"诗仙"。

李白幼年生活于四川江油，20岁时漫游至道教发展繁荣的成都，道家思想和神仙说对青年李白产生了巨大影响，天府文化的特性也强烈地影响、铸造着李白追求自由的性格、儒风道骨的思维方式以及浪漫的文学创作风格。他的诗歌辞藻绚丽璀璨，想象驰骋丰富，也与此有极大关系。26岁时，李白仗剑去国，离开成都，漫游天下。在成都市塔子山公园内浅丘顶部，有一座远看似塔，近看似楼，造型新颖独特的楼阁，因取李太白"九天开出一成都"诗意，名为"九天楼"。

李白离开成都后，一生的诗歌创作都充满对故乡的浓烈思念。安史之乱发生后，唐玄宗避难于成都，并改成都为陪都"南京"，李白听说后，写下组诗《上皇西巡南京歌十首》，给后人留下了"剑壁门高五千尺，石为楼阁九天开。九天开出一成都，万户千门入画图。草树云山如锦绣，秦川得及此间无"的绝唱；又作《登锦城散花楼》："日照锦城头，朝光散花楼。金窗夹绣户，珠箔悬银钩。飞梯绿云中，极目散我忧。暮雨向三峡，春江绕双流。今来一登望，如上九天游。"甚至他还希望"锦城长作帝王州"，可见他对盛唐留下的繁华成都的热爱。

李白还有一首诗格外有名，就是《蜀道难》。这首诗袭用乐府古题，但又能突破梁陈时代旧作一韵到底的程式，从三言、四言、五言、七言，直到十一言，参差错落，极尽变化之能。诗人"驱走风云，鞭挞海岳"[①]，从蚕丛开国到五丁开山，由六龙回日到子规夜啼，天马行空、驰骋想象，通过描绘秦蜀道路上奇丽、峭拔、惊险的山川景物，创造出博大浩渺的艺术境界。明胡震亨《李诗通》云："白，蜀人，自为蜀咏耳。"

（四）"老树饱经霜"的"诗圣"杜甫

杜甫（712—770年），字子美，河南巩县（今河南巩义）人，是我国古代伟大的现实主义诗人，世称"诗圣"，其作品号称"诗史"。

杜甫与成都渊源极深。759年，他为了躲避安史之乱，弃官迁往成都浣花溪畔。刚到这里，杜甫就明显感到富庶繁华的天府之国与动乱的北方迥然不同，有"忽在天一方"[②]之叹。从此他就爱上了这座城市，并在此居住下来。这一住就将近4年。在此期间，他写下大量反映成都风土人情的诗歌佳作。据统计，在杜甫传世的约1 500首诗歌中，有240多首都是在他寓居成都的4年里完成的，可见这座城市给了"诗圣"多少灵感和创作热情。

在杜甫从同谷去游览西川的路上，他创作了12首纪行组诗，其中之一便是五言古诗《成都府》。在肃宗乾元二年（759年）十二月初一，杜甫带着全家人从同谷前往成都。《成都府》风格朴实，生动地描绘了杜甫初到成都时内心的纷乱情感，传承了汉魏风格。"诗之难，其《十九首》乎！蓄神奇于温厚，寓感伤于

---

① 王美春、郭志明：《古代类诗漫话》，陕西人民出版社1996年版，第176页。
② [清]黄生：《杜诗说》，徐定祥点校，黄山书社1994年版，第50页。

和平；意愈浅愈深，词愈近愈远，篇不可句摘，句不可字求。"①

杜甫在《成都府》一文中继承了古体诗十九首的写作格调。此外，通过交错书写喜忧，生动地表现了诗人对祖国和人民命运的关切，不再只局限于表达漂泊之人的情感和痛苦。另外，《春夜喜雨》《蜀相》《客至》《茅屋为秋风所破歌》《绝句（两个黄鹂鸣翠柳）》等也都是杜甫在成都创作的名篇。

杜甫草堂是杜甫寓居成都时的居所，坐落在风景如画的浣花溪畔。杜甫避乱到成都，经好友严武帮助，在万里桥西建起一座茅屋。不幸的是，几年后严武病逝，杜甫失去了唯一的依靠，不得不携妻带子离开成都迁往别处，草堂也随之湮灭。后来诗人韦庄入蜀，寻得茅屋旧址，精心修复，才使草堂重见天日。此后，历宋、元、明、清以至当代，成都人民为了纪念杜甫，不断修缮、扩建草堂，如今草堂已更名为"杜甫草堂博物馆"，是成都文化圣地之一。

（五）"前生定蜀人"的南宋诗人陆游

陆游（1125—1210年），字务观，号放翁，宋代越州山阴（今绍兴）人。陆游生于北宋灭亡之际，从小就立志收复沦陷的半壁江山。为官之后，他向朝廷上《平戎策》，希望能组织北伐。可力主投降的大臣却将他调往成都，担任闲职。1172年，万分苦闷的陆游郁郁不乐，骑驴入川。不过，繁花似锦的成都很快安抚了陆游受挫的心灵。在蜀期间，陆游一半的时间都在成都度过。他迷恋成都的山水，喜爱成都的生活，甚至有时很乐意以"成都人"自居，他称四川为"吾蜀"，自称"前生定蜀人"。离蜀东归以后，陆游还把1 100多首记录成都风物的诗作收入诗集，命名为《剑南诗稿》，以示对蜀地的思念。

陆游客居成都时，曾有在成都定居，终老成都的打算。他听说成都城西有人要出卖一座园子，便准备去买下来，《成都书事》就是由此事感发而作。《成都书事（其一）》描绘了成都优美的自然风光、城市建筑和富饶的物产。首二句"剑南山水尽清晖，濯锦江边天下稀"概括蜀中自然风光的优美，尤加突出的就是成都。三、四两句"烟柳不遮楼角断，风花时傍马头飞"写成都暮春时节的景象。五、六两句"苕羹笋似稽山美，斫脍鱼如笠泽肥"从物产丰美的角度来抒写作者对四川成都的深厚感情。最后两句"客报城西有园卖，老夫白首欲忘归"略无含蓄地直露襟怀、言明心志，显得水到渠成、自然流畅。

成都的海棠很兴盛，赏花是陆游在成都时一项最重要的娱乐活动。陆游曾为张园海棠盛放的美景赞叹不已，写下精彩诗篇《张园观海棠》，"走马蜀锦园，名

---

① 祖保泉：《二十四诗品校注译评》，安徽师范大学出版社2018年版，第66页。

花动人意"便是其中名句。在另一首诗《张园海棠》中，诗人先提了当时的名贵花卉——洛阳牡丹、扬州芍药，指出它们都没有办法和张园的海棠相媲美，然后用"……天地眩转花光红。庆云堕空不飞去，时有绛雪萦微风"来描写海棠的花光花色，再用蜂蝶和诗人的迷狂侧面描写海棠的美，最后借用石崇与王恺斗富时用锦缎做成布幛五十里的典故，极言海棠之盛。陆游在赏观海棠时，以抒发情感为主要目的，用诗歌表达了他赏花的情景、感受和内心体验，对海棠的外观和形态的描写较为简略。其《成都行》也曾云"成都海棠十万株，繁华盛丽天下无"，成为赞誉成都海棠的诗歌名句。

（六）"黄家富贵"的代表黄筌

从五代到两宋，我国花鸟画进入一个繁荣昌盛的成熟时期，并形成两大流派，其中"黄家富贵"以黄筌为代表，又称"黄筌画派"，在中国花鸟画史上占有重要地位，对后世也产生较为深远的影响。

黄筌（903—965年），字要叔，成都人，五代西蜀画家。黄筌自幼聪慧，"幼有画性，长负奇能"[1]。13岁跟随蜀画师刁光胤学习竹石花雀，"又学孙位画龙水、松石、墨竹，学李升画山水、竹树，皆曲尽其妙"[2]。17岁时，黄筌即以画供奉内廷，曾任翰林待诏，主持翰林图画院前后40余年，成为西蜀画院的领军人物。黄筌擅山水、人物、龙水、松石，尤精花鸟草虫，师法李升、孙位，对刁光胤的花鸟画师法尤深，并加增损，创作出一种新的反映宫廷欣赏趣味的"黄家富贵"风格，与江南追求"恣肆潇洒"的徐熙并称"黄徐"，风格上"黄家富贵，徐熙野逸"，对后世花鸟画影响极大。

黄筌作画，一般选择能代表宫廷、上层生活，具有富贵气氛的珍禽瑞鸟、奇花异石为主题。作画之前，非常重视观察体会花鸟的形态习性；绘画之间，所画翎毛昆虫，追求形象逼真、饱满工整，用笔严谨新细，画风工巧华丽，设色富丽堂皇。今存《写生珍禽图》，就是其代表之作。《梦溪笔谈》曾云："诸黄画花，妙在赋色，用笔极精细，几不见墨迹，但以五彩布成，谓之写生。"[3]《益州名画录·妙格中品十人》："至少主广政甲辰岁，淮南通聘，信币中有生鹤数只，蜀主命筌写鹤於偏殿之壁。警露者、啄苔者、理毛者、整羽者、唳天者、翘足者，精彩态度，更愈于生，往往致生鹤立于画侧。蜀主叹赏，遂目为六鹤殿焉。……广政癸丑岁，

---

[1] 高木森：《宋人丘壑：宋代绘画思想史》，浙江人民美术出版社2019年版，第22页。
[2] 同上。
[3] [北宋]沈括：《梦溪笔谈》，三秦出版社2018年版，第115页。

新构八卦殿，又命筌于四壁画四时花竹、兔雉鸟雀。其年冬，五坊使于此殿前呈雄武军所进白鹰，误认殿上画雉为生，掣臂数四，蜀王叹异久之，遂命翰林学士欧阳炯撰《壁画奇异记》以旌之。"①

后蜀广政七年（944年），有人送了数只仙鹤，黄筌奉命将仙鹤绘于偏殿壁上，黄筌经过仔细观察，画出了仙鹤警露、啄苔、理毛、整羽、唳天、翘足等种种姿态，神态逼真如生，竟常常引来真的仙鹤飞翔驻足；黄筌又在蜀八卦殿四壁画四时花卉、兔雉鸟雀，引得宫中饲养的白鹰以为是真的，"掣臂数四"，一连扑过去几次，足可见黄筌下笔是何等逼真了。又《太平广记》卷二百十四《黄筌》条记载：有人将吴道子《钟馗捉鬼图》真迹献给后蜀国君孟昶，图中钟馗衣衫褴褛，一只眼近乎失明，左手抓一鬼，右手二指去剜鬼的眼睛，孟昶请黄筌直接在画上修改为"母指掐鬼眼睛"。黄筌观摩数天，不敢轻率下笔修改，就另画一幅以拇指掐鬼眼睛的《钟馗图》，连同吴道子原画一并进呈蜀王。孟昶责问："比令卿改之，何为别画？"黄筌答："吴道子所画钟馗，一身之力，气色眼貌，俱在第二指，不在拇指，所以不敢辄改。筌今所画，虽不及古人，一身之力，意思并在拇指。"黄筌作画之细腻认真可见一斑。

黄筌还有一个弟弟黄唯亮，子黄居宝、黄居实、黄居寀皆擅花鸟，尤其是黄居寀，承其父法，有《山鹧棘雀图》传世。《益州名画录》云："居寀字伯鸾，筌少子也。画艺敏赡，不让于父。蜀之四主，崇奢宫殿，宛囿池亭，世罕其比。居寀父子入内供奉迨四十年，殿庭墙壁，门帏屏障，图画之数不可纪录。"②

后蜀皇帝孟昶降宋后，黄筌父子进入北宋画院。此后，以黄氏父子为代表画家的西蜀画派之西蜀画风深得北宋宫廷喜爱，黄氏体制也成为北宋画院花鸟画创作、欣赏、品评的标准，影响北宋宫廷画风将近一个世纪之久。赵昌、崔白、吴元瑜、宋徽宗赵佶等花鸟画家，都是汲取了这一画派的精神，并在此基础上有所发展。

（七）"明代三大才子"之首杨慎

杨慎（1488—1559年），四川新都人，字用修，号升庵，杨廷和之子。12岁拟作《古战场文》，众人惊叹。19岁中举，24岁成状元，之后成为翰林院的修撰。武宗秘密前往居庸关提出抗议。世宗登基后担任经筵讲官的职务。在嘉靖三年（1524年），由于"大礼议"被处以廷杖，并被贬至云南永昌卫直至晚年。

---

① ［宋］黄休复：《益州名画录》，四川人民出版社1982年版，第50页。
② 同上书，第60页。

杨慎学识渊博、著述宏富，与才名煊赫的解缙、徐渭一起被称为"明朝三大才子"。除此以外，据说杨慎身上还有三项"第一"的殊荣。1511年，23岁的杨慎在北京参加科举考试，一举夺魁，状元及第，为全国第一。登第以后，杨慎被任命为翰林院修撰，得以自由阅览皇家藏书。他利用这一机会，阅读了大量典籍，号称"无书不读"，被当世学者推为明朝博览第一。读书之余，杨慎用大量的精力从事学术创作，一生著述高达400多种，秀冠华夏，古今第一。

《三国演义》开篇词《临江仙·滚滚长江东逝水》就是他的杰作。这一是首抒情诗，通过历史兴衰的描述来表达人生感悟，豪迈又含蓄，高亢又深刻。词的开头让人联想到杜甫的"无边落木萧萧下，不尽长江滚滚来"和苏轼的"大江东去，浪淘尽，千古风流人物"，这些诗均运用了江水不停流淌来形容历史的浩荡进程。然而，所有这一切最终将被历史所吞噬。作者把历史事件概括为"是非成败转破空"，表达了他豁达超然的人生态度。"青山依旧在，几度夕阳红"，青山和夕阳象征着自然的浩瀚与宇宙的深邃，让我们感受到时光的无情和生命的短暂，心中不禁涌上一种悲凉之情。从整体来看，这篇词表达了一种豪迈的情感，在展现苍凉悲壮之余，也营造了一种平和宁静的氛围，彰显出博大深邃的意境及哲理思考。作者旨在从历史的变迁和积淀中追寻永恒的价值，并在成功和失败之间探索人生哲理。作品中呈现出历史的荣辱与个人的成败，表现了作者高尚的情操和豁达的胸怀。

如今，在成都市新都区，有一处风景优美的历史园林——升庵桂湖。它不仅是川西园林的代表，还是全国唯一一座保存了隋唐遗迹的园林。据说隋朝的时候，人们为了修筑新都县城墙，便到县南取土，由于用土量太大，竟使地面凹陷，形成湖泊。初唐的时候，文豪卢照邻以湖泊为中心经营修建，发展出一处衙署园林。到了明代，大才子杨慎居于新都，沿此湖遍植桂树，"桂湖"由此得名。后来新都人受杨慎的影响，种桂蔚然成风。每年中秋前后，丹桂吐蕊、满城飘香，到桂湖赏桂的游人络绎不绝，就这样形成一年一度的桂花节，而桂湖公园也因此成为纪念杨慎的主题公园。

三、工学水利

四川省位于长江三峡东部，毗邻云贵高原和青藏高原，依托秦岭巴山，地形从西向东逐渐平缓。该区域山地和丘陵所占比重高达陆地面积的84.5%。四川盆地位于亚热带季风气候区，降雨量充足，年均降雨量为800毫米~1600毫米，产生的地表径流高达2 410亿立方米。①

(一) 水资源丰富

全省地势崎岖,分布着各式各样的江河,跨越其间的有长江,以及约1 400条大小不一的河流,其中有343条河流的流域面积超过了500平方千米,如岷江、沱江、嘉陵江等。在河流流经的中下游沿岸,会形成冲积平原,成都平原即由岷江、沱江、青衣江、大渡河冲积而成。四川有"天府之国"的美誉,因为它河网纵横、土地肥沃、物产丰富。大多数城市都分布在四川省沿江地区,该省共有196个县级以上城镇,其中有174个位于沿河地区,占总数的89%。在大江大河沿岸,有83个城市,占据了总数的42%。四川城市的兴起和繁荣离不开河流。

江河的奔流孕育了巴蜀地区的繁荣,然而,查阅中国水灾历史记录可知,这个地区也常遭受水患。在亚热带季风气候区的四川地区,夏季的降水相对比较密集,经常出现暴雨。在雅安和峨眉山一带,因为山地地形险峻,水流不易排出,常常发生洪涝灾害,当地人称为"西蜀天漏"。因为四川主要城市位于江河沿岸,所以每当发生洪水灾害时,就会给整个省份带来极大损失。由于历朝历代频繁发生重大水患,治理水患便成为巴蜀地区居民长期以来心心念念的梦想。

(二) 治水与兴水

四川地区得天独厚地拥有丰富的水资源,如何发挥水资源的最大化效益而避其害处成为当地人民的难题。据传说,四川在上古时期就有水灾。大禹治理了梁州水患,采用了疏导的方法,开沟掘渠,使洪水从江河流入大海。巴人在古代敬重鱼类,"石鱼出水"这个水文题刻文化内涵丰富。古蜀国的农业在春秋时期实现了一定程度的发展。蜀王杜宇和开明曾负责抗洪工作。据说杜宇挖掘了巫峡,开明"决玉垒山以除水患",再次"东别为沱",据传金堂峡地区留有开明治理水系的遗迹。可见,巴蜀一带自古以来便积极抗洪。

根据现有的材料来看,早期的治水活动,如大禹治水和开明治水,仅仅是为了抗洪,当时的人们并没有考虑到"兴水之利"的问题。自秦昭王时期起,蜀郡守李冰开始由消极防患转为积极利用水资源与综合治理水害相结合。公元前256年,李冰创建了都江堰:"蜀守冰凿离碓,辟沫水之害,穿二江成都之中。此渠皆可行舟;有余则用溉浸,百姓飨其利。至于所过,往往引其水益用溉田畴之渠,以万亿计,然莫足数也。"②这些记载来自《史记·河渠书》。据司马迁的描述,都

---

① 《当代四川》丛书编辑部组编:《当代四川水利》,四川人民出版社1991年版,第8页。
② [西汉] 司马迁:《史记》,北京燕山出版社2018年版,第305页。

江堰是一项涵盖多个方面的水利工程，它不仅能够分流以减轻洪灾，还能够引水灌溉农田和方便舟楫行驶。都江堰的建设，缓解了成都平原的水灾和旱灾，使百姓不再遭受饥饿，成都平原成了"天府之国"。自那时起，各个王朝都修复和管理都江堰，都江堰至今仍在发挥重要作用。自禹治水时期开始，都江堰成为中国治水经验和技术的中心，开创了中国古代水利史的全新纪元。随后，该地区相继建设了以灌溉、防洪和航运为主要目标的水利工程，取得了显著的成果。历史上，卫湖这个城市水利工程由新都令卫常所策划，受到了广泛的赞誉。在唐朝开元年间，章仇兼琼提议修建通济堰和墓颐堰，有效地提高灌溉效果，当今仍然存在。元、明、清三个朝代都在积极处理水患，特别是在元代进行了渠首结构的改革，在推动水利技术的进步方面具有重要意义。

由于对于治水的高度重视，当地在水利建设方面取得了巨大的进步，同时也涌现了许多在治水领域有卓越成就的人才。例如，清朝时期，王谦言担任绵竹县知县。他在康熙四十年（1701年）提出一种新的筑堤技巧：先在堤底部分铺宽，然后在表面构建结构。在雍正时期，张文梵作为新都知县，写了一本叫作《农书》的书，提到了兴修水利等问题。在乾隆五年（1740年），什邡籍学者张宗法著作了《三农纪》一书，详细记述了众多水利技术。1743年，灌县二王庙的道士王来通收集并整理了一系列与都江堰修建相关的文献资料，并将它们编排成了一本名为《灌江备考》的书。1765年，王来通联合当地居民，共同发起了兴建长同堰的计划。此外，他还撰写了《做鱼嘴活套法》等实用文献。1764年，石泉县知县姜炳璋成功地启用了"注水作堰法"，使修建渠道的工作取得了突破。在当时缺乏测量设备的情况下，这种方法是非常实用的。1819年，锁口乡的居民刘士朝用石头砌成一条倒虹管，借助它引导观音坳沟的水越过山谷灌溉田地。这条倒虹管长达226米，现在仍能正常使用。随着治水运动的兴起，许多为治水事业做出突出贡献的人在当地涌现，他们备受当地民众的景仰。李冰由于修建了都江堰，赢得了四川人的信赖和尊敬，被尊称为"川主"，还在各个地方兴建了"川主祠"来推崇他的功绩，并代代相传的，受蜀地人民的供奉。

大禹成功地解决了水患问题，使治水成为巴蜀文明奠基石。因此，可以说天府水文化不仅是天府文明的重要组成部分，同时也具备不可替代的重要性。在四川地区，推崇改善水资源可带来的好处和对治水事业英雄的敬仰是经久不衰的，多数水利工程在当地仍起到了重要的作用，加上深厚的水文化氛围，治水与兴水已经深深地烙印在治水精英的心中，并持续地影响他们。

第二章 天府文化的资源及价值

本章全面阐述了构成天府文化的几大代表要素,包括川剧、川菜、蜀绣、三星堆遗址、都江堰水利工程和蜀道交通要冲,深入分析了各元素的学术价值和历史意义。川剧作为中国四大古典剧种之一,兼具优秀的表现力和地方特色。川菜则以独特的调味方法和菜系风格,反映出巴蜀地区特有的地理环境、气候特征和文化底蕴。蜀绣凭借精湛的针法和丰富的文化内涵,使中国绣品艺术更加绚烂多姿。三星堆遗址出土的大批文物证明了古蜀高度发达的文明。都江堰的建造展现了古人的水利智慧,其引水系统影响深远。而蜀道的开通,消除了西南地区的交通阻隔。通过分析天府文化的资源优势及价值,有助于人们深入认识巴蜀文化,增强文化自信,并促进天府文化的传承与创新。

第一节 川剧的资源及价值

一、川剧资源概述

川剧是四川文化的重要组成部分，而成都则被誉为"中国戏剧之都"。在唐朝，"蜀戏冠天下"的美誉广为流传。乾隆时期，四川地区将当地的灯戏与江苏、江西、安徽、湖北、陕西、甘肃等地的方言相结合，形成由高腔、胡琴、昆腔、灯戏和弹戏组成的四川歌剧，并以四川方言进行演出。川剧最主要的演唱方式就是以川剧高腔进行演唱，这种演唱方式曲牌多样、唱腔动人优美、蕴含着独特的地方特色。在川剧中，帮腔有许多不同的方式，如领腔、合腔、合唱、伴唱和重唱等。这些古老的技艺内涵深刻，能够令观众沉浸在其中，无法自拔。川剧生动幽默，具有浓厚的生活气息，能够传达当地特色文化和民情民生，得到广大群众喜爱。上演于舞台的剧目繁多、形式多样，包括歌唱、舞蹈、朗诵、戏剧等多种元素。此外，器乐演奏作为背景音乐，更增添了剧目的生动气氛。其中还有很多幽默风趣的段落，能够引人发笑。川剧以其独特的表演风格，如变脸、喷火、水袖等，并配以写意的程式化动作，给观众带来了无穷的乐趣和惊喜。因此，它备受世人青睐，远走海外并风靡全球。经典川剧作品《白蛇传·金山寺》在国内外广受欢迎，且影响深远。五种声腔艺术，包括昆腔、高腔、胡琴腔（皮黄）、弹戏和四川民间灯戏，曾经在四川不同的地区分别进行过演出。这些声腔艺术均源自其他省份。在清乾隆年间，这五种声腔表演形式常常在同一剧场上进行演出。这些表演形式逐渐交融，生成了一致的表演风格。在清末时期，他们被一起称作"川戏"，后来改称为"川剧"。

川剧最独特之处在于其极具特色的高腔表演，其最著名的表演技巧是变脸。在川剧界，被誉为变脸艺术巨匠的人是王道正先生。

（一）川剧的流派

因为各地区的方言和艺人所接受的传统教育不同，川剧渐渐发展出了一些具有独特地区特色的流派。在这些艺术流派中，除了以杰出艺术家命名的流派如浣（花仙）派、丑行傅（三乾）派、曹（俊臣）派等之外，按照流行地区主要分为以下四个流派。

1. 川西派

早期的川剧在成都地区分南北两路，流派名为川西派。该流派以高腔和灯戏为主，其次则是胡琴和弹戏。这是川剧发展的重要流派之一。黄吉安等人创作了许多胡琴戏曲，并吸引了许多著名歌唱家如天籁、贾培之等的加入。这一切使胡琴戏在"川西坝"地区广受欢迎，并被誉为全省正统的丝弦艺术形式，或称作"省调"。

2. 资阳河派

清咸丰末年，阳县（今资阳）成为戏曲演出活动的重要地区，呈现出了较大规模的文艺繁荣。在这个时期，尤其是在资阳河一带，高腔戏成为当地的一项重要文艺表演形式，以其艺术独特性和严谨的风格而著称。资阳河地区的戏曲演出活动在当时的社会文化生活中占据了重要位置，成为人们娱乐、交流和表达情感的重要手段。尤其是擅唱高腔戏的艺人，以其独特的表演风格和严谨的艺术技巧，在戏曲舞台上赢得了良好的声誉。高腔戏以其高亢激越的唱腔、独特的表演技巧，深受观众喜爱，成为资阳河地区文化的一大特色。

3. 川北派

在川北与陕西交界处，川北派戏曲文化繁荣兴盛，早有秦腔、渭南梆子等传入川北城乡，为当地戏曲的派系形成奠定了基础。因此，"川北河"的戏班以唱"川梆子"的弹戏为主，形成了独具特色的艺术风格。在清道光年间，川北河地区已经有了太洪班、义泰班等知名戏班，这标志着川北派戏曲的初步兴起。而到了清同治年间，川北河地区的戏曲文化更是迎来了蓬勃发展，庆泰班、祥泰班等新的戏班相继涌现。随后，小太顺班、聚瑞班、明珠班等著名戏班相继成立，丰富了川北派的戏曲文化格局。川北派戏曲以川梆子的弹戏为主要表演形式，以其独特的唱腔和表演风格，吸引了广泛的观众群体。这一戏曲流派在唱腔、表演技巧上有着鲜明的地方特色，展现了川北地区的文化底蕴和艺术创造力。

4. 川东派

川东派在以重庆为中心的川东地区广泛存在（在重庆市成为直辖市之前，作为四川商业中心，吸引了很多来自外地的剧种前来演出）。它拥有丰富的戏剧种类和多样的音乐风格。随着清光绪年间重庆港口的建成，交通便利度显著提高。京剧、秦腔和汉剧等戏曲艺术形式经常在重庆及周边地区巡演。这些演出对当地的川东派戏班艺人产生了重大的影响，促使他们形成"川夹京""川夹陕"和"川夹汉"的表演风格。

（二）川剧的剧目

川剧的保留曲目非常丰富，从"唐三千，宋八百，数不尽的三列国"这一说法就可见一斑。其中，高腔遗产最丰富，艺术特色也最突出。传统剧目有"五袍"（《青袍记》《黄袍记》《白袍记》《红袍记》《绿袍记》）、"四柱"（《碰天柱》《水晶柱》《炮烙柱》《五行柱》）、"江湖十八本"。此外，还有四川歌剧院认可的"四大本头"，即《琵琶记》《金印记》《红梅记》《投笔记》。在这些作品中，有的已丢失。中华人民共和国成立后，川剧涌现出了许多优秀剧目，如《柳荫记》《玉簪记》《彩楼记》。

川剧的表演艺术很多取材于实际生活，并形成完整的表演流程。剧本具有较高的文学内涵，表演贴近现实、强调细节、幽默感强，富有生活气息，广受欢迎。有些演员擅长使用特技来塑造角色，比如托举、睁眼、变脸、钻火圈、藏刀等，令人惊叹。

明代末年到清代初始，四川汇集了不同地区的居民、音调各异的南北口音、各式各样的歌剧院，在长期的发展中，四川方言、风俗、民间音乐、民间舞蹈、民间艺术歌曲等的融合，逐渐形成具有地方特色的声音艺术，从而推动了川剧的发展。

（三）川剧角色

川剧舞台上的人物通常分为五大行当，即生、旦、净、末、丑。每个行当都有自己的表演方式，其中文生、小丑、旦角的表演独具特色，在戏剧的表现手法和表演手法上具有很强的创造性，充分表现了中国歌剧的审美特征（虚实相生、遗形写意）。

通常情况下，生角和旦角的妆造十分精美，即根据演员的面容，运用化妆技术，完成全身服饰和头饰的和谐统一，将中国古典风格的美充分展现出来。川剧的旦角包含以下身份：渔夫的妻子、媒婆、丫头、小姐、千金、夫人、王后等。根据各自的身份，使用"小头"（或简单美丽的发型）和"大头"（有钱人的精致头饰），或者戴凤冠，从视觉上区分简单和复杂、朴素和奢华、卑贱和高贵等社会层面的差异。一些社会地位高的女性角色，在戏剧中常常会穿着华丽精美的服饰。生角则通过戴不同的帽子或着不同的服装以表现各自的身份、地位和年龄。

（四）川剧脸谱

脸谱艺术史能够集中展现中华民族文化特色的表现形式。川剧可以表现多种角色类型：无辜女孩、妩媚小姐、儒雅书生、英雄豪杰、骁勇战将、无私判官、幽默船夫、机灵乞儿、纨绔子弟、腐败贪官……其中，花脸和丑角的脸谱是所有脸谱中最具变化和最富幽默感的艺术表现形式。

如图2-1所示，作为川剧表演艺术的重要构成元素，川剧脸谱是川剧艺术家共同创造和代代相承的文化精髓。

图2-1 川剧脸谱

戏曲史界通常认为脸谱起源于北齐兰陵王所戴的面具。唐代的崔令钦在《教坊记》中曾记录："大面，出北齐，兰陵王长恭，性胆勇而貌若妇人，自嫌不足以威敌，乃刻木为假面，临阵著之，因为此戏，亦入歌曲。"[①] 然而，面具和"脸谱"不能画上等号，一般来说，脸谱是直接在人面部描绘的图案。对此，当代学者董每戡先生在他的《说剧》第二十五则《说"脸谱"》里，又做了进一步的分析："谁都知道，'脸谱'有它自己的前史，非某一个艺人'异想天开'地忽地创造出来的。……溯远源，一向都认为系由古代'文身'的习俗，我对这并没有独创的意见。"[②]

如果歌剧真的与古老的"文身"习俗具有一定联系，那么巴蜀历史上就有很

---

① [唐] 崔令钦:《教坊记》，辽宁教育出版社1998年版，第95页。
② 董每戡:《说剧》，文光书店1951年版，第974页。

多"文身"能够证明这一说法。仅唐代段成式的《酉阳杂俎》卷八关于黥中的记述就能佐证以上说法。

"李夷简，元和末在蜀，蜀市人赵高，好斗，常入狱。蒲背缕'毗沙门天王'，吏欲杖背，见之，辄止。"

"蜀小将韦少卿，韦表微堂兄也。少不喜书，嗜好扎青。其叔父尝令解衣视之，胸上刺一树，树杪集鸟数十，其下悬镜，镜鼻系索，有人止于侧牵之。叔不解，问焉。少卿笑曰：叔不曾读张燕公诗否？'挽镜寒鸦集'耳。"

"蜀将尹偃营有卒，晚点后数刻，偃将责之。卒被酒，自理高声，偃怒，杖数十，几至死。卒弟为营典，性友爱，不平偃。乃以刀鏒肌作'杀尹'两字，以墨涅之。"

"蜀人工于刺，分明如画。或言以黛则色鲜。成式问奴辈，言但用好墨而已。"

清人李斗在《扬州画舫录》第九卷又记："雍正间，蜀僧大岊，膂力过人，年四十，黥其身，自顶至腹，为一串肉菩提子。"[①]对于"文身"，董每戡先生在《说"脸谱"》一文中认为："似乎在古代，'文身'与其说是作为一种识别的'标识'，毋宁说是为了'饰美'装身……后代人虽然也仍有不少人'文身'，固也是为了美观，恐怕作为某种标识的意义也被强调起来了。戏剧的'脸谱'则兼'饰美'和'标识'两者而有之，也就是两者并重。"[②]唐宋时期的涂面化妆是脸谱艺术的发展基础，并作为一种化妆艺术被应用到川剧表演中来。

从历史上看，四川歌剧院没有全职的化妆人员，演员自己化妆。表演前，川剧演员要在脸上用不同的颜色画上不同的图案，这是为了表现人物的身份、个性。在保持剧中人物基本特征的同时，演员可以根据自己的特点创造性地进行面部化妆以提升表演的吸引力。川剧个性多样的面部化妆特点并不是其他剧种都有的。因此，脸谱成为川剧演员提升表演效果的重要道具。另外，四川歌剧的脸谱化妆都是代代相传的。师傅画脸谱，口传身教于徒弟；师傅相当熟悉自己的脸谱，而徒弟则要慢慢学习、加以掌握并进行创造。演出结束后，脸谱能迅速擦干净。而四川戏曲中的变脸动作不仅是口头传授，也是演员的特技，所以川剧的脸谱史缺乏图像记录。

《中国戏曲脸谱：川剧脸谱》一书将数百位历史上的川剧表演家艺术家的脸谱收纳其中，总共有1 000多种类型，分属于几百本剧目，是现阶段最能展现川剧演出脸谱形式及其所用颜色的书籍。

---

① [清]李斗：《扬州画舫录》，光明日报出版社2014年版，第150页。
② 董每戡：《董每戡文集（上卷）》，广东高等教育出版社1999年版，第588—589页。

川剧脸谱的特征有以下五点。

1. 用色定调

颜色是区分角色类型的标志之一。人物的基本特点能够通过脸谱进行展现。川剧脸谱的配色原则来源于中华传统文化和中国人民长期养成的审美习惯。

川剧脸谱通常使用红、黑、白、蓝、绿、黄等色彩。每个面具的颜色都有自己的底色，并根据不同的角色特征，融入不同的色线和色块，形成多彩的"花脸"。同时，每一种底色都有其象征意味。

一般来说，红色代表忠诚和坚定，黑色代表公正和刚烈，白色代表狡猾和邪恶，黄色代表身体衰弱，蓝色主要用于盗寇，金色则仅限于神话人物。例如，在孙悟空的眼皮上画金色的妆，他的眼睛一眨一眨以表示"火眼金睛"，展现孙悟空的聪明机智。这些脸谱直接画在演员的脸上，能比面具更好地展示演员的表情。这样一来，戏中角色的表现就会更加清晰，观众也能直接感受到角色的魅力。

2. 具有象征意义的图案

在底色的基础上，可以在角色的脸上画出具有象征意味的图案以将剧中人物的性格特征展现出来。

举例来说，包拯的黑脸谱通过"山"字形笔架、朱笔、寿字、月牙、太阳等图案展现他官高极品、公正清廉的人物特征；关羽的红脸通过卧蚕眉、三炷香、品字图案，表现他忠诚守义、英武不凡的人物特质；同为红脸的赵匡胤则运用龙纹双眉表示他是一代帝王，印堂或眼皮上勾画的那一笔白，则将他猜忌的特征表现了出来；项羽黑白分明的脸膛上绘制了北斗七星、"寿"字形龙纹、宝剑、虎豹眼等图案，目的是展现其得天助曾为一代枭雄以及兵败乌江、拔剑自刎的人生。

3. 动物图案的使用

用动物图案表现人物是川剧脸谱的主要特点之一。比如，江湖英雄马俊，被称为"玉蝴蝶"，因而他脸谱上的图案是一只五彩缤纷的蝴蝶；有翅膀的鸭子是绿鸭道人脸谱上的图案；勾画有盘曲的蓝绿色长蛇图案的脸谱则代表演员演的是蛇精角色。

而这些动物的设计必须与演员面部肌肉分布的特征完全一致。例如，蛇头和嘴画在演员的嘴巴上，蛇的身体在两颊上弯曲，尾巴延伸到眉毛的肌肉处。演员的嘴的开合反映蛇嘴的开合，面部肌肉的所有动作模拟蛇爬行的姿态。另一个例子是《水漫金山》中的蟹将，演员的嘴上画着一个很大的蟹爪，嘴巴肌肉的动作就是模拟蟹钳张合运动的姿态。

动物图案在脸谱中的使用绝不是把动物标识直接画在人的脸上，而是要进行艺术的变形、夸张、巧妙安排。不论是动物的整体形象还是动物的一部分形象，都应该基于角色的需要、性格和表现的需要等前提。动物图案的绘画要力求色彩鲜艳、装饰性强，但也要充分考虑作品中人物的分类。也就是说，动物图案的脸也有大花脸、二花脸、小花脸、霸儿脸的差别。

其中，霸儿脸又被称为霸儿花脸，是剧中人物青少年的造型，反映人物年轻活跃、孔武有力的特征。霸儿脸延续了中老年角色脸谱的特点，没有胡子、胡须，以鼻子为界限只画脸的上部分。从隐性层面看，霸儿脸还能表现人物后代的形貌特征。比如，红脸关羽在《步月杀熊》中还是年轻人，他的脸谱是半头红的红霸儿脸。黑脸包公在《判双钉》中初次为官，是个性格正直的年轻人，画的就是黑霸儿脸。《波罗花》中的年轻英雄石应龙、张飞的儿子张苞、牛皋的儿子牛通都是不同类型的霸儿脸，他们的特征就是都传承了父亲的志向，年轻气盛。

4. 文字脸谱

文字脸谱在20世纪50年代以前经常用于舞台表演。文字脸谱的文字造型有简明和抽象两种风格，有篆、隶、楷、行、草等书法类型。在简明的文字造型中，通过书写汉字的基本笔画，勾勒出角色的脸谱，简练而富有力度。而在抽象的文字造型中，则运用篆、隶、楷、行、草等不同的书法形式，以更加抽象的方式表达人物特征，使脸谱更具艺术性和观赏性。

例如，牛皋的额头上写着隶书"牛"字，李逵的额头上写着隶书"李"字，阎王的额头上写着楷书"阎"字，魁星额头上写着楷书"斗"字。据说杨七郎是天上的黑虎星，草书"虎"字被印刻在他的黑霸儿脸上。文字脸谱的主要功能是对剧中人物进行简要说明。

5. 人物脸谱变化特技

在川剧中，故事情节的变化会引起人物内心世界的转变，因此脸谱也必须做出相应的调整。那么，如何在一出戏中换脸呢？川剧演员就会使用抹脸、吹脸、扯脸、擦暴眼等特技来达到这一效果。这些特技都是在舞台上进行的，在观众不察觉的情况下，通过瞬间改变角色脸上的脸谱来增强演出效果。

（1）抹脸

把化妆油涂在脸上的特定部位。在表演的过程中，如果用手摩擦，可能会变成其他颜色。如果要改变整张脸，可以在额头和眉毛上涂油彩，如果只变半张脸，则可在脸部和鼻子涂抹油彩。在《白蛇传说》中，许仙就用"抹脸"的技能完成了变脸。

（2）吹脸

事先将化妆品粉（金粉、银粉、墨粉等）放入特定的容器中。在表演中，演员只要趁机将脸贴近容器后吹气，粉末就会扑在脸上，立即使脸变换颜色。需要注意的是：闭眼吹气、闭口、闭气。在《活捉子都》中，吹脸表演阶段，化妆粉末是放在酒杯里的。

（3）扯脸

事先在剪好的丝绸上画好脸谱，然后依次贴在脸上。每个脸谱用一把丝线固定，另一端固定在衣服上方便又不显眼的地方（比如腰带）。根据戏剧的需要，通过巧妙而又灵活的舞蹈动作的遮挡，演员能够一张一张地把它拉出来。《望娘滩》的聂龙和《白蛇传》中的钵童使用的都是"扯脸"变脸技巧。

（4）擦暴眼

擦暴眼这种方式通过调整局部改变脸谱。在表演过程中，演员使用事先涂抹在手指上的黑色松烟迅速将眼睛周围涂黑。例如，《情探》中的新科状元王魁的前妻焦桂英的幽灵在其新婚之夜想要其偿还性命，当时演员使用"擦暴眼"的技巧展示王魁丑陋的状态。在《坐楼杀惜》中，为了将宋江突然兴起的杀人念头展现出来，演员也使用了"擦暴眼"的技巧。

川剧的化妆强调的是"拟形传神"。所谓"神"是角色的光环，包括面容的魅力；"形"是指特定的面部图案。川剧的脸谱图案都有一定方向，颜色、夸张变形和对称，他们都注重象征性、抽象性、装饰性、书写深远的意蕴。在"拟形"方面，民间传说中"驱鬼"的钟馗额头上就画着蝙蝠，这是因为蝙蝠中的"蝠"与"幸福""福气"中的"福"同音，因而，钟馗成了驱邪除恶的象征。财神赵公元帅的脸谱上是金钱，而包拯额头上勾画的是月牙。据原四川省戏曲研究所选编的《川剧脸谱选》解释："包拯的脸谱，以深棕色涂脸底，黑色勾'泰山眉'丹凤眼，表示包拯的铁面无私，刚直果断。眉眼之间勾白色，印堂上用白色勾绘形如笔架的'山'字，黑白对比，显示包拯明辨是非，执法如山。额头上勾一白色'月牙'，说明他廉洁有若皓月的意义。"川剧《高唐州》中水浒英雄李逵脸谱的注解在《川剧的脸谱和变脸》中有所体现。"黑旋风"李逵脸谱的底色是黑色，运用灰、白两种间色将刚峻的人面图案表现出来。将黑色作为脸谱的底色，能够将李逵皮肤黝黑的感觉展露出来，暗示着李逵的性格刚直。整张脸谱的构图中心是"豹眼"，黑白相间的回旋纹从中心向周围散发开来，将李逵的鼻、额、颌等线条勾画出来，线条完整和谐、生动流畅，将他浪迹江湖的人生经历以暗喻的形式表现出来，一生漂泊的"黑旋风"的称号名副其实。红色用于涂抹浓眉大眼下面的嘴，黑灰色的冷热对比强势地展现出来，对人物的形象进行了深入刻画。

（五）川剧的唱腔

四川歌剧由五种声腔组成：高腔、昆腔、胡琴、弹戏和灯戏。在这五种声腔中，除了本地原产的灯戏外，其余均来自外地。川剧音乐吸收了国家戏曲主要声腔体系的精华，融入当地方言、声韵和音乐，演变成形式复杂、音乐风格丰富、结构工整、风格多样的地方戏剧音乐。

1. 高腔

高腔是川剧中最重要的声腔，其是明清末期从其他地方传到四川的。高腔被引进四川后，与当地方言、民歌、劳动号子等形式相结合，经过多次处理，逐渐演变成了具有当地特色的声腔声乐。

川剧高腔是曲牌体音乐。川剧高腔的数量和形式都十分繁杂。其结构基本分为起腔、立柱、唱腔、扫尾四种类型。高腔有很多戏剧，题材广泛，文辞格式多种多样。高腔最主要的特征是没有乐器干唱，运用"一唱众和"的徒歌方式，将助力、节拍和歌唱结合起来。这种方式构成了锣鼓曲牌。有的曲牌帮腔比唱腔多，有的曲牌基本上都是帮腔，有的曲牌只在开头句和结尾句有帮腔，其具体方式是由戏决定的。

川剧将南曲北曲的优良传统继承了下来，唱腔曲风既兴奋高昂，又柔和婉约。

2. 昆腔

昆曲曲文秉承了唐诗、宋词、元曲的文学传统，曲牌则有许多与宋词、元曲相同之处。昆曲文字简洁典雅，韵律严谨。唱歌的时候特别注意正确的语调，曲牌是曲折的，节奏很慢，当今渐渐式微。川剧艺术家抓住了昆曲长于歌唱和有益于舞蹈的特征，只选取昆曲中的一些曲牌和唱句，插入其他声腔中演唱，形成独特的川昆艺术风格。

川剧的曲牌结构与"苏昆"基本一致，有"单支"和"成堂"两种。目前，以单一昆曲歌剧形式表演的作品不多，更多的是融于高腔、胡琴、弹戏各声腔或与其他声腔融合。

昆腔的主奏乐器是长笛。锣鼓伴奏与高、胡、弹、灯的声腔一致，锣鼓的"苏味"由大锣敲边和苏钹的特殊单色构成，来区别于其他声腔的锣鼓伴奏。

3. 胡琴

川剧的胡琴是二黄与西皮腔的统称。因其主要伴奏乐器是"小胡琴"，故统称胡琴。胡琴腔约在乾隆年间就已经形成。

二黄包括正调（二黄）、阴调（反二黄）、老调三类基本腔。正调善于表现深沉、严肃、委婉和轻快的情绪，反二黄宜表现苍凉、凄苦、悲愤的情绪，老调则大多用于表现高亢、激昂的情绪。西皮腔与二黄腔的音乐性格相反，具有明朗、潇洒、激越、简练、流畅的品格。西皮、二黄多为单独使用，但也有不少剧目同时使用两种声腔。

4. 弹戏

川剧弹戏是用盖板胡琴为主要伴奏乐器进行演唱的一种戏曲声腔。源自陕西的秦腔，属梆子系统，因此又有"川梆子"之称。弹戏虽源于秦腔，但同四川地方语言结合，并受四川锣鼓和民间音乐的影响，经过长期的演变，不论是曲调、唱法还是唱腔结构都与秦腔有所不同，形成自己独特的艺术风格，具有浓郁的四川地方色彩。尽管二者的关系不是相当接近，但从曲调结构、调式特点，以及整个唱腔的韵味等方面分析，均可找到它们之间的渊源。

弹戏包括情绪完全不同的两类曲调：一类叫作"甜平"（又称"甜品""甜皮""甜腔"），善于表现"喜"的感情；一类叫作"苦平"（又称"苦品""苦皮"），善于表现"悲"的感情。它们具有相对的独立性，但它们的调式、板别、结构都是相同的，甚至在同一板别的唱腔中，曲调的骨架都一样。

5. 灯戏

灯戏作为川剧中的一种独特表演形式，起源于四川民间的迎神赛社活动，也可以说是古代巴蜀传统灯会的产物。这一表演形式融合了歌舞和戏曲元素，通过生动的演绎展现了当地浓厚的生活气息，成为川剧中颇具特色的艺术表达形式。灯戏的演出内容主要围绕生活小戏展开，表现了丰富多彩的民间故事和生活场景。演员以富有地方特色的小调、民歌为基调，以村坊小曲为伴奏，为观众呈现出一场富有乡土风情的戏曲盛宴。这种生活小戏的形式使观众更容易产生共鸣，深入体验当地人民的日常生活，拉近了演员与观众之间的距离。

灯戏声腔的特点是：乐曲短小、节奏鲜明、轻松活泼、旋律明快、具有浓厚的四川地方风味。灯戏声腔主要由"胖筒筒"、发间小曲和"神歌腔"组成。灯戏伴奏的"胖筒筒"是一种比二胡杆粗、筒身大、略带"嗡"声的琴。

（六）川剧的乐器

川戏锣鼓是川剧音乐不可或缺的重要组成部分，其独特的编制和表演风格为川剧的音乐表达注入了生动的节奏和韵味。乐队使用的乐器种类繁多，包括小鼓、堂鼓、大锣、大钹、小锣，统称为"五方"，再加上弦乐和唢呐为"六方"。这样的编制既注重整体协调，又为表演提供了丰富的音响效果。锣鼓在川剧表演中扮演着重要的指挥和伴奏角色，由小鼓负责指挥。这一轻便的乐队组合常用于农村演出，能够营造出充满活力的音乐氛围。川剧的锣鼓曲牌达到了300支左右，这些曲牌涵盖了丰富的戏曲内容，既包括传统经典的剧目，也涵盖了当时社会生活的方方面面。

"装龙像龙，装虎像虎"形容的是川剧表演的传统，这一说法代代相传。川剧表演具有深厚的现实主义传统，通过真实、细腻、优美动人的表演手法，生动地展现了人物性格和情感。与此同时，川剧表演也善于运用夸张的艺术手法，通过舞台设计和服饰造型，为观众呈现出富有戏剧张力和艺术感染力的视听盛宴。

二、川剧的价值

（一）历史价值

川剧作为中国传统戏曲之一，不仅在历史中占有重要地位，更以其深厚的文化内涵和独特的艺术魅力为我们打开了理解中国历史、文化和现代生活的全新视角。通过丰富多彩的剧目，川剧生动地展现了古今中外的历史画卷，呈现了丰富多元的社会风貌和文化传统。其独特的表演形式、舞台设计及深刻的人物刻画，使观众得以深入感受中国传统文化的博大精深。

1. 见证历史的变迁

川剧的历史价值首先体现在其起源和发展过程中。作为四川地区的主要戏曲形式，川剧源于元代，经历了明、清两代的沉浮与繁荣，见证了中国历史的重要时期。从最早的"草堂子"到后来的"梆子腔""灯腔"，再到"川腔"，川剧的变迁与革新不仅反映了四川地区地域文化的变化，也映照出中国的历史进程。川剧不仅是一种艺术表演形式，更是一扇窗口，通过它我们得以窥见中国历史的沧桑巨变、感知悠久文化的传承，同时也让我们在当代生活中找到共鸣，使得这一传统艺术在当今仍然焕发出独特的生命力，为我们提供了深刻而丰富的文化体验。

2. 古老与现代的对话

川剧作为一种传统艺术形式，在演变过程中巧妙地吸纳了多种地方戏曲的元素，形成独特而丰富的艺术风格。这种融合与传承的过程正好与现代社会全球化、文化交流与碰撞的背景相呼应。在川剧的演艺中，我们见证了传统与现代的精妙交融，一方面保留了本土文化的深厚底蕴，另一方面积极融入外来元素，实现了传统文化的更新与传承。川剧表演元素的多样化反映了文化的丰富多元，而这种多元性的体现正与当今社会的多元文化相契合。在全球化的潮流下，川剧通过融合各地戏曲的特色，既展示了地域文化的独立性，又表现出文化交流中的开放与包容。这样的演变过程使川剧不仅成为传统文化的代表，也成为跨越时空的文化语言，从而与时代共鸣。

川剧在传承中创新，适应现代社会的文化需求，为观众提供了全新的审美体验。在这个过程中，传统艺术并没有被束缚在过去，而是在与当代文化相互激荡中焕发出更为璀璨的光芒。这一融合与传承的模式，为我们展示了文化的无限可能性，在变革中找到平衡点，让传统与现代共生发展，是川剧在当今文化多元化背景下的独特贡献。

3. 反思与启示

在现代社会中，随着科技的进步和生活节奏的加快，人们可能会觉得传统艺术（如川剧）与现代生活脱节。然而，川剧中那些古老的故事、情感与冲突，其实与现代人的生活并没有太大的差异。爱、恨、情、仇，这些普遍的情感主题，都与现代生活中的人际关系、价值观和道德观念存在联系。

此外，川剧在表演技巧上的独特性为现代表演艺术提供了新的启示。在数字化、信息化的时代，人们可能会对真实、自然的艺术形式产生更加浓厚的兴趣。而川剧，恰恰提供了这样一个与真实情感和人性相结合的平台。川剧的历史价值不仅仅体现在其悠久的历史和独特的艺术风格上，更重要的是它为我们提供了一个理解中国历史、文化新视角。在这个高速发展的时代，我们更应该珍视这样的传统艺术，让它成为连接古老与现代、传统与创新的桥梁。

（二）社会价值

在当代社会，随着科技、文化与艺术的发展，我们的生活趋于多样化与全球化。然而，当现代影视、数字媒体日益主导娱乐领域时，传统戏剧艺术（如川剧）是否仍然具有深远的社会价值呢？事实上，川剧不仅具有文化和艺术价值，它在社会层面上还有无可替代的教育和共鸣意义。

1. 川剧的文化共鸣

川剧，作为中国古老的戏曲艺术之一，承载了数千年的文化底蕴。每一出剧目、每一个角色、每一个动作都是一个文化的符号，蕴含着丰富的历史信息和深厚的文化内涵。这使得川剧不仅仅是一种艺术形式，更成为连接过去与现在、传统与现代的重要纽带，是中华文化传承的重要载体之一。在当今社会，川剧具有特殊的社会功能。文化碎片化和信息过载的时代特征使现代人渐感失落于传统文化的纷繁，而川剧则为我们提供了一个追溯历史、寻找文化根源的重要渠道。观看川剧不仅是欣赏一场精彩的艺术表演，更是在体验一种文化的共鸣和历史的回响。通过演员的婉转唱腔、华美戏服，观众仿佛穿越时空，亲临历史中的场景，感受古老文化在今天的生动呈现。

川剧的独特魅力在于其对传统文化的执着与传承，为当代社会注入了文化的温度和深度。观众在川剧中能够找到心灵的寄托，感受到传统文化的深远内涵，使得这一古老艺术在现代焕发出新的生命力。因此，川剧在当今社会中不仅是传承文化的工具，更是一座连接历史与现实的桥梁，为人们提供了一次深刻的文化体验和心灵之旅。

2. 川剧的道德内涵

除了文化与历史的传承，川剧还承载着深厚的道德教育意义。许多经典的川剧剧目都聚焦于社会道德、人性善恶和伦理关系。这类剧目不仅仅是艺术的呈现，更是对社会现象、人性弱点的深度反思。在现代社会，尤其是对于年轻一代，川剧可以作为道德和伦理的启示器。通过剧中的情节、角色与冲突，观众可以对自己的行为和价值观进行反思，从而达到自我教育和提升的目的。

总的来说，川剧在现代社会中不仅仅是一个艺术形式或文化产物，更是一个具有深远社会价值的教育和文化工具。它在连接传统与现代、道德教育与艺术享受之间建立了一座独特的桥梁，为现代提供了宝贵的资源和启示。

（三）商业价值

川剧作为中国传统戏曲剧种之一，其商业价值体现在多个方面。下面将从演出市场、文化旅游、相关产业三方面分析川剧的商业价值。

1. 演出市场

川剧在中国拥有广泛的受众群体，每年都有大量的川剧演出活动。不仅在四川地区，川剧在全国范围内也能吸引众多观众。川剧演出以其独特的表演风格和深厚的文化内涵吸引了许多观众的关注。越来越多的川剧演出团体已经开始走出国门，参与国际演出交流活动，进一步扩大了川剧在国际舞台上的影响力。川剧的演出市场不仅为演员和创作团队提供了发展空间，也为观众提供了艺术享受和文化沉浸的机会。

2. 文化旅游

川剧作为中国非物质文化遗产的重要组成部分，对于四川地区的文化旅游具有重要的影响。许多观众会选择到川剧的发源地——四川去欣赏和学习川剧艺术，并结合当地的自然风景、历史文化等元素,全面体验和感受川剧的魅力。川剧作为四川地区的文化旅游资源,能够吸引相当多的游客前来观赏川剧演出,同时也为川剧演出提供了更多的经济效益和发展机会。

3. 拉动效应

川剧的演出需要众多的演员、乐手、服装设计师、舞美工作者等从业人员,相关产业链的发展为川剧提供了必要的支持。与川剧相关的剧组、演艺中介机构、礼仪公司、旅行社等行业也获得了发展机会。与此同时,川剧的传播和推广也可以促进相关产品和服务(如川剧纪念品、音像制品等)的销售。川剧产业链的发展不仅为川剧本身提供了经济支撑,也为相关从业人员和企业带来了经济效益。

总之,川剧作为中国传统戏曲剧种之一,具有丰富的商业价值。通过川剧的演出市场、文化旅游、相关产业等方面的发展,川剧为社会经济的发展提供了新的动力,使川剧成为中国非物质文化遗产中不可或缺的一部分。

(四)传承价值

1. 守旧与创新的平衡

(1)保护文化遗产

在全球化的潮流中,许多传统文化面临着同化、淡化甚至消失的挑战和威胁。传承川剧不仅仅是为了保留一种艺术形式,更是为了维护一个民族的文化认同和独特精神。

作为中国传统戏曲的杰出代表,川剧不仅承载着千年文化的沉淀,更是中华民族的文化符号。在全球化的冲击下,文化多样性逐渐受到严重威胁,传统艺术面临着被边缘化的风险。然而,川剧的传承如同一条文化血脉,它通过代代相传的方式,将丰富的中华传统文化传递给后人。这不仅仅是对艺术形式的保护,更是在维护中国人在全球文化舞台上的独特身份。

川剧的传承是对民族文化认同的坚守,是对传统价值观念的传承。在保留传统表演技艺的同时,川剧还传达着中国人对于家国情怀、儒家文化、传统道德的深深眷恋。通过在舞台上呈现古老故事和历史传说,川剧激发着观众对中华文明的自豪感和对传统文化的珍视。

(2)创新的源泉

新颖的创作往往根植于对传统的深入了解。川剧的传承价值不仅仅在于文化的传承,更为现代创作者提供了一个丰富的创作"素材库"。在这个有着千年文化底蕴的艺术形式中，川剧蕴含着丰富的历史故事、精湛的表演技艺和独特的文化符号，为当代艺术的创新提供了无尽的灵感源泉。

川剧的传承并非僵化地停留在历史的表面，而是通过不断的创新和演绎，将传统的文化内涵融入当代创作的语境之中。这不仅为川剧注入了新的生命力，也为现代文艺创作者提供了丰富的创作资源。川剧所具有的独特风格、丰富的情感表达和多面人物的刻画，都为现代电影、音乐剧等提供了可以汲取的宝贵经验。

川剧的音律、唱腔、表演形式等元素，也可以成为现代音乐剧和流行音乐的灵感来源。同样，剧中描绘的历史故事和人物，也可以为现代电影和戏剧创作者提供创作的蓝本。这种融合创新的过程，不仅有助于焕发传统艺术活力，也促进了当代文艺创作的多元发展。

2. 打造新时代的川剧

（1）技术与艺术的结合

利用现代技术如虚拟现实（VR）、增强现实（AR）等，可以丰富川剧的表演形式，使观众不再仅仅是被动的欣赏者，而是积极互动的参与者，能够深刻体验戏曲的魅力。通过虚拟现实技术，观众可以沉浸于虚构的戏剧场景中，感受身临其境的视听体验。在虚拟现实的世界里，观众可以选择自己的视角，近距离感受演员的表演细节，深入了解角色情感。增强现实技术能够为观众提供更多的互动机会，使他们能够与虚拟世界中的川剧舞台进行互动，参与剧情发展，甚至自行选择不同的剧情分支。

这样的创新不仅拓展了川剧的表演方式，也为年轻观众提供了更加现代化、互动式的文化体验。通过融合传统艺术和现代科技，川剧得以在数字化时代焕发新的生机，拉近与观众之间的距离，让戏曲艺术更好地融入当代文化生活。虚拟现实和增强现实技术的引入，不仅为传统文化注入了新的元素，也激发了观众对川剧的兴趣，促进了传统文化的创新发展。

（2）跨文化的交融

在全球化的背景下，川剧作为中国传统艺术形式有着巨大的发展潜力，可以与其他文化的艺术形式进行交融，创造出全新的艺术品种。这种跨文化的融合不仅可以扩大川剧的受众群体，也有助于促进文化的交流与融合。川剧融入国际文化大潮，可以通过吸纳其他地区戏曲、音乐、舞蹈等元素，创造出具有全球吸引力的艺术作品。跨文化交流能够赋予川剧新的表达方式，使其更贴近当代观众的审美需求，形成更具包容性和多样性的艺术形态。

通过与其他文化形式的交流，川剧可以借鉴和融合各种艺术元素，这种文化的交融既能保持川剧传统的特色，又能够创造出更具国际影响力的作品，推动中国传统文化走向世界，在国际舞台大放异彩。

第二节 川菜的资源及价值

一、川菜概述

川菜是我国著名的地方菜系之一，在我国烹饪历史上占有重要地位。它取材广泛、调味多变、菜式多样、口味清鲜、醇浓并重，以善用麻、辣著称，并以其别具一格的烹饪方法和浓郁的地方风味享誉中外，成为中华民族饮食文化与文明史上的一颗灿烂夺目的明珠。川菜与鲁菜、淮扬菜、粤菜并称"中国四大菜系"，有"食在中国，味在四川"的美誉。

（一）川菜历史发展

川菜的历史发展主要经过了4个阶段。

1. 商周时期：川菜萌芽时期

考古发现的巴蜀文化，通常被认为是与商周时代相对应的，此时巴蜀地区的农业已经发展到了一定程度，以稻、豆、黄米、粟米等为主要粮食作物。牲畜方面有猪、鸡、牛、马、羊、狗，主要的牲畜都已齐备。在这一阶段，巴蜀的盐业也已发展到了一个相当高的程度。从器皿和制作工艺来看，巴蜀地区在商朝之前就能制造出比较精致的鼎、釜、罐、豆、壶等。商周时期，巴蜀地区的烹饪原料也十分丰富。晋人常璩的《华阳国志》记载："山林泽渔，园囿瓜果，四节代熟，靡不有焉"[1]"土植五谷，牲具六畜"[2]，出产"鱼盐""茶蜜"。五谷、六畜、瓜果、鱼类、食盐等为四川菜的发展奠定了良好的材料基础。而酿酒也促使宴会出现和发展。成都百花潭中学10号墓出土的一件春秋早期的青铜器皿，上刻饮宴和竞射的图画，表明当时的四川已经具备大量的饮食资源，并形成宴会。所以，商周时期是四川菜的萌芽时期。

2. 秦汉至魏晋：川菜初步形成时期

秦惠文王时期，为了巩固自己在蜀的统治，开始向巴蜀地区移民，修建都江

---

[1] [晋]常璩：《华阳国志》，齐鲁书社2010年版，第26页。
[2] 同上书，第217页。

堰水利工程，使农业快速发展，食物资源更加丰富。秦始皇统一天下后，又向川移民，有了中原人带来的生产技术，巴蜀地区变得更加富裕了。同时，当地人民与外来移民之间在饮食、风俗等方面的相互影响与融合，对川菜的发展起到了直接的推动作用。这一时期的特点主要有：一是原料丰富，种类繁多。汉代扬雄在其《蜀都赋》中就罗列了70多种烹调原料。除此之外，还有一些蜀中特有的食物，比如川南的蘑菇、川西的井盐、川北的野兽，还有姜、乌、蒜等。二是四川风味菜的初露端倪。汉晋时，川菜的基本风格已经开始出现，晋人常璩《华阳国志·蜀志》中对"尚滋味"和"好辛香"有明确的总结：尚滋味指崇尚美味或味道，好辛香指的是喜欢辛辣、刺激性、芳香的味道，尤其是喜欢麻辣、香甜的味道，而这也是当今川菜的特点之一。三是宴席的初步形成。四川早在商周时期就已经有了宴席，而与之相适应的物质条件也日益丰富，这为宴席的发展提供了更为有利的条件。成都出土的《宴乐图》、广汉出土的《丸剑宴舞》画像砖都表明，汉代四川的宴席已有一定规模并十分讲究摆设，而且往往伴随着优美的乐舞来助兴。

3. 唐宋时期：川菜蓬勃发展时期

唐宋时期，四川经济极为发达、物产丰富、人员流动性大，川菜与其他地方菜系相互吸收、相互融合，促进了自身的发展。川菜在这一时期呈现出的特色有：一是大量使用优质的特产原料，如丙穴鱼，即今天仍受人赞美的雅鱼；二是菜式的制作越来越精致，比如我们现在吃的魔芋，在唐宋时期就已经出现；三是宴席形式多种多样、富有特色，如游宴、舟宴这两种独特的宴席形式，从唐宋时期开始，便遍布整个四川，不仅形式独特，规模也很大；四是唐宋时期的饮食市场迅速兴起，主要有两个特点：其一，经营方法灵活，日夜兼营；其二，酒楼盛行，生意繁荣。

4. 明清时期：成熟稳定时期

明清时期，四川菜继承了之前的传统，并吸收了各地菜系的精华，实现了进一步的发展，到了清朝，已经形成一套完整的地方菜系，具有鲜明的特色。此外，为了巩固西域统治，清政府还采取了一系列措施，如"移民入川"，从湖广来的移民不仅带来了先进的生产技术，还带来了番薯、辣椒等农作物新品种，极大地促进了四川经济的快速复苏，也极大地丰富了四川菜系的食材资源。同时，移民与本地人的共同生产生活，也促进了菜肴制作、饮食习惯等各方面的融合，再加上清廷和官员对饮食的偏爱，使川人崇尚饮食的传统得到了传承与发展。从而使川菜在晚清形成鲜明的特色和较为完善的风味体系。

5. 20世纪80年代以后：繁荣创新时期

这一时期的川菜在保持原有的特色和优势之上，还具有烹饪技法中外兼收、菜品风格多样化、个性化、潮流化等特色。1991年，在"首届厨师联谊节"上，川菜与其他八大菜系一起被评为中国菜"十大名吃"。此后，川菜正式以"中华名菜"的身份登上了国际舞台，并多次在国际烹饪大赛上获奖。

为了适应市场需要和消费需求，川菜不断调整产业结构。四川旅游饭店行业协会和中国烹饪协会分别成立了餐饮专业委员会和餐饮教育工作委员会；成都成立了全国第一家川菜行业商会；《中国烹饪》杂志创刊并出版《川菜》杂志；四川烹饪高等专科学校也于1985年成立。这些举措都有利于川菜的创新和发展。

21世纪以来，在川菜行业管理部门指导下，四川省委、省政府提出"建设西部经济高地""把成都建成西部重要中心城市"的战略目标后，世界各地川菜馆发展迅速。截至2019年12月，四川先后在美国旧金山、洛杉矶，俄罗斯莫斯科，奥地利维也纳，日本东京设立5家川菜海外推广中心，积极推动川菜"走出去"。

（二）川菜的分类及特点

1. 川菜的菜式系统

川菜主要由成都（上河帮）、重庆（下河帮）、自贡（小河帮）三个系统组成。

上河帮是以成都和乐山为核心的蓉派菜系，其特点是亲民平和、调味丰富、口味相对清淡、多传统产品。蓉派川菜讲究用料精细、准确，严格以传统经典菜谱为准，同时集中了川菜中的宫廷菜、公馆菜之类的高档菜。蓉派川菜精致细腻，多为流传久远传统川菜，旧时历来作为四川总督的官家菜，一般酒店中高级宴会菜式中的川菜均以蓉派菜系为标准制作菜谱。

小河帮也称盐帮菜，以自贡和内江为主，其特点是大气、怪异、高端。古代盐业的发展造就了这一菜系，故称为"盐帮菜""盐商菜"。自贡的特色菜有火鞭子牛肉以及冷吃兔、冷吃牛肉的冷吃系列等。小河帮同时也是水煮技法的发源地，自古就有水煮牛肉的吃法。水煮技法经由下河帮川菜派得以发扬光大，成就了水煮鱼、水煮牛肉等水煮系列精品川菜。

下河帮以重庆、达州及南充为中心，下河帮大方粗犷，以花样翻新快、用料大胆、不拘泥于材料著称。其特色集有酸菜鱼、毛血旺、口水鸡、干菜炖烧系列，水煮系列，以香辣虾、香辣贝、辣子肥肠为代表的辣子系列，以烧鸡公、芋儿鸡、啤酒鸭为代表的干烧系列。

2. 川菜的主要特色

川菜以其独特的"色、香、味、形"四维特色而著称，其中"味"是最引人注目。川菜在味道上展现了多样性和变化的精妙，使其成为中国八大菜系中独具特色的代表。其口味的丰富多样、变化精妙让人难以忘怀。

川菜以"口味厚"为特色，注重用料的调配，选用各式各样的食材，巧妙地搭配各种调味料，形成层次分明的独特味道。其独特的烹饪技法，如川味麻辣、酸辣、麻辣酸甜等口味，使每一道川菜都充满了浓厚的风味，令人回味无穷。

川菜的特点可以概括为"三香、三椒、三料，七滋、八味、九杂"。

三香：葱、姜、蒜。

三椒：辣椒、胡椒、花椒。

三料：醋、郫县豆瓣酱、醪糟。

七滋：酸、甜、苦、辣、麻、香、咸。

八味：鱼香、麻辣、酸辣、干烧、辣子、红油、怪味、椒麻。

九杂：用料杂。

3. 川菜的烹调特点

川菜的烹调艺术深受人们的喜爱和推崇，其受欢迎的原因不仅在于其多样而美味的口感，更因其讲究烹饪技术、制作工艺十分精细与严谨。川菜的烹调具有四个显著特点，使其成为中国八大菜系中的瑰宝。

第一，川菜注重选料的认真。在烹调过程中，厨师精挑细选各类食材，注重食材的新鲜、质优，以确保每一道菜肴都能充分展现原材料的本味。这种对选料的认真态度是川菜取得口感丰富、味道鲜美的首要保障。

第二，刀工精细是川菜烹调的重要特点之一。厨师擅长使用各种刀法，将食材切割得精细而均匀，使每一口菜肴都能保持口感的均衡，增强食物的口感层次。

第三，合理搭配是川菜烹调的关键。川菜善于运用各种调味料和香料，合理搭配不同的食材，使菜肴在味道上呈现出多样性和层次感。这种独特的调味搭配让川菜的味道丰富多变，满足了人们味蕾的各种需求。

第四，精心烹调是川菜独具魅力的重要因素。厨师注重每一步骤的细致处理，掌握火候的把控，使得川菜既保留了食材的原汁原味，又展现了川菜独有的火候和烹调技艺，使菜肴更加美味可口。

（三）川菜名菜撮要

1. 四川火锅

四川火锅（见图2-2）又称毛肚火锅或麻辣火锅，主要以毛肚、鸭血、黄喉、鸭肠等为主要食材。在汤底配料制作中，以鲜、香、麻、辣作为调味的主旋律。四川火锅的发展与羊杂汤、水爆肚等小吃美食有着异曲同工之处。在物质生活匮乏的年代，动物内脏是不可多得的美食，而内脏本身所特有的腥味、辛味却也需要"真功夫"来化解。麻辣火锅独特的底料在经过大火猛煮后，其中的各种味道都被中和，呈现的只有唇齿留香以及因舌尖麻木而发出的一声声感叹。底料功夫的高低是决定四川火锅是否正宗的关键，麻辣火锅本身就是为涮煮内脏而创造出来的一种吃法，因此很少有在滚烫热油中涮青菜的，更多的是内脏、脑花、鸭血和千层肚等。

图 2-2　四川火锅

与北方火锅的多种蘸料混搭不同，四川火锅的蘸料主要有两种——油碟和干料，前者可以缓解麻辣，香油味道配合多种内脏，使食材本身的滑嫩被无限放大，而且香油能保护口腔、肠胃，还能够最大限度地中和麻辣，所以油碟与四川火锅之间相辅相成，一来能提升味道，二来能够保护口腔、肠胃。而干料则是人们为追求麻辣快感的极致而发明的一种吃法，四川地区闷热潮湿，人们喜欢用辣椒祛除体内湿气，久而久之也养成了无辣不欢的饮食习惯。干料中的原料是干辣椒、小米辣等，把这些各具特色的辣椒放在一起研磨，其中特有的辣香味成就了四川辣子的美名。

2. 回锅肉

回锅肉（见图2-3）咸中带甜、微辣醇鲜、味浓而香。到四川，不能不吃回锅肉，俗话说"入蜀不吃回锅肉，等于没有到四川"[①]。现在回锅肉的品类已经很多了，有连山回锅肉、干豇豆回锅肉、红椒回锅肉、蕨菜回锅肉等。

图2-3　四川回锅肉

回锅肉是川菜中具有代表性的名菜，传说这道菜是从前四川人初一、十五"打牙祭"（改善生活）的当家菜。当时做法多是先白煮，再爆炒。据传，清末时期，成都有位姓凌的翰林，因宦途失意退隐家居，潜心研究烹饪。他将先煮后炒的回锅肉改为先将猪肉去腥味，以隔水容器密封的方法蒸熟后再煎炒成菜。因为久蒸至熟，减少了可溶性蛋白质的损失，保持了肉质的浓郁鲜香、原味不失、色泽红亮。自此，名噪锦城的久蒸回锅肉便流传开来。

3. 樟茶鸭

此菜选用成都南路鸭，以白糖、酒、葱、姜、桂皮、茶叶、八角等十几种调味料调制，用樟木屑及茶叶熏烤而成，故名"樟茶鸭"（见图2-4）。其皮酥肉嫩、色泽红润、味道鲜美，具有特殊的樟茶香味。

图2-4　樟茶鸭

---

① 武占坤：《中华风土谚志》，中国经济出版社1997年版，第434页。

成都市有一家专业腌卤鸭店，名叫"耗子洞张鸭子"，"耗子洞张鸭子"始创于20世纪30年代。创办人张国良1928年起随父亲在提督东街和暑袜街交口处摆摊卖烧鸭子、牛肉肺片。其地外面是茶馆，里面是酒店、旅馆，巷子深、进口小，故被称作"耗子洞"。张为大姓，偌大一个成都，卖腌卤鸭子的有上百家，招牌数不胜数、难辨真假。为了以示区别，老买主才将张鸭子的出售地点加在前面，呼之为"耗子洞张鸭子"。之后父亲去世，张国良带着兄弟将生意撑持下来。在经营中，兄弟二人严守"不怕人不买，只怕货不真；不怕无人请，只怕艺不精"的古训，逐渐摸索、总结出了一套经验，信守至今。该店的樟茶鸭选用细嫩仔鸭，用樟树叶和茉莉花茶末燃烧时产生的樟茶烟熏制，并经过腌、蒸、炸、卤等多种工序制作而成。

4. 鱼香肉丝

散发鱼香味的肉丝，不见鱼却有鱼味，此乃绝处。然而，肉无鱼相佐何来鱼香？"鱼香"料由泡辣椒、川盐、酱油、白糖、姜末、蒜末、葱调制而成。此调料与鱼并不沾边，而是模仿四川民间烹鱼所用的调料和方法，具有咸、甜、酸、辣、鲜、香等特点（见图2-5）。

图 2-5　鱼香肉丝

相传清朝时期，在四川当地有一户生意人家，丈夫常年在外做生意，妻子在家看顾家庭。这家人有个爱好，就是特别喜欢烧鱼，还喜欢变着法地烹饪各种鱼类，尤其喜欢往鱼菜里加一些葱、姜、蒜、酒、醋、糖等调料。时间长了，也有了自家做鱼的独特烹饪风格和手法，自家做的鱼不仅鲜香可口，而且味道浓醇回甘，十分好吃。

有一天，丈夫刚做完生意回到家，妻子这时还没准备晚餐，厨房里除了前天剩下的鱼汤和一些猪肉，别无其他食材。妻子知道丈夫喜欢吃鱼，没办法，只得将鱼汤浇在炒熟的肉丝上，原本担心丈夫吃后会因觉得不好吃而怪罪她。谁知，丈夫吃了以后，连连叫好，直说好吃。丈夫问及妻子这菜究竟是怎么做的，妻子看丈夫说好吃，也没有说什么怪罪的话，便将事情的原委一五一十地讲给他听。丈夫听后，觉得挺有意思，于是这家人在以后的日子里，吃剩的鱼汤从来不扔，就用来做炒肉丝吃。

这家人平时做生意免不了要招待重要来宾，每每丈夫都命妻子为来宾做这道菜。来宾吃后都一个个称奇，表示从没吃过这么鲜香的菜肴，于是个个讨要烹饪"法宝"。一传十、十传百，慢慢地，鱼香肉丝这道菜就传遍了当地。后来，这户人家又将鱼香肉丝加以改良，只用自家平日烧鱼用的调料来烹饪肉丝，味道一样好。

久而久之，鱼香肉丝就形成现代的做法，"鱼香"并不是真的带有鱼肉，而是用做鱼用的调料炒的肉丝，由于其味道麻辣鲜香、酸甜可口、十分下饭，逐渐成了川蜀地区平常人家的热门菜。除了宴请宾客，更是平日佐酒的佳肴，名气由此远扬全国。

5. 宫保鸡丁

此菜由鸡丁、干辣椒、花生米等炒制而成，鲜香细嫩、辣而不燥，略带酸甜味。现已风靡全国，各地的品种略有差异，有的已将鸡丁演化为肉丁而成"宫保肉丁"等（见图2-6）。

图2-6 宫保鸡丁

关于宫保鸡丁的来历，一般认为和丁宝桢有关。据传，丁宝桢是贵州省毕节市织金县牛场镇人。他小时候不慎落水，巧被桥边一户人家救起。后来他为官后记起此事，遂前去感谢，那户人家就做了这道菜招待，他吃后觉得味道很好，便加以推广。

关于宫保鸡丁的来历还有以下三种传说。

传说一：丁宝桢原籍贵州，清咸丰年间中进士，曾任山东巡抚，后任四川总督。他一向很喜欢吃辣椒与猪肉、鸡肉爆炒的菜肴。据说在山东任职时，他就命家厨制作"酱爆鸡丁"等菜，很合胃口，但那时此菜还未出名。调任四川总督后，每遇宴客，他都让家厨用花生米、干辣椒和嫩鸡肉炒制鸡丁，肉嫩味美，很受客人欢迎。后来，他由于戍边御敌有功被朝廷封为"太子少保"，人称"丁宫保"，其家厨烹制的炒鸡丁，也被称为"宫保鸡丁"。

传说二：丁宝桢来到四川，大兴水利，百姓感其德，献其喜食的炒鸡丁，名曰"宫保鸡丁"。

传说三：丁宝桢为官时，常微服私访。有一日，丁宝桢和一家仆去山东济南大明湖一带微服私访。到了晌午，突然闻到一股菜香味从附近一农家院中飘出。于是，便信步走进院中，看见一中年汉子正在灶房内炒菜。喜欢烹饪的丁宝桢连忙走上前问汉子："你炒的是何菜？"汉子回答道："爆炒鸡丁。"随后，又让丁宝桢品尝一下。鸡丁一入口，丁宝桢便感觉味道十分鲜美，于是连忙又问道："既为鸡丁，为何却这般鲜嫩？"汉子答道："此乃取当地笨鸡鸡脯肉切丁，而外薄裹淀粉糊（水淀粉），以利于快熟且可防味泄，再配以花生、胡椒，加上白糖、盐、酱油、南酒、葱、姜、蒜等调料，经旺火爆炒而成。成品色泽红亮，肉质细嫩，花生米酥脆，咸鲜香辣，佐酒下饭均宜。"丁宝桢抚须连连点头，于是找出盘中的花生放入嘴里，细细品尝，果真是别有滋味。这道菜令丁宝桢回味悠长，于是他就记住了地方，回府不久就遣人重金把汉子聘为家厨。每每远客到，必用此道菜为压轴菜招待客人，客人也百吃不厌，称其美味。后来，丁宝桢调任至四川总督，汉子感其恩重，便携家眷一起随丁宝桢进川，进而把爆炒鸡丁带到了四川。他的后人则把胡椒换成辣椒，最后做出了川味的宫保鸡丁。在丁宝桢去世后不久，"宫保鸡丁"就被四川当地官员作为贡菜献给皇帝，并发展为御用的名菜之一。

6. 麻婆豆腐

此菜特色是以"烧"法烹之，形整而不烂，在雪白细嫩的豆腐上点缀着棕红色的牛肉末和油绿的青蒜苗，外围一圈透亮的红油，如玉镶琥珀，具有麻、辣、烫、嫩、香、鲜的独特风味（见图2-7）。

图 2-7 麻婆豆腐

关于麻婆豆腐,有以下两种传说。

传说一:在清代光绪年间,成都万宝酱园有一个姓温的掌柜,他有一个满脸麻子的女儿,叫温巧巧。她嫁给了马家碾的一个油坊的陈掌柜。十年后,她的丈夫在运油途中意外身亡。丈夫死后,巧巧和小姑的生活难以为继。运油工人和邻居每天都拿来米和菜接济她俩。而巧巧的左右邻居分别是豆腐铺和羊肉铺,她便把碎羊肉配上豆腐炖成羊肉豆腐,味道辛辣,街坊邻居尝后都认为好吃。于是,两姑嫂把屋子改成食店,前铺后居,以羊肉豆腐做招牌菜招待顾客。小食店价钱不贵,味道又佳,生意很是兴旺。巧巧寡居后没改嫁,一直靠经营羊肉豆腐维持生活。她死后,人们为了纪念她,就把羊肉豆腐叫作"麻婆豆腐",沿称至今。现在,"麻婆豆腐"已成为一道家常菜,随处可见,而且漂洋过海,深受外国人喜爱。

传说二:传说中的麻婆本姓陈,专门以做豆腐为生。清朝同治年间,成都万福桥是商贾聚集之地,陈老太在此开了一家豆腐店,由于她点浆技巧过人,做出的豆腐又白又嫩,烧制的豆腐菜又特有风味,生意越做越红火。不料这竟引起她对门一家豆腐店老板娘的嫉妒。一天,一位过客提着两斤刚剁好的牛肉末来陈老太店中落座,对门豆腐店的老板娘便向这位客人暗送秋波。这位客人一时惊喜,便忘了那包牛肉末,径自向她店门走去。陈老太见此情景,心中又气又恼。这时又走进几位客人,他们看餐桌上的牛肉末便说要吃牛肉炒豆腐。陈老太本不想用别人的牛肉末,但客人急着要食用,于是就把这牛肉末同豆腐一起做菜给客人吃了。客人吃后对这道菜赞不绝口,吃的人越来越多,生意异常火爆,顾客络绎不绝。对门豆腐店的老板娘见此情景又气又眼红,便在顾客面前说陈老太的坏话,骂她是丑八怪,是麻子。陈老太是个大度的人,她对此不屑一顾、不露声色,一心做自己的生意。后来，她干脆在自家门头上挂起一块大招牌——"陈麻婆豆腐"。再后来，这个店名声越来越大，"麻婆豆腐"这道佳肴名扬四海。

7. 灯影牛肉

此菜色泽红亮、回味甘美、味鲜适口，为佐酒佳肴。因其片薄透明，似民间皮灯影，故称"灯影牛肉"（见图2-8）。有位美国畜牧专家曾说，灯影牛肉既是别有风味的美食，又是奇妙的工艺品。

图2-8　灯影牛肉

据说，唐代诗人元稹在通州任司马时常到一家酒肆小酌。下酒菜中有一道菜，其色泽油润红亮，味道麻辣鲜香，质地柔韧，入口自化而无渣，食后令人回味无穷，令元稹赞叹不已。更让他惊奇的是，成菜肉片较大、薄如纸、呈半透明状，用筷子夹起，在灯的照射下红色牛肉的丝丝纹理在墙壁上显出清晰的影像来，煞是好看，这使他联想到当时京城盛行的"灯影戏"（现称"皮影戏"），兴之所至，当即称为"灯影牛肉"。人们尊敬元稹的清正廉洁，因他的赞誉，该菜引起轰动，一举成为名菜。

8. 夫妻肺片

此菜菜名比较特别。有人好奇菜名，禁不住点上一份；有人因"肺片"二字误以为有"肺"作为原料而不愿品尝。其实，此菜和"肺"根本没有关系。原料主要是牛肉、牛杂（牛肚、牛心、牛舌、千层肚、牛头皮），现拌现吃，清香可口（见图2-9）。

图 2-9　夫妻肺片

20 世纪 30 年代，在四川成都有一对摆小摊的夫妇，生活艰辛，他们看到一些动物内脏都被扔掉，觉得很可惜，于是一大早夫妻俩就到屠宰场，在废弃的内脏中挑选自己觉得还能吃的，打理干净上锅煮熟。经过反复试验，他们做出的牛肚白嫩如纸，牛舌淡红滑嫩，牛头皮透明微黄，再配以他们精心搭配的红油、花椒粉、芝麻、香油、味精、酱油和鲜嫩的芹菜等各种调料和配菜，炮制出了这道令后世传颂的美食。

因为原料是从废弃的内脏中挑选出来的，加工时又都切成薄片，开始称其为"废片"，由此得名"夫妻废片"。而后随着食客的增多，声名远播，有人嫌"废片"二字不好听，于是主张改成"肺片"，这就是"夫妻肺片"菜名的由来。

9. 鸡豆花

此菜是用鸡脯肉茸、熟火腿和鸡清汤制成。成菜形似豆花，质地滑嫩，汤清肉白，鲜美异常。"吃鸡不见鸡""吃肉不见肉""以荤托素"是此菜的一绝。鸡豆花是荤托素的代表菜，也是川菜中清淡醇厚的代表菜之一（见图 2-10）。

图 2-10　鸡豆花

关于鸡豆花有一个典故，在《成都通览》中有所记载，废太子李承乾被流放到黔州后，每日茶饭不思、精神萎靡，手下人看到这种情况都心急如焚。李承乾手下有个丫鬟对他爱慕已久，看到自己心爱的人这样，心痛万分，于是便想方设法地做美食来让他开胃。一天，丫鬟将鸡脯肉剁碎后，加入鸡蛋清煮出一道菜肴，形似豆花，李承乾吃了以后胃口大开，便大加赞赏。虽然李承乾不久之后就郁郁而终，但是这道他喜欢的佳肴却流传了下来。后来经过后世的改良，做法也更加精致。

二、川菜资源的价值

（一）营养价值

川菜是中国汉族传统的四大菜系之一、中国八大菜系之一。它以其独特的香、酥、麻、辣著称，深受世界各地食客的喜爱。而除了其诱人的味道之外，川菜也有很高的营养价值。

1. 主要食材与营养特点

川菜广泛使用的主要食材包括鱼、鸡、牛肉、蔬菜等，每种食材都具有独特的营养成分，赋予了川菜丰富的口味和营养价值。以四川名菜之一的"水煮鱼"为例，作为该菜品主要食材的鱼肉富含优质蛋白、Omega-3 脂肪酸以及维生素 D 等重要营养成分，具有多重益处。水煮鱼中所选用的鱼肉是一种富含优质蛋白的食材，有助于维持身体的正常生理功能，促进细胞修复和生长。同时，鱼肉中的 Omega-3 脂肪酸被广泛认为对心血管系统有益，可以降低血脂、预防心脏疾病，是一种重要的健康脂肪。此外，水煮鱼中的鱼肉也富含维生素 D，对骨骼健康至关重要。维生素 D 有助于促进钙的吸收和利用，维持骨骼的正常发育和功能，提升骨密度，降低骨折的风险。

2. 辣椒的神秘力量

川菜中广泛使用的辣椒，除了为食物带来麻辣的独特滋味外，还蕴含着丰富的辣椒素，其独特的营养成分在近年的研究中引起了广泛关注。最新研究表明，辣椒素不仅为川菜增色不少，更为人体健康带来多重益处。

首先，辣椒素被发现具有提高新陈代谢的作用，有助于促进脂肪的分解和燃烧，从而发挥一定的减肥作用。

其次，研究发现，辣椒素的摄入与心脏病和癌症的风险降低有关。其抗氧化和抗炎性的特性有助于维护心血管健康，并被认为对某些癌症的预防具有积极作用，为辣椒素赋予了更多的健康价值。

最后，辣椒还富含维生素 C，是一种强效的抗氧化剂，有助于提高免疫力，增强机体对抗疾病的能力。辣椒所包含的这些营养成分使其在川菜中不仅是一种调味佳品，更是一道健康食材，为食客带来口福的同时也促进了他们的身体健康。

（二）历史价值

川菜不仅仅是一种美食体验，更是四川地域文明与人文情怀深厚传承的展现。对于川菜的历史价值，我们不能只看到眼前的美食，而要深入研究其背后的历史底蕴。

1. 川菜与古代交通文明

四川盆地因地理环境独特，自古以来就是交通要塞。古代的"蜀道难，难于上青天"便是对四川交通区位的写照，而这一地理特点为川菜带来了外来的食材和烹饪手法。四川的红油、辣椒、花椒，虽然现在已经成为川菜的代表，但这些原材料原本并非都是四川土生土长的。如辣椒，其实是 16 世纪由南美传入中国的，四川人民善于发掘和利用，逐渐地将其融入了川菜中，成为川菜中不可或缺的调料。这背后不仅是对食材的巧妙运用，更是一个地区文明与外来文明交会、碰撞的产物。

2. 川菜与古代工艺文明

四川是中国古代的重要手工业中心之一，尤其在制瓷、金银器等工艺品制作上有着悠久的历史。而这种精湛的工艺，在川菜的烹饪中也得到了体现。例如，传统的宜宾燃面需要用特制的铜锅进行炸制，这与四川古代铜器制作有着千丝万缕的联系。四川的火锅，其铜锅与木炭的组合，也是对古代烹饪工艺的传承。这些看似日常的烹饪方式，其实都是古代工艺文明与现代烹饪技法的结合。

3. 川菜与古代哲学思想

川菜的调料与烹饪手法充满了哲学思考。例如，"麻辣"之间的平衡，恰如古代道家所说的"阴阳和谐"。四川人民在追求麻辣之时，也注重食物的五味调和，这种对平衡的追求，正是古代中国哲学中"中庸之道"的体现。

此外，川菜中的"复合味"，也是对传统中医理论中"五行相生相克"的体现。例如鱼香肉丝，其味道有酸、甜、咸、辣、鲜，五种味道相互融合，既对立又和谐，正是中医理论的完美体现。

挖掘川菜背后所蕴藏的历史价值，是对四川地域文明的深入探索。从食材的来源，到烹饪技法，再到哲学思考，都是四川人民对传统文明的传承和创新。这让我们看到，食物不仅仅是满足口腹之欲的工具，更是一个民族、一个地区历史文明的载体。

（三）文化价值

1. 川菜诗歌文化

川菜诗歌，指的是那些描写记录饮食生活等内容的诗歌，是川菜文化的重要组成部分。诸多古代的物产、食俗、菜品以及烹饪技艺、工具，依靠这类诗文保留下来，使今天的人们得以了解当时的饮食生活状况和烹饪发展水平。川菜的发展情况，也可以从记载、描写有关四川的地理物产、食俗等方面的诗文中寻找答案。首先是含有食物原料的诗，如李调元《食芋赠陈君章》中的"种蔬多种芋，可作凶年备"[1]就是说种植芋头可以为饥年做准备。还有苏轼《春菜》诗中写道"北方苦寒今未已，雪底菠棱如铁甲。岂如吾蜀富冬蔬，霜叶露芽寒更茁。"说明即使在寒冷的冬季，四川地区也有足量的蔬菜。其次是诗歌中的四川食俗，随着大量移民来到巴蜀地区，本地区经济文化水平不断提升，蜀地新增了具有一定规模的船宴、游宴等宴会形式。例如成都遨乐诗，宋代田况的《四月十九日泛浣花溪》真实形象地记录了游浣花溪，全城一片繁荣的景象："浣花溪上春风后，节物正宜行乐时……霞景渐曛归櫂促，满城欢醉待旌旗。"[2]

2. 川菜民俗文化

民俗亦称民间习俗，指某一区域内的人民在漫长的生活过程中所养成的风俗习惯，包括思维习惯与行为习惯。四川的饮食生活形成丰富的民俗文化遗产，成为川菜文化生长的土壤。在诸多民俗文化之中，节日饮食民俗文化最突出。节日饮食通常是为庆祝某一重要节日或纪念意义而产生的，此时人们常常把家中"顶级"食材拿出来，准备一桌丰盛的佳肴，用以庆祝或者祭祀。因此，节日饮食文化民俗是一个区域人民生活真实的反映，开发川菜资源，有助于人们对四川地区民间习俗的认知，可提高地域文化识别度。

春节，从古至今在中华文化与百姓生活中都占据着举足轻重的位置，是我们国家最为隆重的节日。春节一般是从腊月三十开始，一直到正月十五才算结束，其中腊月三十、正月初一是最重要的日子。腊月三十，是一年的最后一天，代表着旧年的终结；正月初一，是新的一年开始的第一天，寄托着人民辞旧迎新的美好愿望。四川地区过年的川菜习俗是一进腊月就开始熏腊肉、灌香肠，腊月三十团圆饭，菜肴数量常以六、八这样吉祥数字居多，按家庭人民的数量增加或减少，原料中会出现鱼类，象征着年年有余，鸡和"吉"同音，祈祷新的一年吉祥等。

---

[1] 熊四智：《中国饮食诗文大典》，青岛出版社1995年版，第820页。
[2] 赵杏根：《历代风俗诗选》，岳麓书社1990年版，第44-45页。

正月初一早晨，四川人吃饭前通常都会放鞭炮，所谓"除天刑"，就是清除当年天灾，期望有一个好的年景。吃汤圆是正月初一的习俗，汤圆有甜馅和咸馅之分，甜汤圆通常用红糖制成，咸汤圆内陷大概就是碎肉末，辅之以别的材料。

在四川还有其他节日饮食民俗，但基本与全国情况相同，例如中秋节吃月饼、端午节吃粽子等这些饮食文化遗产在当地都具有浓厚的四川地域特色和浓郁的乡土气息，为中华饮食文化的发展做出了巨大贡献。

3. 川菜名人文化

川菜得以跻身中国八大菜系，这与众多川菜名人的努力是分不开的。所谓川菜名人，就是指在川菜历史上，对川菜发展有着特别贡献的历史人物，其中也不乏美食家、烹饪评论家和烹饪实践家等。如西汉扬雄，其对川菜的贡献主要有二。其一，扬雄写了一篇《蜀都赋》，第一次是以赋的方式来刻画、记录并褒扬四川饮食烹饪状况，有开创之功。他在这篇文章里对当时四川盛产的烹饪原料以及特有的调味料进行了细致的记叙，使《蜀都赋》成为后世认识与研究汉代四川饮食烹饪的重要参考资料。其二，扬雄在美食方面独辟蹊径。在他看来，饮食有"颐以养血"之功效，指食物的功能可以维护和保持人们生理及心理健康。扬雄作为四川人，也是文化名人，其饮食观点在川菜发展过程中起着潜移默化的作用。

苏轼，号东坡居士，是北宋著名的文学家、书画家，同时，在饮食烹饪方面也有极高成就，对后世产生了巨大的影响。川菜的名菜中就有因"东坡"而得名者，如东坡肘子、东坡肉等。苏轼喜欢美食，他每到一处，便品尝该地的美食，之后写进诗里。例如，《古意》诗中写吃竹笋，《豆粥》诗中写到食用鲍鱼之类的食物。他也敢尝试一些其他人都不敢尝试的菜，比如河豚，味道鲜美，但是毒性极大，让人敬而远之，他却吃得津津有味。苏轼自己也做了很多菜，如鱼羹等。苏轼不仅是著名的文学家，还是美食家，他为四川美食所做出的贡献无法估量。

4. 川菜旅游文化

近年来，川菜辛香、麻辣的风味席卷全国，备受海内外游客的瞩目。川菜扮演着旅游资源、旅游产品或旅游吸引物的角色，影响旅游者的饮食消费行为或模式，川菜消费成为旅游体验的重要因素。川菜作为旅游目的地重要的文化名片，对于传达当地的品牌形象十分重要。川菜美食品系丰富、食材繁多，宽窄巷子、锦里、文殊坊等十多条美食街远近闻名，已成为热门旅游景点。四川省内各地菜品口味大体相同，但各有特色。川菜文化体验馆以川菜为主题、豆瓣为灵魂，融知识性、趣味性和体验性为一体，融川菜三千年文化历史为一炉，充分展示川菜文化的博大精深和独特魅力（见图 2-11）。

图 2-11　中国·川菜文化体验馆

第三节　蜀绣的资源及价值

一、蜀绣资源概述

（一）蜀绣渊源

最早记载蜀绣的文字，出于西汉文学家扬雄的《绣补》一诗，诗中表达了作者对蜀绣技艺的高度赞誉。晋代的常璩在《华阳国志》中，则明确提出了蜀绣和蜀中其他的物产，包括璧玉、金、银、珠、碧、铜、铁、铅、锡、锦等，皆可被视为"蜀中之宝"，充分说明蜀绣作为地方工艺品的珍稀独特。其实，蜀绣的历史与蜀锦一样，都是出自古蜀时期先人的智慧和创造。据文献记载，蜀国最早的君王蚕丛就已经懂得养殖桑蚕。汉末三国时，蜀锦、蜀绣就已驰名天下。作为珍稀而昂贵的丝织品，蜀国经常用它交换北方的战马或其他物资，蜀绣已然成为主要的财政来源和经济支柱。唐代末期，南诏进攻成都，除了掠夺金银、蜀锦、蜀绣外，还大量劫掠蜀锦、蜀绣工匠。时至宋代，蜀绣之名已遍及神州，文献称蜀绣技法"穷工极巧"。成都地区自然地理条件优越，盛产丝帛，因此蜀锦、蜀绣的制作生产"冠于天下"。

蜀绣的历史悠久。最初，蜀绣主要流行于民间，分布在成都平原，世代相传。至清朝中叶以后，逐渐形成行业，尤以成都九龙巷、科甲巷一带的蜀绣最为著名。当时各县官府所办的"劝工局"也设刺绣科，可见其受重视程度。当时的生产品种主要是官服、礼品、日用花衣、边花、嫁奁（音同"连"，指陪嫁的财物）、彩帐和条屏等。

（二）蜀绣纹样

和中国古代大多数艺术品一样，蜀绣多以代表美好、吉祥的意象为题材，如花鸟鱼虫、日月星辰、山石云水、人物神像及约定俗成的吉祥图案等，蜀绣纹样无不反映出人们对大自然的认知和对美好生活的向往。

另外，蜀绣绣品种类丰富，花鸟鱼虫等自然题材较多，如象征尊贵的龙和凤，寓意幸福夫妻的鸳鸯，象征幸福、爱情的蝴蝶常出现在蜀绣绣品中。熊猫和金丝猴是四川特有的珍稀动物，亦是蜀绣中常见的题材。1983年，芙蓉花成为成都市市花，传说五代后蜀皇帝孟昶为讨爱妃欢心特颁诏令，在成都尽种芙蓉，秋间盛开，蔚若锦绣，故称"芙蓉城"。芙蓉极具浓郁的蜀地特色，被称为"爱情花"，同时谐音富贵荣华。

鲤鱼在典籍中被称誉为"诸鱼之长"，古有鲤跃龙门的典故，作为吉祥、勇敢的化身，鲤鱼被赋予独特的寓意，爱鲤崇鲤也成为民间文化的组成部分，如今鲤鱼依然是吉祥、幸运的象征，常常作为蜀绣的题材（见图2-12）。以人物为题材的纹样最早出现在战国时期，直至秦汉人物纹样主要以几何形体为主，魏晋时期受外来文化影响，人物纹样逐渐反映出一些世俗生活的欢乐场景。人物纹样发展的鼎盛时期是明清时期，尤其在清代出现了大量反映民族风俗、生活意趣的人物纹样（见图2-13）。

图 2-12　蜀绣

图 2-13 蜀绣

蜀绣是记录巴蜀历史、社会和生活变迁的文化载体，与蜀地的自然生态、历史渊源和文化内涵相辅相成、紧密相连。传统蜀绣纹样除了源于自然与生活，还源于文字和约定俗成的吉祥图案。《尚书·洪范》中称"五福"为寿、富、康宁、攸好德、考终命，后世衍化为福、禄、寿、喜、财，佛教中"万字符"意为吉祥万德之所集。上述蜀绣纹样的素材，表达人们求吉纳福、避灾驱邪的美好愿望。

（三）蜀绣的特点

主题上，蜀绣最常见的主题便是动物和植物，而在四川最有名的动物莫过于熊猫和金丝猴。除了真实存在的动物，还有虚拟的动物，其中最出名的就是龙、凤。植物则以牡丹、芙蓉为多，蜀绣中有一幅《芙蓉鲤鱼》是最负盛名的。

技法上，蜀绣的技艺特点是运针自如，针迹平齐严谨，丝线粗细兼用，色彩和顺。

1. 针法

分为十二大类，138 种针法，是一个长期积累形成的丰富而技术高超的针法体系，根据图案不同而用不同针法。

第一，晕针。晕针是区分蜀绣与其他地区刺绣的主要标志，是指一种有规律的长短针，按针法组织不同可分二二针、二三针、全三针。其中二三针是蜀绣中最具特色的一种晕针针法，具有针法严谨、结实耐磨、表现力强、绣面平齐光亮、针迹均匀的优点，是绣日用品与欣赏品的主要针法。二二针是指有规律二针二针地排列，按实际情况一排一排地变化色彩，表现晕色效果。三三针普遍用于绣花卉人物等，具有光亮平齐的效果。

由于晕针针法长短不一，每排长短不等而针脚却紧密相接，更能体现事物的立体感和真实感。通过淋漓尽致地刻画对象的光色，表现色彩晕染，展示出不同的光、洁、粗、细、软、硬、松、散等质感，能更好地诠释晕针刺绣的层次感，达到绘画般的视觉效果。

第二，斜滚针等针法。斜滚针是蜀绣的最基本的针法之一，两线紧靠，形成条纹，适宜表现花藤、叶筋、水波、松针等；衣锦纹针，适合绣各种装饰图案；切针，适宜表现透明的轻纱、薄雾、水泡；蓬铺针，具有对折闪光的效果；参针，装饰性强；木石针，有色彩过渡的效果。此外，常用的还有花针、虚实针、乱针、斜针、运针滚针、沙针、辅针等。各种针法交错使用能使绣品更精致，更有用表现力。

中华人民共和国成立以后，针法又有所创新，如表现动物皮毛质感的"交叉针"，表现人物发髻的"螺旋针"，表现鲤鱼鳞片的"虚实覆盖针"等，这些针法都丰富了蜀绣的表现形式和艺术风格。由于蜀绣一直追求绘画的效果，近年来蜀绣大师郝淑萍创造了"平手拉花针"，开创了油画单面绣法，惟妙惟肖地表现了油画的透视、明暗和材料质感，使蜀绣摹本由工笔和水墨的国画领域拓展到油画领域。

2. 绣技

第一，线条绣。是蜀绣为了更好地体现水墨绘画效果而独创的线画合一的绣法。20世纪80年代之前，蜀绣技法主要是线条绣。所绣均为墨色，如画家赵蕴玉的《簪花图》（见图2-14）就是线条绣。在素白的软缎面料上运用晕、纱、滚、藏、切等技法，以线做墨、以针代笔，表现绘画中用笔的大小、粗细和水墨的浓淡、干湿、深浅，也表现传统书法中的沙笔、飞白（墨线中有点点空白）。线条绣能营造出远山近水亭台楼阁，层峦起伏烟云流润之感，并赋予作品千变万化的气韵。所绣线条生动流畅、色彩轻柔温和，笔墨的湿润感和潇洒感纤毫毕现。

图2-14 赵蕴玉的《簪花图》

第二，双面绣。蜀绣的工艺有单面绣、立体绣、双面异色绣、双面三异绣（异色、异形、异针法)。其中,双面三异绣是蜀绣技艺最高、最难的表现形式。

以刺绣的技术为基础,在一件绣品的正反两面分别绣出构图、色彩、针法完全不同的物象而又浑然一体,形成不同的视觉效果,营造出同一主题不同的意境,"康宁绣"就是一个代表,它传承了蜀绣精湛技艺的精髓,创造了双面异形绣,被誉为蜀绣一绝。双面绣可以是绣完一面再绣另一面,也可以先把两面主要的块面完成了,再分别绣两面的其余部分。先绣的一面是比较复杂、难度大的,然后绣另一面相对简单。第一面叫绣,第二面叫撇。撇就是在第一面绣的反面针线层上,精细地绣出异形图案,因为不能在第一面绣图上露出针脚所以称为撇。

第三,车拧法。蜀绣刺绣工艺的特点是"针脚整齐、线片光亮、紧密柔和、车拧到家"。"车拧到家"的车拧法是蜀绣一枝独秀的绣法。"车"指绣品的点睛部位,自点睛处起针,凭灵感向四周扩绣,以达到"神似"的效果。"拧"更为讲究,是指运用长短、深浅、浓淡不同的针(如晕针)从刺绣形象的外围逐渐向内添针或减针。不论是一片叶子还是一片花瓣,针线都是一顺地展开而非横竖交叉,绣品因此平齐光亮。各片叶子、花瓣的方向是从中心往外呈弧形、圆形的图案,用针跟着花瓣、叶子的方向旋转着绣出环转的效果,一针包边跟着图案方向边车边拧地往中心绣,这就是"车拧"。薄处透亮,厚处立体,看起来圆形从边缘到中心十分自然地收缩且针脚整齐,强烈地呈现出物体的生动变化,使得绣品浓淡适中、张弛有度、疏密得体,产生水墨写意的绘画艺术效果。

二、蜀绣的价值

蜀绣历史悠久,上可追溯到三星堆文化,下可延伸到现代社会,延续不断,其文化和手工艺技术的传承价值不可估量。蜀绣技艺巧夺天工,经过数千年的历史沉淀,独具浓烈的地方文化气息,具有鲜明的文化特色和丰富的文化内涵。

(一)文化价值

在中国传统手工艺品的丰富宝库中,蜀绣以其细腻、典雅和卓越的技艺,成为一颗璀璨的明珠。蜀绣不仅仅是一门艺术,更是一种文化、一种传承,代表了四川地区的独特魅力和中国古老文明的卓越创意。

蜀绣是四大名绣之一,起源于古代蜀国,已有超过两千年的历史。其背后所蕴藏的深厚文化底蕴,使得每一针、每一线都是对古代文明的传承。从蜀绣技艺、蜀绣纹饰和图案到蜀绣的使用场合等方面,蜀绣展现的都是四川古老的生活方式和价值观。

首先，从技艺上讲，蜀绣的制作不仅要求细腻，还要求线条流畅、色彩和谐。这样的技艺要求，反映了古蜀人追求完美和谐与"天人合一"的哲学思想。每一次的针法选择、色彩搭配，都是对大自然与人类精神的深度解读。

其次，纹饰图案，蜀绣的图案往往以山水、花鸟、人物和故事为主。这些图案不只是为了美观，更是对生活、自然、历史的一种感慨与思考。例如，山水图案反映了四川壮丽的自然风光和蜀人崇尚的"天人合一"的哲学思想；花鸟图案展现了人们对美好生活的向往和对自然的敬畏之情；人物和故事图案，则是对历史、传统和社会价值观的传承。

再次，蜀绣的使用场合也蕴含着丰富的文化内涵。在古代，蜀绣被用于宫廷、庙宇、贵族家庭，这反映了它在当时社会的地位和价值。同时，它也被当作重要的礼品，用于国家间的外交活动，展现了其在国际交往中的影响力。

最后，从宏观的角度看，蜀绣是中华传统文化中的一部分。它反映了古代蜀地与中华大地上的人民，如何在与大自然的互动中创造、发展出独特的艺术风格和文化价值观。蜀绣不仅仅是对自然的礼赞，更是对生活、对文化的赞美。

如今，随着现代化进程的加快，很多传统艺术被边缘化，甚至被遗忘。但是，蜀绣依然受到人们的珍视和喜爱。这是因为，人们深知蜀绣不只是一种艺术，更是一种文化、价值观、情感。

（二）传承价值

说到蜀绣，人们总是先想到那些精湛的技艺。然而，作为一种古老的手工艺品，蜀绣的传承价值远超过了技术层面，它更是一个情感的载体、一座连接古今的桥梁、一个让我们与祖先产生共鸣的媒介。从技艺到情感、从传统到现代，蜀绣展现着其"多元"的传承价值。

第一，技艺传承：从古至今的无声对话。蜀绣的技艺已有上千年的历史，它所蕴含的技术和知识，是中国传统文化的瑰宝。每一针、每一线都是前人智慧的结晶，也是后人继续发扬的基石。运用独领风骚、灵活多变的针法、绣技，融合寓意吉祥纹样蜀绣，种类繁多，是观赏性与实用性兼具的精美艺术品，凝聚了巴蜀人民的勤劳与智慧。学习蜀绣不仅仅是对技术的传承，更是与历史的一次无声对话，是对前人的一种尊重和感激。

第二，情感桥梁：连接古今的纽带。在快速发展的现代社会，人们与古老的传统文化之间的距离似乎越来越远，而蜀绣为我们提供了一个连接古今的纽带。当我们触摸到那些绣品，仿佛可以感受到古代绣娘的情感。蜀绣作为一种女红文化，也蕴含着丰富的美育价值，将基于女红形式美、寓意善和情感真而构成的审美趣味等作为美育的载体，这对提高人们感受美、鉴赏美、创造美等多方面的能力都起着积极作用。它们不仅仅是物质的传承，更是情感和美的传递，是对历史的一种怀念和记忆。

第三，价值观的塑造：从物质到精神的追求。蜀绣不仅仅是一门技艺，它背后蕴含的价值观念也值得我们深思。蜀绣多以国画等画稿为蓝本，在保留其艺术精髓之上，再通过刺绣进行艺术创作，其主要题材有生殖崇拜、避灾驱邪、祈福纳吉等，作者往往会以此为基础，通过象形、比喻、借代的艺术手法传情达意，在此过程中会广泛地运用民间事物，如动植物、器物、建筑、文字、几何图形等，种类繁多，意义颇深。同时，蜀绣技艺教导我们要有耐心、细心和恒心，要追求卓越、精益求精、守正创新，对待生活和工作都要有大国工匠的精神和品质。这种价值观的传承和塑造，对于现代人来说，具有非常重要的意义。

第四，创新与传承：传统与现代融会贯通。在许多人的观念中，传统和创新似乎是相互矛盾的事物。然而，我们却可以在蜀绣中看到二者的完美融合。现代蜀绣大师在继承传统技艺的基础上，加入了现代元素和设计理念，使蜀绣既有古老的韵味，又不失现代感。这种传统与创新的结合，为蜀绣注入了新的生命力，也为我们提供了一个新的审视文化的角度。

蜀绣的传承价值，不仅仅体现在技艺上，更体现在情感和文化的传递上，它为我们搭建了连接古今的桥梁，也为我们提供了从物质到精神的追求路径。在快速发展、充满变化的时代，我们应该更加珍惜优秀传统文化，并将其传承和发扬光大，在传承与创新、传统与现代之间找到平衡点，融会贯通、兼容并蓄，让其在现代社会中焕发出新的光彩。

第四节 三星堆的资源及价值

一、三星堆概述

（一）遗址简介

三星堆遗址位于中国四川省广汉市西北的鸭子河南岸，南距四川省省会成都40千米，东距广汉市区7000米，是一座由众多古文化遗存分布点组成的一个庞大遗址群，1988年1月被公布为全国重点文物保护单位。

三星堆遗址群规模巨大、范围广阔，古文化遗存大多分布在鸭子河南岸的马牧河南北两岸的高台地上，遗址群平面呈南宽北窄的不规则梯形，沿河一带东西长5000～6000米，南北宽2000～3000米，总面积约12平方千米，是四川古代最大、最重要的一处古文化遗存。已确定的古文化遗存分布点达30多个，其中以南部的"三星堆"、中部的"月亮湾""真武宫"、北部的"西泉坎"、东部的"狮子堰"、西部的"横梁子"，以及向西延续的"仁胜村""大堰村"等遗址最为重要。三星堆遗址群的年代范围前后延续两千年，所出土的大量陶器、石器、玉器、铜器、金器具有鲜明的地方文化特征，自成一个文化体系，被中国考古学者命名为"三星堆文化"。

三星堆遗址是公元前16世纪至公元前14世纪世界青铜文明的重要代表，对研究早期国家的进程及宗教意识的发展有重要价值，在人类文明发展史上占有重要地位。它是中国西南地区一处具有区域中心地位的最大的都城遗址。它的发现，为已消逝的古蜀国提供了独特的物证，把四川地区的文明史向前推进了两千多年。

（二）重要遗址介绍

1. 西城墙

西城墙位于三星堆遗址西北部鸭子河与马牧河之间的高台地上，呈东北—西南走向，地面现存部分总长约600米，顶宽约10～30米，底宽约35～50米，高约3～6米。在城墙的中部和北部各有一宽20余米的缺口，将西城墙分为北、中、南3段，其中中段南端在缺口处向东拐折延伸约40米，与中段、北段略成垂直相接。根据局部试掘情况，结合从北端鸭子河和南端马牧河冲刷暴露出的城墙剖面及夯土内包含物分析，西城墙的结构、体量、夯筑方法和年代与南城墙及东城墙相近。

2. 月亮湾城墙

月亮湾城墙位于三星堆遗址中北部的月亮湾台地东缘，按走向可分南北两段，北段为东北—西南走向，南段略向东折，基本上呈正南北走向，整条城墙与西城墙北段基本平行。城墙地面现存部分总长约650米，顶宽约20米左右，高2.4～5米。北端底宽约30～45米，中段有拐折，夹角为148度，北端为32度，南端呈正南北走向。城墙南段较高，被农耕平整较甚，宽度达80米。城墙东（外）侧有壕沟，壕沟宽度40～55米。在发掘的断面处，壕沟距地表深3.5米，壕沟沟口距沟底深2.95米。

3. 祭祀坑

著名的一、二号祭祀坑位于三星堆城墙东南 50 余米，两坑相距 25 米，是三星堆遗址最重要的考古发现之一。两坑坑室走向一致，均为东北—西南走向，坑口呈长方形，口大底小，坑壁整齐，经填土夯打而成。

一号坑坑口长 4.5~4.64 米，宽 3.3~3.48 米，深 1.46~1.64 米，坑口三面各有一条宽约 1 米，长（残）0.34~3.85 米的坑道，呈对称布局、向外延伸。二号坑不带坑道，坑口长 5.3 米，宽 2.2~2.3 米，深 1.4~1.68 米。坑室内器物均分层放置，埋藏现象前所未见，大多数器物明显在埋藏时或埋葬前经过有意的焚烧和破坏，或烧焦、发黑、崩裂、变形、发泡甚至熔化，或残损、断裂甚至碎成数块（段）而散落在坑中不同位置，部分青铜器、头像及面具有口部涂朱、眼部描黑等现象。一号坑共出土各类器物 567 件，其中青铜制品 178 件、黄金制品 4 件、玉器 129 件、石器 70 件、象牙 13 根、海贝 124 件、骨器 10 件（雕云雷纹）、完整陶器 39 件以及约 3 立方米的烧骨碎渣。

二号坑共出土各类遗物 6 095 件（含残片和残件等可识别出的个体），其中青铜制品 736 件、黄金制品 61 件（片）、玉器 486 件、石器 15 件、绿松石 3 件、象牙 67 件、象牙珠 120 件、象牙器 4 件、虎牙 3 件、海贝 4 600 枚（见图 2-15）。

图 2-15 祭祀坑

两坑出土器物的种类，除部分中原地区夏商时期常见的青铜容器、玉石器和陶器外，大多是过去从未发现过的新器物，如青铜群像、青铜神树群、青铜太阳形器、青铜眼形器、金杖、金面罩等。两坑出土器物不仅数量巨大、种类丰富、造型奇特、规格极高、制作精美绝伦，而且文化面貌复杂、新颖、神秘，充分反映了商代蜀国高度发达的青铜铸造技术、黄金冶炼加工技术、玉石器加工技术以及独特的审美意识和宗教信仰。一、二号祭祀坑既是整个三星堆遗址的精华所在，同时又代表了古蜀文明之最高成就。它们的发现，为研究中国四川地区青铜时代的历史提供了罕见的实证资料，填补了中国青铜艺术和文化史上的一些重要空白，极大地改变了人们对于商代四川盆地社会发展水平的传统认知，引起了人们对中国古代文明起源和早期发展历程的重新审视，在中国考古学研究课题上具有不可替代的地位。

截至 2022 年 9 月，三星堆遗址新发现的 6 座"祭祀坑"共出土编号文物 15 109 件，近完整器 4 060 件。

4. 三星堆城墙

根据城墙基础可知，三星堆城墙长度为 260 米，基础宽度为 42 米。城墙南侧有壕沟，宽度 30～35 米，壕沟距地表深 2.84 米，壕沟深 2.4 米。城墙上开有两个缺口，形成"三堆"，缺口的年代不会早于明代。因此，三星堆是一条内城墙。一些学者将三星堆说成是祭坛，或直接将三星堆说成土坛，应予纠正。

城墙位于三星堆遗址南部，呈西北—东南走向，西北端地面现存部分长约 40 米，东南端临马牧河岸缘仅存少许夯土边缘，原城墙分布情况基本依稀可见。根据解剖及调查资料，三星堆城墙残存部分高约 6 米，顶宽 5～7 米，底宽 40～45 米。结构、筑法、体量及城墙内的包含物与东、西、南城墙基本一致，唯顶部宽度不及其他城墙。

5. 仁胜村墓地

仁胜村墓地位于三星堆遗址西北部（西城墙外）的仁胜村，系首次在三星堆遗址发现成片分布的公共墓地，也是首次在古城以外发现的重要文化遗迹。仅在约 900 平方米的范围内就发掘 29 座小型长方形竖穴土坑和狭长形竖穴土坑墓葬。墓葬分布密集、排列有序，墓向基本一致，墓室加工较为考究，绝大多数墓葬有一具人骨架，葬式均为仰身直肢葬。共有 17 座墓葬出土有玉器、石器、陶器、象牙等类型的随葬品，其中玉石器大多是三星堆遗址首次发现的新器形，如玉锥形器、玉牙璧形器、玉泡形器、黑曜石珠等，其中玉牙璧形器极为罕见，玉锥形器则明显地具有长江下游良渚文化的风格。另有 1 件玉牙璧形器表面钻有 9 个圆孔，可能与古代占卜术有关。学者认为这 29 座墓葬的下葬年代基本一致，约相当于中原的夏王朝时期。仁胜村墓地的发现，对于进一步摸清三星堆古城的布局，了解三星堆文化的丧葬习俗及占卜礼仪，以及探究与其他地区考古学文化的联系都具有十分重要的价值。

6. 青关山遗址

青关山遗址位于鸭子河南岸的台地上。经考古发掘，发现大型红烧土房屋基址1座。从现场揭露部分推测其平面呈长方形，西北—东南走向，现能观察到的面积约为100平方米。

西北—东南列残长50米，宽14米。房基宽0.35~1.5米，均系红烧土夯筑，夹杂大量卵石。基槽宽3~4.5米。推测其修筑方法为先挖基槽，然后夯筑房基。在房基内外两侧（距离房基边缘0.5~1米），均发现成排的檐柱遗迹（红烧土块）。红烧土块一般为长方形，长0.45~0.6米不等，宽0.25~0.35米。两排檐柱之间可能为廊道。

由于发掘面积有限且未对其进行解剖，该房屋基址的实际面积、修筑方法、残存高度、进深开间目前尚不清晰，有待进一步考古发掘。但如此规模的房屋基址在三星堆遗址中是从未遇到的，其功能已远远超过一般居室。推测其极有可能是宫殿性质的建筑，年代为商代。

（三）文物资源

1986年7月至9月发掘的两座大型商代祭祀坑，出土了金、铜、玉、石、陶、贝、骨等珍贵文物近千件。在三星堆祭祀坑出土的上千件文物中，最具特色的是青铜器。

其中，一号坑出土青铜器的种类有人头像、人面像、人面具、跪坐人像、龙形饰、龙柱形器、虎形器、戈、环、戚形方孔璧、龙虎尊、羊尊、瓿、器盖、盘等。二号坑出土的青铜器有大型青铜立人像、跪坐人像、人头像、人面具、兽面具、兽面、神坛、神树、太阳形器、眼形器、眼泡、铜铃、铜挂饰、铜戈、铜戚形方孔璧、鸟、蛇、鸡、怪兽、水牛头、鹿、鲇鱼等。

其中出自一号祭器坑的金杖，全长1.42米，直径为2.3厘米，用捶打好的金箔，包卷在一根木杆上，净重约500克。二号祭祀坑出土的青铜大立人像高180厘米、通高260.8厘米。它是世界上出土年代最早、体型最大的青铜器。另外还出土有青铜神树、青铜头像40余种，青铜面具10余件。三星堆这批前所未有的珍贵文物的发现把古蜀国的文明史向前推进了1500年，在世界考古学界引起了轰动。

三星堆出土的造型各异的青铜人头像，出土时面部均有彩绘，而且在耳垂上穿孔，用以挂戴耳环耳饰，足见古蜀时期人民的审美趣味。除了这些青铜造像外，还有许多用于祭祀的尊等，有形态各异的动植物造型，其中有被誉为写实主义杰作的青铜鸡、有在中国范围内首次出土的青铜太阳形器等。它们皆与中原文化有显著区别，这表明三星堆文化不仅是古蜀文化的典型代表，亦是长江上游的一个古代文明中心，从而再次直观地证明了中华文明的起源是多元一体的。

在三星堆青铜器文物中，青铜神树引人注目。高达3.95米，集"扶桑""建木""若木"等多种神树功能于一身的青铜神树，共分三层，有九枝，每个枝头上立有一鸟，它不是一般意义上的鸟，而是一种代表太阳的神鸟。在三星堆遗址中共发掘出6棵青铜神树，其中最完整的是1986年在二号祭祀坑出土的"一号神树"。它是中国现存最大的单件青铜文物。它刚出土时残破不堪，共计2 479块碎片（见图2-16）。考古专家还在七号坑内发现了青铜神树的残件。考古人员在发掘七号坑南部边缘时，清理出一段小型神树残件，花朵、果实清晰可见，还有一只凤鸟端立在树枝上。专家介绍，1986年出土的3号小神树，其树枝的形态、花朵的大小均与七号坑新发现的神树残件有着极高的相似性。

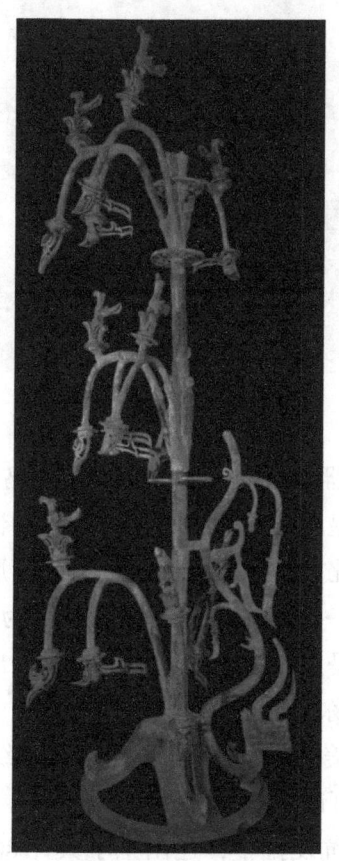

图2-16　青铜神树

被誉为"世界铜像之王"的青铜立人像（见图2-17）、有面具之王美誉的青铜纵目面具、作为权杖或法杖的金杖，都是前所未见的。如金杖，其器身上刻有精美且神秘的纹饰，包括两只相向的鸟，两背相对的鱼，在鱼的头部和鸟的颈部压了一只箭状物，同时有充满神秘笑容的人头像。除此之外，还有器身满饰图案的玉边璋以及数十件与真人头部大小相似的青铜人头像，都彰显着三星堆资源的无穷魅力。

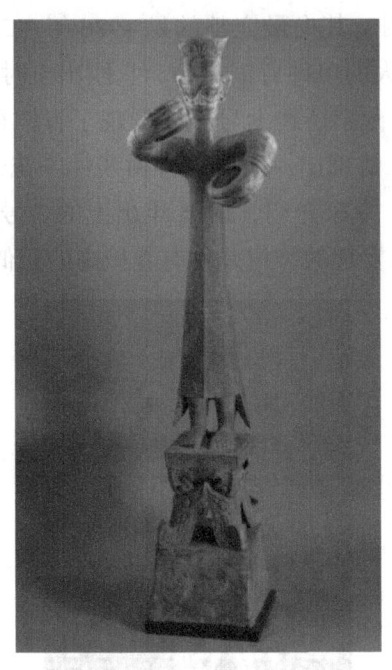

图 2-17　青铜立人

三星堆遗址出土的陶器以高柄豆、小平底罐、鸟头形把勺为基本组合定式，其中还有瓶形杯，它是三星堆出土的很有地方特色的器物，它被做成喇叭口、细颈项、圆平底，很像我国北方地区用来烫酒的陶瓷酒瓶。陶器在三星堆遗址也有较多发现，且颇具特色，一般高三四十厘米，下部为三只袋状足，中间是空的，可加大容量，一般认为它是用来温酒的器物。三星堆出土的玉石器则以祭天礼日的璧、璋为多，尤其是号称"边璋之王"的玉边璋，其残长达 159 厘米，厚 1.8 厘米，宽 22 厘米，做工精美、棱角分明，器身上刻有纹饰，这么大件的精美玉器，在国内现有的考古发现中可谓"前无古人"。

在三星堆的两个祭祀坑发掘中，还出土了共计 80 多枚象牙，它的来源和作用在学术界有多种观点，有的认为是通过贸易而来，有的认为在远古时期四川的生态环境适合大象生存，其证物主要是在当地发现大量的半化石状乌木，单体巨大。但不论其来源怎样，都可以认为它是统治者财富的象征。

2021 年 5 月 28 日，四川省文物考古研究院公布，三星堆新发现 6 个"祭祀坑"，发掘收获颇丰，三星堆新发现 6 个"祭祀坑"已出土丝绸、规整精致的象牙微雕、涂有朱砂的神秘木匣等重要文物 1 000 余件。

2021 年 9 月 9 日，三星堆遗址祭祀区三号坑、四号坑再发现阶段性重大考古成果。3 号坑发现的神树纹玉琮，整件器物由整块灰白色玉料加工而成，对应的两侧线刻神树纹样，刻痕甚浅。带有神树纹的玉琮前所未见，为今人研究古蜀社会中神树的意义、象征等问题提供了重要依据。

2021 年 12 月，三星堆八号"祭祀坑"发现一只"虎头虎脑"的青铜龙虎"神兽"，头上有双角、金底虎斑纹兽身、半龙半虎。明明是一条龙，但看上去却"虎头虎脑"，活灵活现，十分可爱。负责八号"祭祀坑"发掘的北京大学考古文博学院副教授赵昊介绍说，新发现的这个器物，暂时命名为"虎头龙身"青铜像（见图 2-18）。

图 2-18 "虎头龙身"青铜像

2022 年 6 月，四川省文物考古研究院公布三星堆遗址最新考古成果。从"裹裙坎肩大背头"的立人像，到青铜和玉材质的"月光宝盒"。似曾相识却又迥然不同，充满中国古人天马行空的想象力，这是中华文明多元一体、开放包容的实证。

2022 年 6 月，八号坑新发现的青铜神坛（见图 2-19）体积庞大、造型奇特，可分为台基、人像和神兽三部分。台基分为三层，逐渐缩小，第一层台基为素面，第二层台基表面有浅浮雕纹饰，第三层台基为镂空装饰。台基之上为一个平台，铸造有三组人像。此次发现的青铜神坛上，多个人物不同的形象似乎描述了当时祭祀活动中不同人员的角色和行为，再现了当时祭祀的场景，为研究祭祀活动如何进行、三星堆祭祀坑如何形成提供了非常重要的信息。

图 2-19 青铜神坛

2022年8月,三星堆遗址祭祀区八号坑内的猪鼻龙头柱状器被提取出坑。这件猪鼻龙形器(见图 2-20)长 1.2 米,高 38 厘米,头宽(双眼之间)20 厘米,身宽 12 厘米,整体呈对称的形式,头部、身部都各有范缝。整件器物呈长柱状,龙头上有一个宽宽的鼻子、一只长耳朵,正中一只独角,身部均匀分布着鳞片纹样及一连串羽毛状的图案。

图 2-20 猪鼻龙形器

2022年8月,三星堆考古现场发现了一件带翅膀的"四翼小神兽",这是三星堆发现的第一件带翅膀的神兽(见图 2-21)。同时在八号坑还出土了一只羽翼镂空的青铜鸟,也是三星堆迄今发现的唯一一件羽翼镂空的青铜鸟。考古人员在三星堆八号坑清理一件青铜"镂空立兽器盖"时,发现它的细节非常有趣,一个巴掌大的小铜人,紧贴镂空花纹,双手奋力支撑在器盖边缘,小腿、脚趾、臂膀肌肉饱满,镂空花纹上托举一方平台,台上昂首挺立着一尊小神兽,与此前三星堆出土的四脚神兽有显著差异。

图 2-21　四翼小神兽

三星堆文物资源不仅证实和描绘了古蜀国丰富的物质文化和精神文化生活，还填补了中国考古学、美学、历史学等诸领域的重要空白。促使世界对中国古代文明重新评价、重新认知。

（四）"乐天精神"资源

在三星堆中比较独特的即为青铜人头像，已同出土的 54 件青铜人头像，体量多数与真人头部相近，有的略小些。其面型主要有两类：一类如立人像头部一样瘦削，显得肃穆、严冷；另一类面相圆浑，鼻作蒜头形，颧弓没有明显的转折线，下颌不作宽棱，而是自然地圆转过去，显得温和、亲切。这些头像的冠带与发式也有不同样式：有的头部作子母型，应是与另制的冠相套合；有的戴平顶冠；有的脑后球辫；有的戴有双翅的头盔；有的盘辫于顶（盘辫于顶这类打扮常见于四川乡间）。最为特殊的是有的头像外面加了金质的面罩，眉、眼与嘴部镂空，这可能代表着一种特殊而尊贵的身份。在古代中国人的观念中，一向是把金、玉之类的特质材料与最尊贵的神祇联系起来，认为神、佛都是金身。三星堆的青铜立人像、人头像有其鲜明的地域特色，和中原地区的青铜人物造型有很大的差别。

三星堆典型器物青铜面具，具有夸张的造型，富有生命力和张力，宽眉、眼大突出（纵目面具的眼球突出眼眶）、高鼻梁、紧闭嘴巴，露出神秘的微笑，硕大的耳朵像扇子一样在后面张开。它的造型给人以神秘、多元共生之感，形容它可以是质朴威严，可以是温和典雅，可以是夸张狰狞，还可以是健硕有力。我们可以从每一个青铜面具中观赏到细节精美、凹凸有致的轮廓，也可以从其面部刻画中感受其抽象与神秘。青铜纵目人面像的面部程式化的表现，带有一些狰狞，让人感觉非常严肃威武，但它的两眼、两耳造型生动有趣，让人浮想联翩。从这些铸造刻饰中看到的抽象之美、含蓄之美让人回味无穷。

三星堆青铜立人、青铜头像、青铜面具等的独特造型，凸显了蜀地自成体系的特殊表现形式和浓厚神秘的宗教色彩，极具艺术魅力和美学价值，同时也体现了蜀人独特的审美个性，代表了古蜀文明的宗教信仰、祭祀活动和社会结构等内涵。青铜器物纵目人面像中，纵目面具的大小与人脸有异，有穿孔的痕迹，但能否真正戴在脸上为"傩舞"用途，没有证实。但古蜀人充分发挥了自己对神灵的想象力来对其进行模仿，以表达对神灵特殊神力的向往之情。这种非人非兽的造型，表达古蜀人对自然神和祖先图腾的崇拜，并希望通过这些青铜器物，寄托自己的崇拜之情以及希望祖先、神灵保佑风调雨顺、岁稔年丰之情，其不仅反映出古蜀人民在造型艺术方面所具有的超凡想象力，同时也蕴含着蜀人对天地自然和社会生活的观念与认识，揭示了三星堆先民蕴藏在器物中的"乐天精神"。

（五）艺术风格资源

1. 传统写实艺术特色

在三星堆出土的大量青铜器中，艺术表现样式不乏传统写实风格。例如，三星堆出土的青铜立人像身体各个体块之间的比例科学准确，并融入了当地特色服饰、头饰等文化元素。人们在欣赏观看青铜人像时，能够直观且清晰地了解到我国古代巴蜀时期的人物形象、面部特征、身材比例、服饰头饰、人群构造和社会发展状态等。而在艺术创作的个性表现方面，三星堆青铜器中的兽面具、青铜人面具又展现出鲜明的性格与神情样貌特点，在写实的基础上运用了夸张的设计手法，有的头像安静而祥和，具有典型的生活气息；有的则严肃威严，甚至趋于面目狰狞；还有的古拙憨厚，能够使观赏者感受到巴蜀时期的民风和宗教气息。这些具有传统写实艺术表现特色的青铜器物，整体上体现了巴蜀人民高度的智慧和独特的审美理念，蕴含了极为丰富的巴蜀地域文化特色。

2. 宗教信仰与图腾崇拜文化

三星堆出土的大量青铜文物作品，反映了古代巴蜀人民的宗教信仰与图腾崇拜文化。三星堆遗址挖掘出来的青铜人头像文物超过50件，它们有着大型群雕的各种特点，在艺术造型上有着庄严宏伟、气势磅礴等鲜明特征。三星堆的青铜艺术向世人有效传递了当地历史发展进程的宗教意义，描绘了巴蜀地区人民进行宗教祭祀活动的各种场景，同时也反映了当时神权至上的社会背景。三星堆出土的富有宗教色彩的青铜雕塑注重由单一个体组合后的整体精神与意识的表现，营造出宗教庄严肃穆的艺术氛围，使人们深刻地感受到古朴而神秘的图腾精神和文化，充分展现了传统雕刻艺术中的"以形写神"的精髓。

三星堆青铜器中描绘的图腾主要来源于古代巴蜀地域文化中的"蚕丛、纵目与光明之神"的历史记载。相传大禹治水之前，帝尧或帝喾时期，颛顼后裔一支以洋辣子为图腾的部落进入了成都平原，建立了宝墩古国。三星堆出土的青铜纵目大面具，就是古国的开国之君蚕丛的真实写照。青铜纵目大面具有对应的宗教及礼仪文化，体现了巴蜀时期三星堆古人的图腾崇拜与宗教信仰。三星堆出土的青铜器形象有一类塑造的是神的形象，还有一类塑造的则是古代巴蜀的巫师或祭司形象。以三星堆出土的全身高2.6米、重180千克的青铜祭司立人像为例，其艺术造型设计呈现为头戴高冠、刀刃般的浓眉大眼、高而挺拔的大鼻梁、双手圈握、胳膊平举，面部神情整体庄严而肃穆，能够给人一种崇拜和敬畏的心理暗示，蕴含了极为丰富的文化象征意义。

在天府文化中，鸟和鱼的图腾崇拜是一种极为常见的古老信仰，三星堆挖掘出来的大量青铜器中有着众多与鸟、鱼有密切关系的器物。例如，在三星堆出土的金杖上刻画的"鸟负箭射鱼"的图案，采用了双刻阴线，以此来凸显那些坚挺而细劲的阳线，促使整幅图案的线条充满立体感。在构图方面，采用了双鱼、双鸟的对称造型，在平稳中追求形式变化美。鸟和鱼是古蜀重要的图腾象征物，有象征祖先、王权、族徽、王朝灭亡等多种猜测，尤其是鸟图腾，还有关于太阳的象征诠释，成为三星堆图腾象征的文化中心。

二、三星堆的价值

（一）历史价值

三星堆遗址的发现，与长期以来历史学界对天府文化的认识大相径庭，有些地方甚至完全不同。历史学界一贯认为，与中原地区相比，古代四川地区是一个相对封闭的地方，与中原文明没有关联或很少有交往。而三星堆遗址证明，它应是中国夏商时期前后，甚至更早的一个重要的文化中心，并与中原文化有着一定的联系，这验证了古代文献中对古蜀国记载的真实性。

以前历史学界认为，中华民族的发祥地是黄河流域，然后渐渐地传播到全中国。而三星堆的发现将古蜀国的历史推前到五千年前，证明了长江流域与黄河流域一样同是中华文明的发祥地，证明了长江流域地区存在过不亚于黄河流域地区的古文明。

三星堆两个祭祀坑出土的青铜器，除青铜容器具有中原殷商文化和长江中游地区的青铜文化风格外，其余的器物种类和造型都具有极为强烈的本地特征，它们的出土，首次向世人展示商代中晚期蜀国青铜文明的高度发达和独具一格的面貌。在青铜器冶铸方面，范铸法和分铸法的使用，以铅、锡、铜为主的三元合金的冶炼，表明在商周时期，三星堆古蜀国已有高度发达的青铜文明，并昭示着三星堆文物是具有世界影响力的文物，属世界文化遗产范畴。

三星堆遗址依托鸭子河，横跨马牧河，地理位置和自然环境优越，形成经东、西、南三面城墙及北侧鸭子河为防御体系的古城。古城由一道外郭城（大城）和若干个内城（小城）组成，古城内外可分作祭祀区、居住区、作坊区、墓葬区，并有三星堆、月亮湾等重要夯土建筑遗迹，体现出高度繁荣、布局严整的古代王国的都城气象，是不同于中原夏、商都城的具有鲜明地域特色的古城。

三星堆遗址出土的青铜制品、玉石制品及黄金制品，造型奇特、制作精美，表现出浓厚而神秘的宗教文化色彩，独具民族特色和地域特征，是极为罕见的古史奇珍，在世界上享有极高的声誉。三星堆遗址所见古蜀国的手工业甚为发达、门类齐全、技术先进。三星堆遗址丰富的文化遗存填补了中华文明演进序列重要文物的缺环，是长江上游的古代文明中心，中国文明重要的起源地之一，有助于探索人类早期政治组织及社会形态演化的进程。

三星堆打破了许多的世界纪录、中国纪录，其中多项纪录入选世界之最、中国之最。世界上最早、树株最高的青铜神树，高384厘米，3簇树枝，每簇3枝，上有27个果实9只鸟，树侧有一龙缘树逶迤而下。据推断可能为古神话传说中的扶桑树。世界上最早的金杖，长142厘米，直径2.3厘米，重700多克，上有刻画的人头、鱼鸟纹饰。世界上最大、最完整的青铜大立人像，通高262厘米，重逾180千克，被称为"世界铜像之王"。世界上最大的青铜纵目人像，高64.5厘米，两耳间相距138.5厘米。世界上一次性出土最多的青铜人头像和面具，达50多件。以上举不胜举，三星堆的历史价值可见一斑。

（二）文化价值

三星堆是商晚期（3 300年前，以三星堆祭祀坑为代表）到周早期（2 800年前，以金沙遗址为代表）的长江文明中心。在文化形态方面，三星堆文化经历了从巫术到原始宗教的过渡，在形式组合上从写实描绘发展到抽象表达，最终形成一套相对系统、完善的审美艺术图谱。三星堆文化特点鲜明，并具备浪漫的神话色彩。由于缺乏文献记载和物证，人们在较长的一段历史时期内，始终无法揭开其神秘的面纱，探得其"真面目"。直到近百年来三星堆遗址文物的不断出土，使神秘、古老的巴蜀文明再次发出耀眼的文化光芒，其富有冲击力的视觉艺术样式与风格，让人们对于三星堆艺术产生了深刻的印象。三星堆文化蕴含的古老文化底蕴，将为天府文化史翻开新的篇章。

第一，神秘的青铜文化。三星堆是我国迄今为止发现的最大、最高、最古老的青铜文化遗址。这里的青铜器具有高超的铸造技艺，不论是大型青铜像还是精致的小器皿，都彰显了当时的艺术和工艺水平。其中，高达2.62米的大型青铜人像以其神秘的外貌和精湛的铸造技艺震惊世界，为中国古代文明增添了浓厚的神秘色彩。这种青铜文化非常特殊，它并不与中原地区的传统青铜文化完全吻合，这显示了三星堆地区有其独特的文化背景和发展逻辑，它既与中原有所联系，又有着鲜明的个性。

第二，文字与传承。三星堆遗址出土的金箔片上刻有文字，这些文字至今仍未被解读，成为历史之谜。但从这些文字中，我们可以看到古代文明在传递信息、记录历史方面的尝试。这种文字的存在，不仅为我们提供了了解古代社会、文化、宗教和哲学思想的线索，同时也证明了古代三星堆人民在文化传承上的前瞻性和创新性。

（三）传承价值

古蜀先民在面对无法解释的风雨雷电等变化无常的自然现象和洪水等自然灾害时，感到无能为力、束手无策。因此，古蜀先民存在泛灵崇拜、先祖崇拜和自然崇拜心理，为了祈求上苍保佑平安、健康和丰收，因而，古蜀时期巫术盛行。中国古代巫术具有"万物大同""仁恕合群""天人合一""人际整合"等特点。在三星堆遗址出土的众多青铜器物中，有很多包含巫师、神树、凤鸟等元素的艺术作品，通过这些青铜艺术作品，我们不难发现三星堆古蜀先民具有以鸟、珠、花等为表征的日神崇拜，和以杜主崇拜等为特征的神禖文化，至于日神文化和神禖文化到底对巴蜀先民的性格、思维方式带来了怎样的影响，仍需探究。正因如此，这些气势恢宏的青铜器物更加让人感到神秘莫测。

作为天府文化的重要组成部分，三星堆青铜艺术图像充分体现了古蜀先民的精神和信仰，堪称天府文化中的一朵奇葩。在艺术特点方面，首先，三星堆青铜艺术图像保留了古蜀先民探索世界、认识世界的原始感知，其体现出的审美心态和意蕴，展现了中华民族的长期历史发展过程和文化振荡，也透露出神秘莫测的巫风气息。其次，古蜀地区奇特的风俗习惯、先进的制作技术、精致的艺术作品，都反映了原始宗教的神秘色彩。例如，在三星堆二号祭祀坑出土的器物中，发现了一件刻有繁盛氏族图腾的青铜器。这器物被认为是一种青铜立体雕塑，其形制独特，完整地记录了一个繁盛氏族的图腾徽铭，并形成一个近乎完整、多重嵌套的天府文化审美体系。具体而言，在器型上，其镶嵌了人、山、鸟及许多几何造型；在纹饰上，其包括了云日、鸟兽等各种纹样。整件器物在雕刻上精美流畅、浑厚凝重，十分华丽，通过抽象的艺术表达浓墨重彩地体现了多重图腾文化等。在长期的历史发展和演变中，三星堆青铜艺术始终遵循着原始宗教观念，并不断汲取其他文化的精髓，在相对封闭的社会经济和地理环境中，既延续了自身的独特艺术风格，又在文化的交互融合中不断发展创新。由此，今天的人们可以更好地理解三星堆青铜艺术兼容、开放的特点，也为后世留下了不同文化之间开放交流、交互融合的宝贵经验。

"沉睡数千年，一醒惊天下。"作为20世纪人类最伟大的考古发现之一，三星堆遗址以规模宏大的古城、严谨考究的功能分区、璀璨夺目的器物群、神秘的造型艺术、恢宏的祭祀礼仪等，穿越千年历史，勾勒出浪漫瑰丽的五千年古蜀文明画卷。新时代坚定文化自信，必须坚持古为今用、推陈出新，推动中华优秀传统文化创造性传承、创新性发展。绚丽多姿的三星堆文化必将为文化自信不断厚植历史根基、提供历史滋养，也必将为天府文化高质量传承与发展注入强大的精神动力。

第五节　都江堰的资源及价值

一、都江堰资源概述

（一）都江堰"水文化"资源

都江堰以其千年古老的水利工程而承载着丰富的"水文化"资源。这座工程不仅是古代治水工艺的杰出代表，更是一种关于水的文化象征，展示了古代蜀汉人民对水资源的深刻认识和工艺水平。周边景区如灌口古镇、二王庙、杜甫草堂等也呈现出水与文化、宗教、艺术的深厚关联，形成独特的水文化景观。都江堰灌溉体系为成都平原带来了丰沛的水资源，推动了农业、经济的繁荣，构成了当地独特的水文化生活方式。总之，都江堰的"水文化"资源既体现在其灌溉工程的水利文化中，也贯穿于周边景区和当地民俗生活，形成一个深厚而多元的水文化体系。

1. 都江堰"水文化"的诞生渊源

（1）独特的自然与人文环境催生了都江堰的"水文化"

都江堰的地理位置为"无坝之坝"的修建创造了特殊的自然条件。都江堰水利工程在都江堰市区以西，与成都主城区相距60千米，由西北至东南以扇形样式展开，位于成都平原与龙门山的交界处（见图2-22）。历史上曾被称为"湔水""汶水"的岷江上游，即如今的都江堰渠首上游，江水源自附近的高山，大大小小共138条河溪汇入此游段，与都江堰渠首一起构成了长达341千米的河流区域。该区域年平均径流量高达150.82亿立方米，为两岸居民带来了丰富的水资源。都江堰渠首以下的灌溉土地面积达2.25万平方千米，水渠的灌溉功能为蜀地的农耕经济发展提供了有力的支撑，富庶了一方人民。在四川省都江堰市芒城遗址的考古活动中，发现水稻硅酸体，它佐证了成都平原很有可能于新石器晚期就进行了水稻栽培。都江堰三大主体工程所在地恰好位于岷江上游干流的出山口和成都扇形平原的结合地带，是整个水利工程的最高点，海拔大致为730米，这为无坝引水创造了条件。此外，都江堰地处川西高原与青藏高原的交接地界，岷山山系的南部末端。传说这一带是上古"瑶池"仙境与昆仑山秘境处，吸引着王母娘娘和诸多神仙在此聚集。可见在古蜀人的观念里，昆仑山位于岷江上游的山脉之中，是天下的中心，正如《山海经》中记载，"西南四百里，曰昆仑之丘，是实惟帝之下都"。有人推测《山海经》应是蜀人所作，蜀人一般习惯性地把蜀地作为世界的中心，所谓"帝之下都"应该是开明等先祖的常住地。四川盆地的四周被山地和高原所环绕，中间为平原和丘陵。盆地地势西北高、东南低，盆地内河流北侧有岷江、沱江、涪江和嘉陵江等，南侧有乌江和赤水等，共同构成庞大的四川盆地水系网络，这也是都江堰"水文化"得以形成的地理基础。

图2-22 都江堰

都江堰位于川西高原和成都平原分界区域，因流经岷江而兴建，历史上此处也是我国西南腹地的众多民族融合交流的地方。《华阳国志》蜀志载"汶山郡……有六夷、羌胡、羌虏、白兰峒、九种之戎"[①]。而《后汉书·南蛮西南夷传》中也记载了当时汉山郡一带"有六夷、七羌、九氐"的部落情况。因此，都江堰的水文化自然被赋予了岷江上游走廊中不同民族文化的性格。很早以前，都江堰地区就存在水崇拜习俗，这与都江堰地区的水系分布有关。民国时期，灌县境内自然和人工开凿的灌溉河道有18条之多。中华人民共和国成立后，经过整理合并，现在只剩下6条干渠和1条分渠，包括"穿二江成都之中"的郫江和检江。如此众多的河流渠干与人们的生产、生活息息相关。在许多人类可以解释和暂时无法解释的自然现象面前，伴水而居的人们总是会自然而然地对水产生极大的崇拜。因水而生的各种自然崇拜及人类战胜水患后的诸多英雄事迹逐渐融入传统水文化之中，催生了民间水文化习俗。

此外，在都江堰水文化习俗中，以"二郎神"为代表的一系列水神形象和祭祀活动还与蜀地道教的发源有关。东汉时期，张道陵在大邑鹤鸣山创立道教，后绵延发展至都江堰—青城山一带，其特征在于以先秦道家及阴阳五行家之言辞演说神仙信仰、传播巫祝之术与求仙之方。蜀地人民深受道教影响，在相信万物有灵的基础上进一步依赖巫祝之术传播道教思想。传统的水神文化被地方道教吸收和利用，使得道教在蜀地的传播和发展更接地气，都江堰的传统水文化也被赋予了一些宗教色彩。

（2）都江堰水利工程的修建

都江堰"水文化"的历史早于都江堰水利工程的历史。都江堰水利工程从建造、治理到竣工后维护等环节中的文化信息又极大地丰富了都江堰"水文化"的内容。

战国时期，诸侯争霸，群雄四起。秦国渴望通过国内改革壮大国家实力，从而实现统一天下的大业。公元前316年，秦惠王接受司马错谏言，调遣军队迅速攻占巴蜀。此后，秦国宰相举荐李冰为蜀郡太守，派其修建都江堰水利工程，以将蜀地的战备物资顺利输送到秦楚开战的前线。通过都江堰解决运输和灌溉问题是秦统一六国过程中重要的战略决策和步骤，它一方面稳定了秦国的大后方，另一方面促进了巴蜀地区经济文化的发展。

李冰集蜀地西羌人与秦人的治水经验，实地考察都江堰的地形地貌，发现岷江水位高于两旁高山，宽阔的河面降低了流速，岷江流域左岸高山具有地势复杂、

---

① [晋]常璩：《华阳国志》，齐鲁书社2010年版，第26页。

曲折等特点。他带领蜀地人民一起疏通原有河道，修建分水堤，建造宝瓶口，筑造溢洪坝，拓展新河道，置石于河中测量水位变动，在这一系列措施后，都江堰水利工程逐渐形成规模。如今的都江堰拥有渠首鱼嘴分水堤、宝瓶进水口、飞沙堰泄洪坝三大主体工程，与韩家坝、百丈堤、二王庙顺水堤、人字堤、外江节制闸和右岸取水口等附属工程共同构成了一个导水、壅水、分水、引水、泄洪、排沙的系统的综合性水利工程。

2. 都江堰"水文化"的概念

（1）从文化的结构分层看都江堰"水文化"

都江堰的水文化，就其内涵而言，可以划分为三个层次：物质层、行为层和心理层。首先，物质层主要表现了古代劳动人民的智慧，涉及与水相关的水利设施、设备、工具等，如杩槎和竹笼。这些工具的制作过程和原理，都揭示了古人在水利工程方面的卓越才能。其次，行为层涵盖了与水务活动相关的人类行为，包括规划设计、科学管理和科学研究等。这些行为体现了人类对水的利用和保护的持续探索，也表现了人类与水和谐共生的智慧。最后，心理层是都江堰水文化的核心，涵盖治水理念、水神信仰、价值观念、审美情趣等。这是都江堰水文化与其他类型文化的本质区别，揭示了人类对水的尊重和敬畏，以及对水文化的传承。

① "水文化"的物质层面

都江堰是修建于两千多年前的著名的无坝引水自流灌溉水利工程。都江堰每年都要进行岁修，就是每年冬季要对都江堰的河床堤岸进行疏淘和修整。岁修时就要在"鱼嘴"的内江一侧进行截流。自李冰修建都江堰到新中国在都江堰修建外江节制闸的两千多年时间里，都江堰都是用杩槎和竹笼进行岁修截流，当然，杩槎和竹笼不仅用于截流，在修筑堤岸、抵御洪水中，它们的身影也无处不在。都江堰岁修每年进行一次，冬季开始，春天完成，农历清明时节，就要拆除杩槎，放水灌溉川西农田。而在古代，修建永久性的可开可闭的水利启闭设施是不可能的，因此，用川西地区到处都有的木材和竹材，发明了杩槎和竹笼，杩槎和竹笼便成了都江堰岁修截流中既经济又方便实用工具，直到20世纪五六十年代，都江堰还有"截流中队"，专门在都江堰岁修时为竹笼、杩槎背土背石，装填竹笼。

用杩槎和竹笼截流、筑堤、护岸，抵御洪水，历时两千多年，直到都江堰修建了节制闸门才结束其使命。今天，虽然杩槎和竹笼已经从功能上退出了历史的舞台，但在它身上展示出来的劳动人民的智慧，以及它承载的历史功绩会永远被后人铭记。可以这么说，杩槎和竹笼为都江堰的修建和维修立下了不朽的功勋

②"水文化"的行为层面

都江堰枢纽是一项卓越的工程，坐落于成都平原，具备防洪、航运、灌溉和供水等多重功能，解决了防洪泄洪、分水引水、排沙清淤等关键技术问题。在这项工程中，鱼嘴部分负责分水引水，将岷江水流巧妙地引导至不同的渠道；飞沙堰则起到防洪泄洪的作用，防止洪水侵袭周边地区；宝瓶口则是排沙清淤的关键部位，能够保持河道的畅通。

第一，引水分水。

根据古文献记载，建设都江堰首先是要解除岷江对成都平原的洪水冲击，即"辟沫水之害"；其次是开运渠解决成都平原的航运问题，即"穿二江成都之中，此渠皆可行舟"[①]；最后是服务于农业灌溉，即"有余则用溉浸，百姓飨其利"[②]。不论是分洪排洪，还是开发航运、发展灌溉，都要设法将岷江的水流稳定地引入成都平原。

第一步：引水。都江堰鱼嘴是都江堰引水工程的核心部分，它具备自动调节岷江水量的功能。在丰水季节，内江的水量大约占岷江来水量的四成；而在枯水季节，内江的水量能增至六成。这一独特的分水现象，在都江堰的"三字经"中有"分四六，平潦旱"的描述。从河流科学的角度来看，水流在经过弯段时，会遵循"大水走直，小水走弯"的流动规律。在丰水季节，由于水流的"主流"（古人称为"主溜"，现代河流科学称为"中泓"）较为径直，偏向外江，因此，约60%的岷江来水量自动进入外江。而在枯水季节，由于"主流"弯曲，中泓线偏向内江，使得60%的岷江来水量流入内江。都江堰鱼嘴巧妙地位于岷江丰枯水时主流偏转的临界点下，它遵循弯段水流主流的流动规律，实现了自动分流。

第二步：泄洪。飞沙堰位于内江堤与人字堤之间，设计较低的堰顶高程，以便在洪水季节自动分洪并防止泥沙堆积。当洪水水位上升至飞沙堰堰顶时，它便会自动溢洪，将多余的水量排放至外江。在遭遇极端特大洪水时，即使飞沙堰可能会被冲毁，也要确保洪水能直接泄入外江，从而保护成都平原免受破坏。

第三步：稳定水量。宝瓶口是一个犹如瓶颈般狭长的人工开凿明渠，能够通过宽顶堰流计算公式进行水力学预测以控制其引水量。当内江水量较小，上游来水量减少时，宝瓶口的引水量会减少，但减少的速度会逐渐变慢。相反，如果内江水量较大，上游来水量增加，宝瓶口的引水量也会随之增大，但增大的速度同样会减缓。这种现象展示了宝瓶口具有自动稳定引水量的特性。据传，都江堰的

---

① [西汉] 司马迁：《史记》，北京燕山出版社2018年版，第305页。
② 同上。

创建者李冰在宝瓶口前设置了一个石人，让流经此处的水量始终保持在"盛不没肩，竭不至足"的稳定状态，这凸显了宝瓶口显著的自动稳定引水效果。

第二，防洪泄洪。

位于成都平原岷江冲积扇顶点的都江堰枢纽，具有自流控灌整个川西平原的功能。在都江堰建设之前，该地区频繁遭受岷江洪水的侵袭，导致严重的洪涝灾害。而都江堰的建成改变了这一状况。工程通过将岷江一分为二，使40%～60%的水量在控制下被引入成都平原，成功实现了洪水的治理。都江堰的建成不仅避免了灾害，还将洪水转化为灌溉资源，为川西平原的繁荣奠定了基础。

综上，在洪水季节，内江产生的大量的多余水量会对成都平原构成威胁。然而，得益于飞沙堰与宝瓶口的协同作用，这些多余水量得以顺利排出至外江，从而保护了成都平原免受洪水的侵袭。宝瓶口的作用在于缩窄水流，提升水位，从而形成一种有效的防洪措施。而飞沙堰的溢洪宽度则是宝瓶口的数十倍，使得其溢洪效果非常显著。这样一来，整个水利枢纽工程的防洪压力得到了极大的缓解。

第三，排沙清淤。

平均粒径为600毫米的推移质泥沙被岷江河道中的水流所挟带。为了清理这些泥沙，最有效的方法是利用流动水的冲力来推动它们沿着河床滚动，直至排放到目标区域。在都江堰枢纽工程中，有三个结构具有泥沙处理的功能，具体如下。

首先是都江堰鱼嘴，具备鱼嘴形状的特征。大约有85%的上游河床泥沙可以被都江堰鱼嘴自动排入外江，而剩余的约15%泥沙则会流入内江。岷江弯度处的都江堰鱼嘴因水流运动规律而有特殊作用。表层清水流向内江，以补充内江的水源，底层水流向外江，将泥沙带出岷江，使大多数泥沙流入外江。现代河流和水利工程规划布局中经常采用这一策略，即以凹岸引导水流，凸岸滞留淤泥。

其次是飞沙堰。飞沙堰是一处神奇的工程，位于岷江弯段，其设计微弯的堰岸旨在增强"弯道环流"效果。此工程的核心原理是，内江的泥沙在经过飞沙堰时，会被底流冲向凸岸，沉积在堰顶，然后被水流顺利带走。值得注意的是，飞沙堰的作用会随着内江水量的增大而增强。即使在特大洪水时期，或飞沙堰被冲垮，也能将泥沙全部带入外江，从而保护枢纽工程和灌区。这正是飞沙堰的神奇之处，它以其独特的设计，成功解决了内江泥沙淤塞的问题。

最后是凤栖窝。凤栖窝是都江堰枢纽工程中的沉沙池，位于内江。每年岁修时，都需要人工清淤。据传说，李冰曾在凤栖窝下埋有石羊、石马，后来改为卧铁。清掏时，须确保可见石羊、石马或卧铁，以充分发挥沉沙功能。这是所谓的"深淘滩"。宽大的飞沙堰下端河道中的泥沙，有10%～15%未受到水流的冲刷。这部分泥沙在流速减缓和洄旋流作用下，被带到对岸的凤栖窝沉积。凤栖窝是由天然河岸凹坑经人工挖凿而成的沉沙池。

③"水文化"的心理层面

首先，工程充分顺应地势，利用自然环境的优势，实现了水资源的合理利用。其次，工程坚持与水共生，认识到水是生命之源，尊重并保护水的生态价值。再次，工程以造福民众为核心目标，通过兴修水利改善民生，提升民众生活水平。最后，工程在实施过程中，始终坚守不扰民生的原则，充分考虑民众利益，确保工程的可持续发展。都江堰水利工程以其独特的和谐理念，成为我国水利工程的典范，展现了人类与自然、人与人和谐共生的智慧。

第一，顺应地势。

顺应地势是指要根据地质地貌开展治水活动。这就是"明哲君子，创业农事，因高卑之宜，驱自行之势，以尽水利，而富国饶人，自古有焉"。李冰修建都江堰，就是顺应地势、按照自然规律办事的不朽典范——"秦昭王时，蜀守李冰行部至湔山，见水为民害，遣子二郎董治其事，因地势而利导之，先凿离堆以避沫水之害，三十六江以次而沛其流，西南十数州县高者得种，低者可耕；蜀中沃壤千里，号称陆海，万民利之。"① 其实，并不仅仅是都江堰渠首枢纽工程按照顺应地势的原则修建起来的，整个都江堰水利工程的建设都遵循了这一原则。蜀汉时期，由于地势低洼，诸葛亮修筑九里堤，防止洪水冲毁城垣。乾隆十二年（1747），张南瑛任金堂知县，于是"相度其宜，遂绕冠紫山南凿渠；接绣川河，名普利堰。开良田数千亩。"② 乾隆十九年（1754），四川总督黄廷桂"谕民致水"，并且"与王来通等五人，相度地势，仿李王劈离堆意，于横山寺凿岩。越三年，石工乃毕。"③

事实上，顺应地势开展水利工程建设，无疑就是一个自然法则。这是一条颠扑不破的真理，"然诸君子有声于水利者，岂有他哉？亦惟相地势之崇卑，放沟洫之遗法。穿陂塘以备亢旱之虐，使田之高者，无龟坼之忧；坚堤岸以塞泛滥之势，使田之下者，无浸淫之患。不贪小利以害大谋；不急近功以遗远害。田畴民，有益于国家，岂浅浅哉？"④ 达到颇具诗意的圆融境界。

第二，不与水敌。

不与水敌是指在兴修水利的过程中要顺应水势，不与强大的水流相抗衡。"深

---

① 什邡县志编辑委员会编：《什邡县志》，四川大学出版社1988年版，213页。
② 鲁子健：《清代四川财政史料（上）》，四川省社会科学院1984年版，第72页。
③ 冯广宏主编：《都江堰文献集成：历史文献卷（先秦至清代）》，巴蜀书社2007年版，第790页。
④ 同上书，第266页。

淘滩，低作堰"就是"不与水敌"的不二法门，"李公之遗法曰：'深淘滩，低作堰。'善矣！人恒因焉，世世利也。夫浚其滩以导水，勿使不足；低其坊以泄水，勿使有余"①。这也是大禹治水经验的传承与发展，"盖冰审形度势，思复大禹之旧，以垂利无穷"②。此乃千古不易之法，"故惟堰作而后水可治，惟滩淘而后堰可作，惟滩深淘而后堰可低作也。治水之法，当无逾此。而此两言者，违之则水不治，遵之则水无不治矣"③。

在都江堰治水史中，竹笼卵石堵水法堪称一绝。这是一种看似普通而又极为有效的方法，"竹笼卵石结构利用岷江盛产的卵石和竹木，运费、材料费十分低廉，而且编织技术群众一般都能掌握，因而是一种最优的选择"④。在世界水利史上，树立起了一座不朽的丰碑，"实际上，在当时的技术条件下，李冰利用最原始也是最经济实用的竹笼、杩槎等当地材料和传统工艺完成了对鱼嘴分水工程的修建，同时形成以引、疏相结合的治水思路，使灾害频繁的成都平原成了人人向往的天府之国，为后人进一步改造、完善都江堰工程指明了方向，奠定了基础，为中国水利，乃至世界水利的发展建立了不朽的功勋"⑤。

治水要充分利用水往低处流的天然特性，宜疏而不宜堵。采用疏导的方法开展治水工作，就会无往而不胜。李冰开凿离堆，引岷江之水灌溉成都平原，成就了千古美名。唐僖宗时，剑南西川节度使高骈复开縻枣堰，转郫江水从城北流，为成都打造出了"两江抱城"的新格局。宋高宗时，四川安抚制置使王刚中对成都城内的河渠进行了疏导，使城市面貌焕然一新。从而实现了"以水治水"的根本目的，"中国古人提出了许多著名的治水思想，其中与'天人合一'主张相一致的'以水治水'思想尤具特色，在治水实践中也产生过深刻影响，而都江堰则是'以水治水'最成功的范例"⑥。

第三，造福百姓。

造福百姓是指在都江堰水利事业发展过程中一定要追求为民造福的根本宗旨。其造福百姓的效果体现在改善交通和灌溉农田等方面，"公元前256年，秦蜀郡守李冰为了进一步改善成都平原的环境、发展交通、灌溉农田、减少水患，

---

① 冯广宏主编：《都江堰文献集成：历史文献卷（先秦至清代）》，巴蜀书社2007年版，第276页。
② 同上书，第294页。
③ 官性根：《都江堰治水中的和谐思想探析》，《甘肃农业》2019年第2期，第88—90页。
④ 李冰研究中心：《天府文化之源——都江堰》，西南交通大学出版社2019年版，第57页。
⑤ 转引自官性根《都江堰治水中的和谐思想探析》，《甘肃农业》2019年第2期，第88—90页。
⑥ 邹礼洪：《都江堰是"以水治水"的成功范例》，《西华大学学报（哲学社会科学版）》2005年第6期，第31—33页。

创建了都江堰水利工程"①。确实，李冰父子修建都江堰给蜀郡一带人民带来了福祉。

第四，毋累民生。

毋累民生是指在都江堰水利工程建设过程中不要给百姓带来困苦。一定要兢兢业业，尊重科学规律，否则会给百姓带来巨大的灾难，"一渠之水，能分千支万派，周灌十一州县之稻田，养活亿万姓之生灵，诚性命之根本，利济之渊源也。稍有误差，民生累焉。"②其貌不扬的杩槎却蕴含着神奇的力量，"杩槎的优点就是就地取材，施工方便，技术能为群众掌握。两千多年来，当地人民群众应用这些技术截流分水、筑堤、护岸、抢险堵口、整治河渠、保护桥闸，作用巨大。"③在古代科学技术并不发达的情况下，砌石筑堤的效果反而不佳，"知所谓铁龟、铁柱，糜费几千万缗者，曾未几何，辄震荡湮没，茫无可赖。方诸笼石廉省，今古称便焉者，孰得？比来民受其困，宜坐诸此，予窃少之！"④

公平均摊水费，有利于减轻百姓的经济负担。雍正年间（1723—1735年），四川巡抚宪德提出："应请计亩均摊，方无畸重畸轻之弊。"⑤在都江堰灌区水费征收方面，这种做法是比较普遍的。康熙二十年（1681年），成都知府佟世雍建议："秉公查明，量行均派，著为成例。星驰详报本司，以凭转详本院批夺，毋得拘执偏枯，致遗民累。"⑥新繁县火烧堰就是按照粮田进行水费均派，"每年春，五属用水粮民同赴新繁公所，筹议包修。其包修工价多寡，按照各属粮田均派"⑦。崇宁县（今成都郫都区唐昌镇）的万工堰"每年浚修，工费不一。民间照田自派，选堰长经理"⑧。

都江堰治水中的和谐思想涵盖四个方面：顺应地势、不与水敌、造福百姓、毋累民生。这四者共同构建了人与自然、人与人之间和谐共生的体系，有助于农业产量的提升、人民生活的改善及城市的建设。首先，顺应地势是自然和谐的基础，通过遵循自然地势减少水灾发生的可能性，实现人与自然的和谐共生。其次，不与水敌意味着在治理水患时应以疏导为主，避免强行对抗，从而降低自然灾害

---

① 本刊编辑：《李冰——"川祖"修建都江堰》，《河北水利》2015年第12期第29页。
② 转引自官性根《都江堰治水中的和谐思想探析》，《甘肃农业》2019年第2期，第88—90页。
③ 同上。
④ 同上。
⑤ 四川省水利电力厅：《四川历代水利名著汇释》，四川科学技术出版社1989年版，第240页。
⑥ 冯广宏主编：《都江堰文献集成 历史文献卷（先秦至清代）》，巴蜀书社2007年版，第575页。
⑦ 同上书，第436页。
⑧ 转引自官性根《都江堰治水中的和谐思想探析》，《甘肃农业》2019年第2期，第88—90页。

对人与自然环境的影响。在社会层面，造福百姓和毋累民生是实现社会和谐的根本途径。造福百姓意味着通过有效的治水措施，提高农业产量、保障人民生活水平、促进经济发展。毋累民生则强调在治水过程中，要充分考虑民生需求，避免给百姓生活带来负面影响。这一和谐思想对人类实现可持续发展目标具有深远启示，即通过遵循自然规律、保障人民福祉，实现人与自然、人与人之间的和谐共生。

（2）从外在表现形式看都江堰的"水文化"

从外在表现形式来看，都江堰的"水文化"主要包括治水、祭水、放水三方面内容，其中又渗透着历史、科技、民俗、文学、艺术、哲学等多方面的文化。

在治水方面，都江堰水利工程运用科学理念引水、分洪、排沙，使水资源得到科学利用，且经久不衰。自蜀汉时期便已有水利法制管理行为，值得后人学习和借鉴。在治理水事的过程中所形成的各种哲学思想如"乘势利导，因时制宜"、民间流传的"河边不开荒，开荒必遭殃"等生态保护意识和不与洪水争"路"的水土保持意识，都告诉人们只有顺应自然规律去改造自然，才能安居乐业。

在祭水方面，都江堰每年通过放水节对水神、治水人物李冰及其之后的历代堰工进行祭祀，一方面是纪念为守护都江堰水利工程付出各种努力的历史人物，另一方面也成功地传播了都江堰的"水文化"。

在放水方面，都江堰于每年清明节依照古法放水，目前已经形成一套完整的放水节庆活动。2006年，都江堰放水节被列为国家级非物质文化遗产，随后，都江堰放水节又迈上了申报世界非物质文化遗产的征程。与此同时，因治水、祭水、放水而创作的文化艺术作品，如电影《李冰》、纪录片《都江堰》《古堰故事》、川剧《望娘滩》、京戏《千古一人》等，也丰富了都江堰"水文化"的内涵。

（二）都江堰熊猫文化资源

大熊猫，属于哺乳纲、食肉目、熊科，是大熊猫亚科和大熊猫属唯一的哺乳动物（见图2-23）。据化石考证，大熊猫出现至今已有八百万年，曾广泛分布于我国的长江流域、珠江流域及黄河的东南流域，在泰国、缅甸、越南的北部也有熊猫化石出现。大熊猫作为世界自然基金会的形象大使，享有"活化石"和"华夏国宝"之誉，更是世界生物多样性保护的旗舰物种。

图 2-23 大熊猫

1. 都江堰与野生大熊猫的渊源

大熊猫是我国特有的珍稀动物，早在文字刚出现时就已有对大熊猫的历史记载，随着时间的推移和人们对它的认识的深化，其名称不断演变。我国的古代典籍中记载的不被世人所熟知的大熊猫"俗名"有：貔、白罴、貔貅、貊、黑白熊。在我国一些少数民族中，岷山藏族地区称大熊猫为"杜洞尕"，凉山彝族则唤它为"峨曲"。

如今的"大熊猫"这一汉语称谓的由来，还需从其另一别称"猫熊"谈起。"猫熊"是由英文直译过来的，在英语里，因为熊猫的脸像猫，体型像熊，所以取名"cat bear"。1944 年，大熊猫这一物种第一次在重庆某博物馆展出时，其文字说明的标题为横书的"猫熊"。但当时人们的书写方式仍然以自右至左读的直书方式为主流，从而将横书的"猫熊"读成了"熊猫"。

关于大熊猫英文学名的历史渊源如下。1869 年，法国神父戴维（David）研究了他采自四川穆坪（属宝兴县）的黑白熊皮。在他看来，来自四川穆坪的这个物种尽管与熊有区别，但总体形态还没有脱离熊的性状，仍属于熊属，就给它起了个学名叫"ursus melanoleuca"（拉丁文意译：黑白相间的熊）。1870 年，巴黎自然历史博物馆主任爱德华兹（Edwards）研究了戴维神父采集的穆坪"黑白熊"标本，于 1871 年公布研究结果：戴维称作的"ursus melanoleuca"的体态特征与熊类相比，其与小熊猫（又称红熊猫，英文名为"little panda"，1825 年首次在喜马拉雅山南麓发现，四川也有发现）更加相似。简单来说，戴维神父命名的黑白熊是与小熊猫有近裔关系的物种。爱德华兹根据以上理由，把戴维起名的黑白熊属名"ursus"改为"ailuropoda"，种名"melanoleuca"保留，即"ailuropoda melanoleuca"（拉丁文意译：黑白相间的熊猫），此称谓一直沿用至今。

2. 都江堰野生大熊猫栖息地与保护

大熊猫属于珍稀动物，是我国的"国宝"级动物。它们之所以成为珍稀动物，是因为它们对生存环境（如海拔、气候、温度、植被等的条件）的要求非常严苛。四川的大熊猫栖息地是全球最大、最完整的大熊猫栖息地，而都江堰部分是邛崃山系大熊猫向秦岭山系大熊猫过渡的主要狭长地带。都江堰市全市面积的一半以上均是森林自然保护区域，占地约有600多平方千米。都江堰的自然环境具有得天独厚的优势，极其符合大熊猫生存的条件要求。因此，数千年寒来暑往，它都一直是大熊猫的家园，见证了大熊猫的进化与繁衍历史。

现今，都江堰市有三处大熊猫栖息地，除生态系统保存比较完整的四川龙溪—虹口国家级自然保护区外，还有两个可供游览和观赏大熊猫的旅游景区，即大熊猫保护研究中心都江堰基地（以下称"大熊猫苑"）和成都大熊猫繁育研究基地都江堰繁育野放研究中心（以下称"熊猫谷"）。

龙溪—虹口国家级自然保护区处于四川省盆地向青藏高原的过渡带上，是典型的高山峡谷地貌。这样特殊的自然环境造就了一个具有极高的保护价值和科学研究价值的国家级自然保护区。该保护区是当今世界亚热带山地动、植物资源保存最完整的地区之一，至今依然保存着比较完整的植被垂直带谱和原始的高山峡谷自然生态系统。其动物资源中，保护区系的古老性以大熊猫为代表，是全国14个大熊猫保护区之一。特殊的自然环境与地理位置使保护区成为大熊猫生存繁衍的关键区域，关联着岷山、邛崃山系两个世界最大的大熊猫野生种群重要栖息地，野生大熊猫的数量约10～20只，在保护区海拔1 400～3 400米的宽广区域活动。都江堰市人民政府在保护区设有区域管理局，管理局机构主要设置有保护站、科研所、行政办公室、宣传教育科、资源保护科。龙溪—虹口国家级自然保护区早在20世纪90年代末就在保护区为了收藏动、植物标本和一些珍贵的图片资料，建立了一个动植物标本博物馆。同时，保护区管理局基于对保护区生态系统的维护和对旅游安全性的考虑，要求仅在保护区外围的保护带和试验区部分开展生态旅游活动。

熊猫乐园主要由大熊猫疾病防控研究区、救护隔离检疫区、康复训练区、公众教育区、办公后勤区和自然景观区等7个功能区组成，修建有监护兽舍、大熊猫疾病防控研究中心、兽医院、办公楼、科研教育中心、大熊猫食品制作及竹子堆放用房、30套大熊猫兽舍、饲养管理用房等主要建筑，能满足40只大熊猫的救护、疗养、饲养管理需求，熊猫乐园作为专门研究大熊猫救护与疾病防控的机构和科普教育基地，在国内可谓是首例。

熊猫谷于2010年5月在都江堰市玉堂镇马家沟正式开工建设，总投资约3亿元。熊猫谷周边交通便利，景区内生态环境良好，有多个相对独立的小环境、多条无污染水源的小支流。熊猫谷是我国第一个以大熊猫"野生放归"为研究目的建设的基地，主要进行大熊猫野放研究。

3. 都江堰熊猫文化的内涵

（1）都江堰熊猫文化概述

我国建设文化强国的首要目标就是社会主义核心价值体系的建设，要让中华文化影响世界，向世界展示和传播我们的核心价值观。熊猫文化就是一个很好的走向世界、影响世界的载体。自人类发现熊猫以来，在人类的认知里，熊猫一直是和平友谊、友爱健康、平安喜乐、温柔正直的美好代表。中华民族深厚的文化底蕴孕育了精彩的熊猫文化，熊猫文化代表了中华民族的一种文化取向。

在我国乃至全世界，熊猫文化已经远远超出了生物与自然科学范畴。熊猫一直深受世界人民的喜爱。"熊猫"这一形象不仅仅代表一种动物，而且已经成为人类尊重自然、与自然和谐相处的象征，它是生态文化的传播者，更是国家和地区之间传递和平、友谊的桥梁，具有更为深厚的社会意义。熊猫大巧若拙的外在形象成为奥运文化传播的载体，黑白相间的毛发体现和谐平衡的民族精神。它是深受世界人民喜爱的动物外交官，是和平友好的传播者。大熊猫实际上已经逐渐成为中华文化的一种符号元素，代表了中国人民热爱和平、友善待人的品质，同时能够充分体现人与自然和谐共处的主题。熊猫文化是和谐、包容的，有许多表现形式，如熊猫主题乐园、熊猫博物馆、熊猫小镇等与熊猫相关的内容均可作为熊猫文化的载体。

如何利用熊猫这一生态文化的传播者促进国家生态文明建设，如何利用大熊猫的文化符号宣传中国形象，如何挖掘大熊猫的经济、文化价值，如何整合并将复杂独特的熊猫文化推向世界，是当今社会给我们提出的重要课题。

熊猫和平友谊、友爱健康、平安喜乐、温柔正直的形象在中国乃至世界都是深入人心的，因而其作为文化旅游的品牌价值在不断凸显和增长。熊猫老少皆宜的形象，无形中开拓了熊猫文化的需求市场，熊猫文化可培育性强，拥有广阔的消费市场并且至今尚未形成体系化的产业链，熊猫文化易于拓展产业，可无缝衔接各个文化产业中，孕育新的经济增长点，成为天府文化中的"超级IP"。

（2）都江堰熊猫文化形成与发展

都江堰与大熊猫的不解之缘，源自1953年在都江堰玉堂镇发现的一只病饿野生大熊猫，这只大熊猫后来被送到成都动物园救助，这是中华人民共和国成立后第一只被救护的大熊猫。为都江堰市的申遗工作做出贡献的是2000年闯进虹口乡深溪村的大熊猫"遗宝"，当时被就近送到卧龙大熊猫自然保护区并救治成功。2005年，轰动世界的"盛林1号"闯入都江堰市区，被市民发现后交给了国内专家进行及时救治和护理，之后又放归到龙溪—虹口国家级自然保护区。现在都江堰市拥有龙溪—虹口国家级自然保护区、大熊猫保护研究中心都江堰基地和成都大熊猫繁育研究基地都江堰繁育野放研究中心三个大熊猫栖息地。都江堰与大熊猫之间深厚的历史渊源为都江堰市熊猫文化的形成发展奠定了一定的基础。

都江堰的居民生活状态、城市文化与熊猫文化可以说是不谋而合的。《中国国家形象调查报告2012》指出："大熊猫"本身亲和、友善、无国界的形象，入选海外民众最喜爱的中国元素。悠久的饮茶文化塑造了都江堰人平和、友善的性格，发祥于青城山的道教文化滋养出四川成都居民道法自然、喜休闲却不贪安乐，深符道家哲学内涵的独特性格，这些都与熊猫文化的内涵相辅相成。他们之间不谋而合并非偶然事件，城市在推广熊猫形象时不可避免地植入了城市的文化形象，所以大熊猫被海外民众选为最喜爱的中华元素，也是海外民众对四川成都、都江堰这些城市的形象认同。

现今，在成都市和都江堰市各级领导的高度重视下，坚持"规划科学化、准则国际化、理念原生态化"和"公益为目的，政府为主导"的指导原则，落实"保持原始自然生态，一次规划，逐步实施"的建设原则，首个专门为大熊猫所修建的"学校"熊猫谷在玉堂镇建设完成，这一举措对人工圈养大熊猫具有重大意义。熊猫谷主要包括学术交流中心、繁殖兽舍、生态体验村、多功能电影院、科研室、观察站等，可接待学者、国内外专家团队等开展野化科学研究和保护教育活动。园内的圈养大熊猫发展到一定数量之后，人们为了避免疫病传染风险、确保熊猫种群安全，使圈养大熊猫恢复原有本能与行为，提高野外生存和自然繁殖能力，会将其逐步放归野外，复壮野外大熊猫种群。

熊猫谷这一"大熊猫野放研究中心"全面建成后，可直接推动我国特有濒危物种保护技术和模式迈上新台阶，促进川西生物多样性的恢复和保护工作。同时，充分利用大熊猫的知名度和吸引力，集高端教育旅游于一体，能有力推动生态文明和绿色经济建设，重塑都江堰世界自然和文化遗产之都和"熊猫之都"国际品牌，也必将带动地区社会经济与自然环境的和谐发展，最终实现都江堰市建设世界田园城市示范区的目标。

2015年，成都大熊猫繁育研究基地在全球首次以大熊猫为主题，策划《黑与白的魔法空间——熊猫亦艺术》艺术展在澳门开幕，展出仅4天，观展人数达2万人次，为大熊猫文化品牌和城市形象建设提供了新的发展思路和路径。2018年7月28日，四川省大熊猫生态与文化建设促进会大熊猫文创中心成立暨2018年常务理事会在都江堰熊猫小巷召开，同时启动首届"大熊猫文化奖"评选表彰活动。四川省大熊猫生态与文化建设促进会以熊猫小巷为载体，整合输出大熊猫文化资源，打造大熊猫文创IP，参与制定行业标准和行业发展规划、行业准入条件，推动大熊猫文化创意产业可持续发展，助力中华文化振兴。四川省人民政府原副秘书长、四川省大熊猫生态与文化建设促进会成员薛康为"大熊猫文创中心"授牌。大熊猫文创中心通过建设世界大熊猫文化创意博物馆、举办世界大熊猫文化创意大会、开展大熊猫文化主题系列活动、开展大熊猫公益慈善和保护教育、创新"熊猫+"旅游推广等模式，打造中国特色大熊猫文创IP，向全球讲述中国故事和传播环保理念，促进生态的保护建设和大熊猫文化旅游发展。大熊猫促进会打造一批拳头品牌，做好守护熊猫村项目的谋划和工作推进，以解决大熊猫国家公园建设过程中熊猫村生态保护与社区经济发展冲突问题，并依托熊猫小巷连锁经营，以解决大熊猫文化城市传播与大熊猫生态保护的链接问题。

（三）都江堰非物质文化遗产

都江堰非物质文化遗产具有一般非物质文化遗产的共同特性。例如，它们都以非物质形态存在，都密切关联群众生活。值得指出的是，非物质文化遗产均是以人为本的活态文化的表现，它不同于尘封地下的各种物质遗产，直接以物质形态呈现出来，它强调的是以人为核心的技艺、经验、精神，其特点是活态流变，突出的是非物质的属性。当然，这种非物质形态的文化呈现有些时候又必须依赖一些物质作为支撑，例如，青城马椅子的传统技法需要以都江堰周边地区的竹子及各种椅子的加工工具为物质支撑，因此，绝不能认为非物质文化遗产与物质无关系。

1. 灌县木雕

灌县传统木雕产生于民间古木制作技艺，手法丰富且不拘一格，有的大刀阔斧、粗犷有力；有的精雕细刻、线条流畅；有的简洁概括，巧用自然美。灌县传统木雕主要分为圆雕、浮雕两大类。圆雕用于人物和动物类雕刻，浮雕用于门、屏、窗、柜、建筑类雕刻。灌县传统木雕技艺灵活性强，在各种亭台楼阁的建筑上都广泛使用，使木料的自然美、生命美、古老美、奇拙美的艺术及审美价值展现得淋漓尽致。大量的龙、凤、鹿、鹤、蝙蝠等动物雕饰，梅、兰、竹、菊、松、柏、瑞草、灵芝等植物雕饰，以及仙人、仙童和神仙传说的木刻饰品，这些优美的形象和娴熟的技法,都使灌县木雕技艺成为都江堰市文化和艺术的代表(见图2-24)。

图 2-24　灌县木雕

2. 青城传统乳酒酿制技艺

自古以来,"天人合一""道法自然"的道家思想,对修行人的饮食观念产生了重要影响。青城山作为中国四大道教名山之一,可以说是求道者的修炼圣地。道家修行者为了修道和习练长生,崇尚素食为主、慎用荤腥。因此,盛产于青城山一带的野生猕猴桃(俗称"毛梨儿"),因其滋味酸甜浓郁,色泽似玉,又富含营养,成为青城山修道人士的上佳食材,继而发展演变出以其果肉为制作原料的"乳酒"饮品。

青城传统乳酒酿制技艺,以青城山一带猕猴桃为主要原料,并辅以青城山泉、老菌种等,配合青城山道家口传心授的技法精酿而成。青城乳酒鲜美醇和、色如碧玉、状如乳汁、果香浓郁、五味(果、酸、甜、酒、香)俱佳,因其悠久的历史和美妙的口感,自20世纪80年代始,被奉为"青城四绝"之首,声名远播。

3. 青城百草染和茶染技艺

染布在都江堰已经有两千多年的历史,可以追溯至秦汉或更早。清朝乾隆年间,都江堰还有红坊、蓝坊、漂坊等。中华人民共和国成立初期,在石羊街的下场口和中街,还有叶、杨两家染布坊。

以前,川西人常穿常用的蓝布,就是本地产的"阴丹钻水"。受现代大工业的冲击,都江堰的手工染布逐渐被花色繁多的洋布取代。目前,都江堰胡明、朱瑞等年轻一代手艺人因袭祖上家传,继承了传统染(布)制作技艺,其中以胡氏百草"川芎染"和朱氏"茶染"为代表。

"川芎染"和"茶染"分别以都江堰盛产的中药材川芎和青城山茶叶作为原材料染制布匹,纯天然植物萃取和纯手工制作,不添加任何化学着色剂、化学固色物,具有天然健康、舒适环保等特点,不仅极具本土地域和文化特色,也是传统染制技艺保留至今的重要价值所在。

4. 灌县钟鸭子传统卤鸭技艺

钟鸭子是都江堰本地特色美食品牌,以传统技法和自制秘料制作的卤鸭为特色,已历经四代传承。钟鸭子传统卤鸭制作技艺(尤以其甜皮卤麻鸭为代表)将川卤与广卤相结合,辅以独家蜜汁香料,经长时间腌制、老卤浸润、淋烫等多道传统工序。成品色泽红亮、卤味醇厚。

(四)都江堰的社会民俗

1. 九斗碗

每到年关,尤其是春节前后,四川民间都喜欢吃"九斗碗"(见图2-25)。"九斗碗",名称形象生动,充满田园生活气息,说起来顺口,听起来悦耳。寥寥三字,把淳朴乡民的热情好客,乐于助人的心态和朴实无华、和谐友善的邻里关系表现得淋漓尽致。那么,在川内香飘四方的"九斗碗"是怎么来的呢?"九斗碗"深厚的菜肴文化中,包含着哪些常人不知道的历史故事呢?

图2-25 "九斗碗"

"九斗碗",又称"田席"或"三蒸九扣席",起源于四川民间宴会,以家常菜肴为主。其名字源于清康熙年间的"湖广填四川"移民运动。三百多年前,外省移民在垦荒、开渠、平田等劳动中,需要同村、同宗、同原籍的人相互协作。于是,一种约定俗成的规则应运而生:哪家需要帮忙,哪家就提供饭菜。大家在田边地头挖坑埋锅,烹饪美味,共同聚餐,这便是"田席"的起源。

作为原始的美食,"九斗碗"开始时食材简单,烹饪方式也颇为直接。把蒸芋头、蒸茄子和蒸土豆这三种食材组合在一起,便打造出一道富有乡村风味的"三蒸"佳肴。

在川西平原这片被誉为"天府之国"的富饶之地,适宜的气候和繁荣的农业吸引了众多移民前来辛勤劳作,使得这里的生活日益富足。丰富的家畜家禽和繁忙的农务使得人们会在丰收季节互相帮助,共同分享收获的喜悦。主人会以丰盛的"九斗碗"款待邻居,这些美食包括粉蒸肉、咸烧白、甜烧白等,大家共享盛宴,欢声笑语,充满了欢乐的气氛。这就是川西平原上的一种美好生活方式,充满了人情味和温馨感。

随着岁月的流转,在我国乡村,移民会为了增进彼此的感情,在重要的场合如婚嫁、寿宴、孩子满月、新房上梁等活动中,举办一场名为"九斗碗"的宴席。他们会邀请亲朋好友和邻居共享这份喜悦,参与者则会按照习俗,送上一些礼金以表心意。虽然从金钱角度来看,主人可能会亏损,但他们会感到无比的快乐,因为他们坚信"山潮水潮不如人潮",宾客越多,主人越高兴。这种淳朴的民风使得大家在庆祝活动中有机会相互联络感情,使邻里关系更为融洽。

在我国川西坝子,有一种特殊的宴会形式,当地人称其为"吃九斗碗"或"吃九碗"。虽然"九"这个数字比较具体,但"九斗碗"并非仅限于九道菜,实际上,它通常包含十几道菜,其中几道被视为主菜。有趣的是,宴会上可以摆放十一碗甚至更多的菜,但却不能摆放八碗或十碗。这个特殊规定背后有一个当地的文化传统。在川西坝子,猪槽是用石头凿成的,而"十"与"石"谐音,"斗"与"头"谐音。因此,如果称为"十斗碗",听起来就像是"石头碗"。这也引发了一个当地俗语:"吃十(碗)的",用来形容那些被认为愚蠢的人。此外,还有一个有趣的习俗,那就是在当地举办喜事时,主人会热情款待前来贺喜的乞丐,但不会让他们上正席。而是让他们八人一桌,每人一碗盖浇饭。因此,放八碗菜的席桌被称为"叫花子席"。

因其巨大的容量,人们将"九斗碗"称作"九大碗",以彰显主人的慷慨和真诚,寓意能够将盛满的美食慷慨地供应给宾客。"碗"是一种专用于制作"三蒸"的陶土碗,在烹饪时用于蒸煮。这种用具普通家庭较少使用,只在举办宴席时由村里的厨师提供,是"三蒸九扣席"必备的餐具之一。需要了解的是,在川西坝子的农民心中,不论饭菜摆放得多么华美,如果没有"三蒸"中的粉蒸肉、咸烧白和甜烧白这三道菜,就不算真正意义上的饭菜丰盛。因此,人们用"九斗碗"这一称呼来形容"三蒸"的受欢迎程度,并不是什么意外的事情。

2. 放水节

清明放水节的历史渊源可追溯至四千年前，当时人们对江神及江水的敬仰，促使这一习俗在四川盆地广泛传播。经过两千多年的时间沉淀，祭祀江神和江水的活动逐渐演变为祭祀李冰。这一转变不仅凸显了李冰在人们心中的地位，还带动了整个四川盆地清明放水节的繁荣。如今，这个节日已成为当地重要的文化符号，将世世代代传承下去。原本以江神和江水为主题的祭祀活动，在经过时间推移和与地域文化交融后，演变成了以李冰为主题的清明放水节。这一变化不仅体现了民间对李冰的敬仰之情，还推动了四川盆地岁时节令民俗的发展。如今，清明放水节已成为当地的重要节日，代表着民间对李冰的尊崇和江水文化的传承。（见图2-26）。

图2-26 放水节

这一节令习俗的主要内容之一，就是缅怀都江堰水利工程的缔造者李冰。据《新唐书》和《太平寰宇记》记载，南朝齐建武（494—498）益州刺史刘季连将原渠首处的"望帝祠"迁至郫县（今郫都区），重建为今天的"望丛祠"。在渠首"望帝祠"的庙基上建专门祭祀李冰及其子二郎的"崇德庙"。这就是"二王庙"最早的称呼。

民俗风情是社会时代变迁的缩影，它在传承中不断创新和发展。以祭祀李冰的习俗为例，从汉代到现代，尽管外部环境和社会制度发生了巨大变化，但这一习俗仍然保持着顽强的生命力。在这个过程中，都江堰水利工程也在不断地完善和发展，逐渐总结新的治水修堰经验，从而使得祭祀活动和庆祝仪式不断丰富和演变。现今的清明放水节，不仅是对传统文化的传承，更是对都江堰水利工程的赞美。这个节日凝聚了千百年的智慧和力量，展现了我国人民与自然和谐共生的精神风貌。在新时代背景下，清明放水节已成为一种象征，代表着我国水利事业的发展和民族精神的传承。

都江堰在建成之初，就彰显了巨大的效益，不但根治了四川盆地的水患，而且河网水系开控自如，解决了万顷以上稻田灌溉问题，也解决了运输问题，为秦统一全国奠定了基础，最后"始皇得其利，以并天下"①。因此，蜀人十分珍惜和重视都江堰，不但把修筑都江堰具有的很高科学价值的内容，如"深淘滩，低作堰""遇弯截角，逢正抽心""治水三字经"等，作为两千多年来治水修堰的理论依据，严格按照这些经过实践检验的科学结论进行岁修，而且刻写在二王庙墙壁和石碑上，让后代子孙铭记。

自汉代起，人们便依据科学理论指导岁修工程，以确保都江堰水利系统的正常运行。清明这个农事节令成为庆祝岁修竣工的日子。在这一天，人们象征性地拆除杩槎、竹笼围堰，放外江水入内江，标志着春耕生产的开始。这个节日既庆祝岁修的圆满完成，也祈求川西平原五谷丰登的年景。同时，人们借此机会在二王庙祭祀李冰，瞻仰修建都江堰的功臣，表达对他们英勇事迹的崇敬和赞美。

在唐代，民间的清明放水节以斗牛的方式庆祝，《风俗通》中有"灌口春秋斗牛戏"的记载。每到春耕季节，在清明时除了由官方组织在二王庙祭祀李冰，还由民间组织在清明开水这一天，在都江堰渠首岷江边举行斗牛比赛，并由此而产生出许多如《李冰斗犀》这类的民间故事，逐步丰富清明放水节的文化内容。

在宋代，清明放水节的斗牛戏发展为剽羊祭祀。当时任蜀州通判的诗人陆游在《和范舍人永康青城道中作》中写道："君看神君岁食羊四万，处处弃骨高成堆。"②宋代用杀羊的方式祭祀李冰，庆祝开堰放水，这与当时川西平原农牧业和商业十分发达是分不开的。

清明放水节，又称"开水节"，是我国传统民俗活动。然而，在孙中山领导的资产阶级革命成功，推翻封建统治，建立了"中华民国"后，如何延续传统文化成为新的挑战。除了民间的拆杩槎放水活动得以保留，其他如官员行二跪六叩礼等仪式已不适应新的时代。到了1939年，清明放水节的仪式进行了一定程度的改革。新的开水典礼仪程包括以下环节：首先，由四川省国民政府主席林森主持，全体参与者向李冰神像行三鞠躬礼，表示对先人的敬仰；接着，全体人员集体朗诵《迎神词》，表达欢迎之情；然后，向主祭官献花，众人一起唱《纪念歌》，歌颂先贤；随后，主祭官手捧鲜花，献鲜花、献帛、献爵，表达对先人的敬意；

---

① ［东汉］应劭：《风俗通义全译》，赵泓译注，贵州人民出版社1998年版，第29页。
② 曾晓娟主编：《都江堰文献集成 历史文献卷（文学卷）》，巴蜀书社2018年版，第80页。

最后,鸣礼炮、奏乐、拆杩槎、放水,标志着仪式的高潮,也预示着新的开始。

从1991年起,举办清明放水节时,增添了汉代清明放水节以"少牢"之礼祭祀李冰的仪式,使祭祀场面更具有历史的厚重感。

3. 柳街薅秧歌

柳街薅秧歌是主要流行于都江堰市柳街镇的民间歌谣,因其主要起源于薅秧时节田间地头的传唱,而成为当地薅秧时必不可少的民间文化活动,有极强的针对性,后来逐渐成为当地内容广泛的民间歌谣创作活动(见图2-27)。

图2-27 柳街薅秧歌

柳街镇地处都江堰市的平原地区,农作物以水稻为主,历来是都江堰市的稻米主产区,而且历史十分悠久,特别是清代中期,随着清政府"湖广填四川"移民政策的实行,柳街迅速成为主要的水稻耕作区,当地农民在传统薅秧季节演唱薅秧歌的基础上,进一步形成创作和唱民歌的习惯。每到薅秧时,稻田的业主都要请人帮忙薅秧,为了缓解劳动疲乏和提高劳动效率,往往要请当地唱民歌的民歌手到田间组织唱歌谣。久而久之,这种唱民歌的习惯就成了当地独特的文化现象。

从内容上说,歌谣内容包括时政、生产、生活、情歌、历史故事、传说故事等,形式上可分领唱、合唱、独唱、对唱等,创作方法主要以即兴编唱为主,但较为经典的歌词则成为传统内容保留。从音乐方面说,则以说唱形式为主,具有强烈的川西民歌特色。

近三十年来,虽然在水稻生产过程中已基本上没有了薅秧这一环节,但当地农村二百多年来形成的编唱歌谣的习俗却并未消失,而是演变为新民歌的创作、朗诵和吟唱的形式,并成立农民诗社,成为远近闻名的民歌之乡,不但在当地成为文化特色,而且走出了柳街镇,在都江堰市区、成都市以及柳街周边县、邻乡表演。由于柳街镇以薅秧歌为代表的民歌创作、演唱、吟诵活动历史悠久，独具特色，三百年来传承不绝，而且能与时俱进，在不同的时代呈现不同的特色，已形成柳街最为深刻和广泛的民间习俗，因此，柳街镇在2008年被文化部命名为"中国民间文化艺术诗歌之乡"。

由于柳街民间歌谣流传下来了大量明清时期的民歌，这些山歌为研究当时社会政治经济、文化形态提供了十分翔实和形象的史料，对于今天了解和研究那个时代的社会历史有宝贵的参考价值。柳街民间歌谣是古代劳动生产场景的再现，是那个时代劳动形态在文化上的不灭印记，为我们今天考察和研究当时的民俗文化提供了最直接的证据，而歌谣优美的音乐唱腔，更为我们展示出了川西平原三百年前的原生态风貌，其文化价值无与伦比。民歌以及由此演绎成为当地民间的创作、演唱、朗诵民歌活动，已成为柳街镇延续不绝的文化需要和文化现象，对建设小康社会精神文明起着重要的作用。

二、都江堰资源的价值

（一）历史价值

都江堰市的历史底蕴源于四川芒城遗址，这是一处新石器时代的重要史前遗址。遗址的发现揭示了都江堰市作为蜀文明和长江文明发源地之一的悠久历史。在战国末期，李冰父子凭借"深淘滩，低作堰"的原则，利用自然力量成功构建了无坝引水、自流灌溉的生态水利工程——都江堰。都江堰工程的完成促使堰工队伍在此地繁衍生息，逐渐形成集市，并在后来设立了县治。得益于水利工程的发展，这座城市历经两千年城址未变，保留了丰富的历史遗迹。这些遗迹如实反映了当时的社会、经济、文化状况，为后人提供了珍贵的历史信息。

都江堰这一卓越的生态工程，以其独特的设计理念和精湛的技艺，成功地将自然规律与人类需求相结合，为后世留下了一笔丰厚的绿色财富。它在消除水患、保障粮食生产的同时，也体现了我国古代水利建设的卓越成就，成为世界水利工程的典范。都江堰水利工程的成功，不仅依赖于其科学的设计原理，更离不开古代人民对自然规律的深刻理解和尊重。这一工程充分体现了中华文化中"天人合一"的理念，展现了古代中国人民在面对自然挑战时，所展现出的聪明才智和坚定决心。

都江堰的创建，开创了中国古代水利史上的新纪元。都江堰水利系统建成后，成都平原在短期内便跃升为秦国的重要粮仓，使四川真正变成了秦国地大物博、经济富饶的战略大后方，从实力上改变了过去秦、楚、齐三强长期并驾齐驱的局面。在秦末暴政及大乱时期，都江堰水利系统发挥了稳定蜀地、稳定统治的巨大作用。历史上曾多次完善都江堰水利设施。成都平原水利建设的不断完善，直接使得水稻播种面积不断扩大，加之轮作复种的普及，粮食产量大幅度提高，使成都平原成为全国最大的、最重要的产粮区之一。

(二) 精神文化价值

1. 创新创造精神

都江堰之所以能够两千多年来造福人民，是因为它始终不断进取，具有创新创造精神。

都江堰是一项卓越的水利工程，集防洪、灌溉和航运多种功能于一身。在岷江峡内，通过设立鱼嘴，将江水分成两股：东边的内江用于灌溉，西边的外江则为岷江的正流。附近的岷江南岸设有离碓，其东侧是内江水口，也被称为宝瓶口，具有调控水流的作用。夏季水位上涨时，鱼嘴会被淹没，离碓便成为第二道分水点。内江的水通过宝瓶口，进入遍布川西平原的灌溉系统，根据需要调控水量，确保良田得以充分灌溉，使成都平原成为"水旱从人"的天府之国。都江堰的规划、设计及施工都展现出极高的科学性和创造性。鱼嘴和宝瓶口的联合应用，可以灵活分配洪枯水流量，满足灌溉和防洪的需求。为了控制水流量，在进水口"作三石人，立三水中"①，使"水竭不至足，盛不没肩"②。这些石人显然起着水尺作用，它表明当时不仅有长期的水位观察，而且已经掌握岷江洪、枯水位变化幅度的一般规律。

都江堰，一项历经千年的水利工程，其设计者李冰在建设过程中，巧妙地设置了五枚石犀，其中两枚位于内江之中。这些石犀的位置，深刻影响了都江堰每年的维护深度，这足以证明当时的设计者已经对水流和过水断面的关系有了深入的理解和应用。都江堰建成后，我们的祖先总结出一套影响深远的水利治理原则。其中，"乘势利导、因时制宜"的指导思想、"岁必一修"的维护制度、"遇弯截角、逢正抽心"的治河原则，以及"深淘滩、低作堰"的引水、防沙、泄洪的管理经验和治堰准则，都体现了他们的智慧。

都江堰市是一座历史文化沉积深厚、人文资源丰富的古城，这里的居民世代

---

① [晋] 常璩：《华阳国志校补图注》卷三，任乃强校注，上海古籍出版社1987年版，第133页。

② 同上。

繁衍生息，对这片土地充满深情。都江堰的庇佑使得古城免受水患，历代英才也在此留下了治理水患的传奇故事。战国时期李冰父子、汉代文翁、三国时期的诸葛亮，以及后来的高俭、吉当普、丁宝桢等人，都因其在水利工程上的卓越贡献而被镌刻在堰功大道上，成为后人景仰的对象。青城山上，张道陵、彭椿仙等人将道教文化传承并发扬光大，张道陵更被尊奉为张天师，地位崇高。清代的董湘琴深受黄遵宪、康有为的诗界革命影响，创作了长达万余字的《松游小唱》，生动地描绘了从灌县至松潘七百余里的风光民俗。都江堰市市民把对文化的热爱深深植入心中，使此地教育传统悠久、金石书画盛行，川剧和傩面戏等地方戏曲也在此广泛流传。

创新创造的力量，如同中华民族崛起的精神支柱，深深扎根于天府之国不断革新、谋求变革的文化底蕴中。都江堰的创新精神，如同一股强大而又深沉的力量，推动着天府地区的人民，让他们敢于领先、勇于探索。因此，成都平原成为我国众多改革思想的摇篮，取得了举世瞩目的成就。在历史的深处，我们可以看到早在宝墩文化、三星堆文化和金沙文化时期，天府地区人民就已经展现出了强烈的创新精神和巨大的创造力。

2. 友善公益精神

成都平原的繁荣发展，得益于都江堰对岷江水的调控。在此之前，岷江对蜀人而言，常常是灾难的象征。然而，都江堰的建成，使得岷江水从肆虐变为有益，以友好和公益的姿态，支持着成都平原的繁荣发展。

都江堰，这座两千多年前的工程，无私地滋养着天府之国。它不仅灌溉大地、滋养万物，还影响了这片流域的政治、经济和文化。在都江堰的滋润下，天府文化得以成熟丰满。

清末时期，都江堰的灌溉面积不超过200万亩（约1333.33平方千米）。自1949年以来，随着水利设施的快速发展，特别是在20世纪70年代前后，四川省积极地进行了自主创新和全民参与的农田水利建设，如今已经拥有超过1076万亩（约7173.33平方千米）的灌溉面积，其中包括盆地中西部7个市和38个县。现今，都江堰已不仅仅承担传统的灌溉作用，也为大城市和城镇提供了生活用水，并保护着成都平原许多中小河流的生态水源。四川的活力和蓬勃发展，离不开都江堰的存在。都江堰水系的文化中，包含友爱和公益等精神，在这种环境下，当地居民逐渐形成温和、热情、善良及乐于助人的性格特点。将天府人民的精神特质概括为"友善公益"，表达了天府人民关注民生、热爱公益等性格特点。友爱公益代表了天府文化成熟的特质，经历了千年文化沉淀和积累逐步形成并散发出迷人的魅力。在天府人民的价值观中，友善公益是不可或缺的一部分，同时也是天府之国历久弥新并且不会衰减的人文魅力。

成都是一座公益事业繁荣的城市，公益精神深入人心。每 10 名市民中就有 1 名志愿者，这使得诚信互助、向上向善的城市风尚日益浓厚。原本自发产生的公益行为，如今已逐步转变为项目化、组织化、专业化、社区化、信息化的管理新模式。市民参与公益活动的渠道多样，包括公益基金、公益网站等。他们用实际行动诠释着公益精神，为社会贡献力量。如今，公益行动在成都已不再是孤立的事件，而是紧密相连、相互支持的整体。这种全新的公益模式，不仅彰显了成都市民的高尚品质，也提升了整个城市的文明程度。人们越发关注公益、参与公益，将公益视为生活的一部分。在这样的氛围中，公益事业将继续在成都蓬勃发展，影响和感染更多的人，让整个城市充满爱与温暖。

第六节　蜀道的资源及价值

"蜀道难，难于上青天"，这是很多人对"蜀道"这个名词的第一印象。唐代诗人李白的这一千古名句点出了行走蜀道之难。然而，蜀道的古老、雄奇，蜀道在千百年风雨中沉淀下来的珍贵文化遗产却又尽在这一个"难"字之外。

一、蜀道资源概述

（一）线路介绍

"蜀道"一词中的"蜀"指的是古代位于四川盆地的蜀王国。这个国号后来被在这一地区割据的各大小地方政权沿用，成为代表这片被群山与高原环绕的盆地的代名词。这个名称承载着丰富的历史文化，连接着古代蜀王国的繁荣与辉煌，同时也映射着这片地区曲折多变的历史沿革。蜀道因其险峻而著名，是连接川西与中原的重要通道，见证了历史上众多文化、商业和人员往来，成为中华文明的交汇之地。

1. 线路概况与历史演变

"蜀中之道"就是"蜀道"吗？这个问题让我们不得不首先在广义与狭义的"蜀道"之间做出区分。广义上的"蜀道"，顾名思义是指历史上连接四川盆地与外界的道路。四川盆地的地形特点使得成都平原被四周山脉所包围，自古对外交通就极为不便，但这些道路则在不同方向上将地势低平、土地肥沃的成都平原与外界联系起来：向北有通往汉中与关中的道路，向南有茶马古道与云贵之地相连，向西经唐蕃古道通往藏区，而向东则有长江水道将其与荆楚大地相连。

广义的蜀道无疑是这些在不同方向上通往蜀地的道路的总称，而在这些通道之中，四川与北向陕西之间的道路体系，也就是"秦蜀古道"则成为狭义上的"蜀道"所指。狭义的蜀道主要分布在四川东北部、陕西西南部，有一小段穿过甘肃境内，由北四南三共七条南北向干道所组成。因此，狭义的蜀道虽然只代表了四川盆地自古以来对外通路的一个方向，但也仍是由多条道路共同构成的一个交通系统，笔者在本书中主要探讨的是狭义的蜀道。这个交通系统在四川东北部和陕西西南及甘肃东南一隅勾连出一张网。这张网上的南北向干道从四川盆地出发，跨越大巴山到达汉中平原，然后再翻越被称为"华夏文明龙脉"的秦岭到达富庶平坦的关中平原。

由于跨越了秦岭，蜀道也被看作打通华夏龙脉之路。秦岭自古以来就被认为是华夏文明的龙脉，它与淮河共同组成了中国地理上的南北分界线。秦岭以北的关中平原又称"八百里秦川"，是中华文明的发祥地之一，西安一地更是成了中国历史上多个朝代的政治中心，秦岭以南是汉中平原以及自古以来具有极大战略价值的大后方——拥有肥沃土地与便利灌溉条件的四川盆地。秦岭的山势给南北交通带来了巨大的阻隔，诚如司马迁在《史记》中所述："秦岭，天下之大阻也。"而跨越秦巴山脉的蜀道修建正是打开这一阻隔的壮举。当年的秦国也正是得益于蜀道的修建将汉中平原与四川盆地纳入版图，从而一举成为强国，最终成就了统一中原的大业。

在四川、陕西和甘肃诸多城镇间，蜀道作为古驿道中最早修建、使用时间最长、历史影响巨大的文化线路，展现了丰富的历史和文化内涵。历经两千多年的历史演变，以宝鸡、汉中、利州、阆中、巴中、绵阳等城镇为核心的城镇体系逐渐形成，使得蜀道成为地方经济社会和文化发展的重心。同时，蜀道也是古代邮驿制度的历史见证，有着悠久的历史和深厚的底蕴。中国古代的邮驿制度为古代中国以中央集权的管控疆域模式提供了保障，是一种自上而下的大规模、多层面的交流交通体系。蜀道，这条具有深远历史意义的重要通道，连接着秦蜀两地。其在交通、军事、宗教、文化交流等方面的作用显著，促进了四川与关中地区的文化融合。修建蜀道的历史，见证了我国在交通技术上的飞跃和发展。同时，其沿线壮美的自然景观和丰富的人文历史背景，激发了文学艺术创作的激情，丰富了我国的非物质文化遗产。

2. 线路分布

从今天的行政区划图上看，狭义的蜀道经过的地区主要包括了四川省与陕西省的一些县市以及甘肃省东南部的一小块区域。蜀道分为南北两段。南段起于汉中，继续南下，越过米仓山与大巴山，最终抵达四川盆地。而北段则从西安、宝鸡等城市出发，翻越秦岭，同样抵达汉中平原。北段拥有四条干道，由西向东分别称为陈仓道、褒斜道、子午道和傥骆道，这四条干道穿越秦岭，连接了我国的中西部地区。南段则有三条干道，分别是金牛道、米仓道和荔枝道，这三条干道自汉中起始，向南延伸，穿越了米仓山和大巴山，最终进入富饶的四川盆地。在这些主干道之外还有一些将其联系起来的陆路及水路支线，共同构成一个网状的系统。在作为官方驿道的功能逐渐被淡忘之后，古蜀道系统中的一些路段至今还在被当地居民使用，其原有的骨架结构也被现代的交通干线所沿用（见图2-28）。

图2-28　蜀道线路分布图

（1）褒斜道

褒斜道这一名称中的"褒"和"斜"其实是两条水道的名字。这两条水道都发源于秦岭的太白山：一条向北，流入眉县，最后注入渭河，名曰斜水；另一条则向南流入褒城县，最后汇入汉水，名曰褒水。这条褒斜道傍着这两条水道的河谷而行，是蜀道中开凿最早的一条线路。《华阳国志》引《蜀志》称，早在三皇五帝时期就有此通道；《史记》中的描述则为"栈道千里，无所不通，唯褒斜绾毂其口"，可见其当时的重要性。褒斜道的南端位于汉中的褒谷口，北端则在眉县的斜谷口，它的鼎盛时期与古都长安的崛起同步。唐朝时期，都城长安便是通过这条官道与其重要的大后方（汉中和四川）相连。往来的人从长安启程之后经户县（今西安市鄠邑区）向西过周至与眉县，在斜谷口进入秦岭，之后沿斜水东岸向南，再经鹦鹉嘴、下寺湾，翻过老爷岭之后来到桃川谷，然后继续西行，一路经过灵丹庙、杜家坪等地，爬上五里坡之后就来到了褒水上游的红岩河，再向南经过两河口、西江口、马道镇、褒姒铺等地，翻越七盘岭后出褒谷口，经褒城达汉中。唐都长安繁荣之时，褒斜道上驿站密集，往来繁忙。但随着五代之后长安的光彩日益黯淡，这条官道也渐渐不复往日的兴盛，在岁月的磨蚀中被慢慢损毁。

（2）陈仓道

"明修栈道，暗度陈仓"[①]这句脍炙人口的成语其实就提到了蜀道中的两支线路："栈道"指的是褒斜道，而"陈仓"无疑就是蜀道上的另一条线路——陈仓道。成语典故说的是，刘邦听从了韩信的计策，明面上忙于修复褒斜栈道，而暗中却从陈仓道绕了过去。陈仓道，起源于先秦时期，位于秦岭入口，北起陈仓古县。这条古道在秦末汉初已发展成为关中与巴蜀间的交通要道，唐代时更为繁荣，成为驿道。路线始于长安，随后经过陈仓（今宝鸡东），沿嘉陵江河谷向西南行至凤县。在这段路程中，会经过玉女潭、散关、黄牛岭和黄花州等地。从凤县开始，陈仓道进入故道川，沿途经过马岭寨、两当县、河池县、长举县等地。然后，路线转向东南，穿过兴城关与分水岭，抵达西县（今勉县西）。之后，路线向西折，经过百牢关，最后到达金牛县（今宁强县金牛镇）。在金牛县，行人可以选择继续前行，借道金牛道入蜀，或通过褒城抵达汉中。陈仓道一路上折返费时，但优点是所经之处地势较为平缓，且有很长一段可以借助水路，因此也一度成为公私出行往来于秦蜀间的要道。

（3）傥骆道

傥骆道之名也和褒斜道一样，得自其两端的地名。"傥"即指路线南端洋县的傥水河口，而"骆"则是指路线北端位于周至县的骆谷口（或称骆峪口）。傥骆道从北端的骆谷口经十八盘岭，顺傥水河谷南下，经洋县至汉中，沿途经过厚畛子、兴隆岭、华阳镇、老县城、城固等地，全程425千米。始于三国时期的傥骆道是蜀道中开通较晚的一条线路，也是秦岭中最短的一条通道，它在关中和汉中之间建立起了较为近便的通路。但是由于线路上大段地区干旱缺水，沿途人畜饮水补给受到制约，所以也被人们视为畏途。

（4）子午道

子午道之名得自其线路所穿越的子午谷。这条通道起源于秦代，历经两汉时

[①] 邱开杰编著：《刘邦传》，中国纺织出版社2022年版，第102页。

期的发展，逐渐繁荣起来，成为连接长安、汉中、安康和巴蜀的重要通道。根据东汉时期王升的《石门颂》记载，汉高祖在汉中崛起，这条道路便由此而得名。子午道自长安出发，南下经过社城村、子午谷、沣水河谷，到达关石，即子午关。然后，它继续南行，穿过池河支流旬河，途经高关场、江口镇等地，一路南下至石泉县。此后，它向北过子午镇，经过洋县、金水镇、龙亭等地，最后进入江汉平原，抵达汉中。子午道全程共520千米，由于河流较短，河道沿岸又常有岩石崩塌，所以也不受民商青睐。但即便如此，历史上的子午道还是屡屡为军事上的出奇制胜提供了条件。秦末，刘邦借子午道入汉中，北定三秦就是其中一例。此外，作为荔枝道的北段，子午道也成了天宝年间那段唐朝皇家轶事的组成部分。

（5）荔枝道

《舆地纪胜》中的一段描述记录了蜀道中的荔枝道上曾经的情景："当时以马驰载，七日七夜至京，人马毙于路者甚众。"[①] 这是一条始建于唐天宝年间的神秘通道，其主要使命是将四川的鲜美荔枝运输至长安。这条通道的起点位于重庆市涪陵区的妃子园，随后经过垫江、梁平、大竹、达县、平昌等地，一路延伸至万源市。此后，路线转向通江县的龙凤乡、洪口乡等地，继续前行经过镇巴县，最终抵达西乡县的子午镇。子午镇向北，便是通往长安的子午道。荔枝道穿越了四川境内的众多地方，将鲜美可口的荔枝从南至北一路运送，满足了长安城人对四川荔枝的渴望。荔枝道全程1000多千米，至今还有不少保存较好的路段，散落其间的拦马墙和饮马槽等古遗存似在讲述当年"一骑红尘妃子笑，无人知是荔枝来"的故事。

（6）米仓道

米仓山是大巴山山脉的一段，横亘于汉中与巴蜀之间，山高路险，是蜀道南段上的畏途。米仓道正是因为米仓山而得名。米仓道北起汉中，南行沿冷水河谷而上，翻越米仓山之后顺嘉陵江支流难江河谷至巴中，之后沿巴河、渠江南下，经渠县、合川而至重庆。号称可"上至秦陇，下达苍阆"[②] 的米仓道在古蜀道中的战略地位颇高，重要性仅次于金牛道，历史上许多著名的战事皆发生于此，宋末蒙古军入蜀也是经由此道。米仓道位于蜀道南段三条干道的正中，其东面为荔枝道，西面为金牛道。历史上经此道去往关中地区的商民不仅有川中的茶马商队，还有一些川东的居民。米仓道沿线古遗存有很多都保留至今，尤以其支线所经过并与金牛道相连的阆中古城为最。

---

① [宋]王象之：《舆地纪胜》，浙江古籍出版社2012年版，第3064页。
② 丁援、宋奕：《中国文化线路遗产》，东方出版中心2015年版，第7页。

(7) 金牛道

金牛道，又名剑阁道或剑门蜀道，是蜀道中历史最为悠久、地位至关重要的一条道。这条道路始于战国时期，北端与褒斜道相接，成为关中入蜀的主要通道，具备极高的军事价值。金牛道直接沿嘉陵江修建栈道，穿越大小剑山的天险，相比其他路线，其便捷性使得它成为历朝历代的官方驿道。全程约600千米，起点在陕西汉中南郑，终点在成都金牛坝。特别是广元段，穿越剑门关天险，这是金牛道最具代表性的蜀道段落，这里保留了大量的古代遗存，已入选中国世界文化遗产预备名单。

金牛道作为蜀道中使用时间最长的驿路线路已有逾两千年的历史，其间经历了数次改道，在区域间交流与国家集权治理中扮演了尤为重要的角色。考古发现，在商周时期金牛道建成之前，川陕之间的民间交流主要通过一些民间开凿的小道进行。在西周初年才以嘉陵江为依托形成固定的通道。这条时称"周道"的民间通道北起陈仓，南至朝天，是连通蜀地与关中的要道，为后来修建的官道与驿道提供了基础。战国末年，秦国为了扩张疆域，在开辟入蜀道路的时候利用原有的民间道路以栈道的形式修建了金牛道。秦国完成统一大业之后，连通镐京和成都的官方驿路金牛道随即成为辐射全国的交通系统中的重要组成部分。西汉初年，"五里设一邮、十里设一亭、三十里设一驿"的官驿格局初步形成。

至东汉末年，蜀汉与中原的曹魏持续交战，金牛道作为战略要冲的地位更加凸显。蜀汉丞相诸葛亮在剑门关区域架设栈道，层层设防，保证了军政信息与军用补给的流通，也使剑门关成为扼守蜀中的要塞。兴建的邮亭、驿馆日渐形成"四十里一驿、二十里一铺、十里一亭"的布局。而到魏晋南北朝时期，随着栈道建筑修建技术的日臻完善，金牛道一线已超越其他绕行线路，成为这一区域内最主要的入蜀之路了。隋唐时期，邮驿制度得到进一步发展，朝廷兴建的驿道、设置的驿亭遍布全国，其管理制度也日渐完善。与此同时，国家还在具有突出军事意义的道路上设置戍、镇、关等机构，并派军队驻守。此时，蜀道作为长安入蜀的官方驿道已经在全国的政治经济中占据了十分重要的地位，跻身长安辐射全国的七大驿道之列。"栈道千里、通于蜀汉"的盛景就是在这个时期形成的。

两宋时期，蜀道的设施建设以及沿线地方官吏的考核管理得到朝廷的重视。即使在南宋战乱时，蜀道上的茶马贸易也得以维持。朝廷对具有重要战略意义的金牛道以及嘉陵云栈与水道进行了大修，包括朝天境内的明月峡、三滩峡、大滩观音阁等在内共计8 920处桥阁也得到了维修。蜀道上形成每二十五里一铺的格局，铺站设有驻兵把守，其设施之精良一时无两。到了元朝，政府面对空前广阔的疆域更加强了道路系统的建设与管理。朝廷放弃了金牛道在南宋末年战乱中损毁的嘉陵云栈段的木栈道，而采用石路栈道的形式修建了通行能力大增的由七盘关入蜀的栈道。此外，驿道沿线的行政管理机构建设也得到了国家的重视。随着古道的拓宽及沿线经济的复苏，古蜀道在元朝逐渐恢复了昔日繁荣的景象。

时至明朝，相对稳定的社会政治环境使得蜀道修治进入了新的繁荣时期。金牛道由剑门关入蜀的道路在明末因战乱而废止，改道绕经阆中至成都。由于绕行距离较远，经剑门关入蜀的旧道在清朝康熙年间得以修整恢复，一直沿用至民国时期。至20世纪初，以步行为主的石板驿路已无法满足社会发展的要求。国民政府于1937年修建的川陕公路因为利用旧有的蜀道系统，拆改和损毁了大量古路段和驿铺。蜀道作为秦蜀两地之间"国道"的历史也随之终结。

蜀道的金牛道广元段虽是整个蜀道系统中的一小部分，但被认为是其中最为典型而且现有遗存最为密集的一个区段，突出反映了作为文化线路的蜀道在跨地区文化交流中所扮演的角色。同时，金牛道广元段由于在整个蜀道系统中活跃时间较长，历史上多次战乱导致的起伏兴衰和近现代科技发展以及当下旅游业发展影响下角色的变化，都呈现了一条重要的文化线路在空间与时间维度上的动态变化。

（二）驿路资源

古代的驿路是网络相互连接的道路系统，通常用于传递重要的政府文书、信函和物资。这些驿路沿途设有驿站，为行人提供换马、休息和补给的服务。驿站的设置使得长途旅行更为便捷，也为政府和商业的信息交流提供了重要的基础条件。渡口、桥梁是驿路上重要的交通节点，方便跨越水域，连接不同地域。古老的驿路沿袭至今，已成为历史留下的痕迹，沿途的古树更是见证了岁月的变迁，为驿路增添了独特的风采。这些驿路资源不仅构成了交通体系的一部分，也承载了丰富的历史文化和人类文明。

1. 道路

蜀道作为古驿道系统，其道路本体是最核心的文化遗存。金牛道广元段的道路遗存主要集中于明月峡段、大滩路段、三滩沟至清风峡段、桔柏渡至七曲山大庙段及阆剑道的部分段落，线路穿越了6个市县，道路遗存全长约200千米。现有道路遗存大部分为明清石板栈道，而战国至唐宋时期的木栈栈孔遗存则主要分布在线路北段沿嘉陵江岸及剑门关的部分路段上。路面保存状况良好，具有典型性的路段分别为明月峡路段、剑阁栈道路段以及石洞沟与柳池沟路段。其中明月峡路段现存有开凿于战国时期的栈孔400余眼。这些开凿架设在嘉陵江东岸绝壁上的栈道一般分为上下两层，第一层为雨棚层，第二层为行道层，再下为支撑柱。剑阁栈道位于距剑门镇西约 8000 米处的小剑山至汉源坡的山谷之中，相传为诸葛亮北伐中原时所建，全长约 15 千米。石洞沟与柳池沟段路面宽窄和坡度变化较多，道路内护险碥与门槛石等设施多有留存。以上各路段保存较好，驿路上除了石板铺设的路面遗存之外，还保存有数量众多的其他古驿路设施，如桥梁、拦马墙、拴马石以及石质桌椅、磨碾等。

2. 铺驿

驿站是蜀道上的重要节点，承载着各种公务文书的传递功能，同时还承担过往公务人员的食宿、马匹喂养与行李托运等任务，因此扮演着邮政所与物流中转的角色。金牛道上的大朝驿是蜀道驿站遗存中的一个典型，是我国古驿道、古驿站及三国遗址景观最丰富、保存最完整的景点之一。大朝驿始设于秦汉时期，与剑门驿、昭化驿相连，南通剑门关，北接天雄关，是古人经金牛道出川入蜀的必经之路，至今已两千多年，比古罗马大道还要久远，可与丝绸之路相媲美。南朝梁时，为纪念南朝高僧游历社坛而建达摩寺，驿站因而改称"达摩戍驿"，后因古驿道上古柏参天，又取谐音称"大木树"。

清康熙二十九年（1690 年）设"铺"，康熙五十五年（1716 年）设驿站。大朝驿中建有公馆、马王庙、戏楼等设施，其中部分毁于 20 世纪 70 年代。现存有客栈一间，为单进院落，两层木构穿斗式建筑。古蜀道上曾按"五里一铺，十里一驿"的规制设置供往来商客歇脚休息的场所，遗址位于元坝区大朝乡的上新铺即为蜀道上"铺"之一例。上新铺为秦汉三国时期的古驿道遗存，该遗址现在已被开垦为耕地，但即便如此，地表上可见的一些残存的陶片瓦当仍能透露出三国蜀道的历史文化信息。汶川地震后，大朝驿经过恢复重建，成为一座集餐饮、住宿、会议、娱乐、休闲于一体的综合性公馆，并建有邮驿博物馆，以展示古驿道的辉煌历史。

3. 渡口

嘉陵江为长江支流，发源于秦岭山麓，经广元市九井驿入蜀，再由昭化经阆中，最后至重庆汇入长江，全长 1 119 千米。嘉陵江自古即秦蜀间交通的重要通道，在蜀道系统中扮演极为重要的角色。蜀道中金牛道北段循嘉陵江而行，直至昭化。在这段区间中共有两座渡口，即利州南渡与桔柏渡。利州南渡与桔柏渡均是蜀道中具有极重要地位的渡口，前者是入蜀后的第一个渡口，而位于昭化古城东面的桔柏渡也因为其特殊的地理位置成为蜀道要冲，旧时此处为去往成都道路上的水陆换乘点，而金牛道行至此处也必须通过桔柏渡过江后才可继续前行。

4. 桥梁

由于傍水而行，金牛道广元段留下的物质遗存中有古桥数十座，多为明清时期修建或复建的桥梁，主要分布于元坝区、剑阁县及梓潼县。这些桥梁主要为石桥，其中保留较好的部分仍在使用中。这些石桥中较具有代表性的有剑溪桥、铁闩子桥、石塔垭桥、清凉桥、武功桥等。其中建于明弘治年间的剑溪桥位于剑门镇北约5000米处。据《剑州志》记载："剑溪桥在剑门关外跨大剑溪，明弘治中利州（广元）指挥彭山建。"剑溪桥为石结构三孔拱桥，东西走向，东、中、西三孔跨度分别为5.3米、5.8米和5.2米，孔高3.4米，为三铰拱。桥面为石板铺砌，桥西立有明正德年间剑州知州李璧所题《过剑溪桥》诗碑。位于凉山乡清凉村南的清凉桥古名"平济桥"，现有桥体属清代遗构，《碑记》讲述了此桥的历史："始建于蜀汉建兴五年…崇祯十三年坏，康熙二十三年修复……"因为人们盛夏行到此桥时皆能感到清风徐徐、凉爽宜人，因此后来渐将此桥唤作"清凉桥"。

5. 古树

驿路沿线的逾万株古树年代久远，主要分布在元坝区、剑阁县及梓潼县境内，多为三国与宋明时期种植的古树，构成了自然与人类活动共同塑造的文化景观。沿线古树树种以柏树为主，始于秦始皇时期的"皇柏"种植主要集中在从葭萌（昭化）至梓潼七曲山的100千米驿道之上，经历2000多年的风雨变迁，形成中国乃至世界迄今最为壮观的一条人工柏道，该条柏道后来又在宋朝时期延伸到了整个蜀道，向北由葭萌扩展到广元，向南则扩展到成都。明朝正德年间，剑州知州李璧后来又对剑门柏道进行了大规模整治与补植，柏道一时间展现出"三百里程十万树"的景象。在150多千米长的剑门古驿道旁生长的10万余棵柏树以剑阁为中心，西至梓潼，北及昭化，南下阆中，被人们称为"翠云廊"。据统计，广元地区元坝区与剑阁县境内现存的古柏共计7 700余株，其中植株最高的可达近30米，胸径多在80厘米以上，最古老的树龄已达1 300年。其中古柏集中的翠云廊一段有古柏240余株，树高平均在20米以上。

（三）古城资源

蜀道金牛道广元段沿途的古城是宝贵的文化遗产，其中昭化古城、剑阁古城和阆中古城彰显着蜀道历史的丰富与特色。昭化古城作为历史悠久的驿站，承载了丰富的历史印记，其古老的街巷、古建筑群等遗迹，见证了岁月的沧桑。剑阁古城以其雄伟的城防建筑和悠久的历史底蕴而闻名，曾是古代军事要塞，如今成为具有悠久历史沉淀的风景区。阆中古城以其独特的地理位置和悠久的历史而备受瞩目，城内古老的街道、古迹和文化景观传承着丰富的历史内涵。这些古城的存在不仅为游客提供了探寻历史文化的途径，同时也是对蜀道历史传承的生动见证，彰显了这一地区丰富多彩的人文风貌。

1. 昭化古城

昭化古城是四川境内地理位置最北的一座古城（见图2-29），位于广元市昭化区昭化镇，白龙江、嘉陵江和清江的交汇处。以昭化古城为界的金牛道北段曾数次改道，但是均在昭化渡江继续前进。这座四面环山、三面临水的古城山清水秀、人杰地灵。兼取南北方气候之长的昭化古城"北枕秦陇，西凭剑关，全蜀咽喉，川北锁钥，虽信弹丸之城，而有金汤之固也"①，有超过2 400年的历史。拥有特殊地理位置的昭化古城不仅是历史上的交通枢纽，也是兵家必争的战略要地，今天也成了国内保存最为完好的唯一一座三国古城，原为土城，现存城池为明代天顺年间（1457—1464年）用石包筑。

图2-29 昭化古城

昭化古城一带原是巴族苴人世居之地。公元前368年，古蜀国王杜尚（开明氏九世）征服苴人之后将苴地分封给其弟葭萌，因此昭化古城又被称为"葭萌邑"。公元前316年，秦蜀之战在葭萌邑展开，蜀败之后巴蜀连同其附庸国一并被秦吞并，秦人在此设葭萌县。公元211年，益州牧刘璋邀刘备入蜀，在葭萌驻防，公元217年，刘备改葭萌为汉寿县，取意"汉祚永寿"，寄托其复兴汉室之愿，为蜀魏间交通、军事要冲。诸葛亮六出祁山、姜维九伐中原，皆以此地为转运中心，蜀汉大将军费祎曾坐镇于此，开设丞相府。此后屡次易名，至公元972年，赵匡

---

① 中国地方志集成编委会：《中国地方志集成：四川府县志辑》，巴蜀书社2017年版，第305页。

胤以"昭示皇恩，以化万民"之意，赐名为昭化县，该名称一直沿用至今。

昭化古城坐北朝南，三面环水，城郭近似正方，现存建筑多为明清时期所建，曾被同济大学阮仪三教授评价为："八字门头，立架垂拱，青石柱础，木柱玄栋；三面围廊，门扉窗棂，雕琢精良，图饰古朴，有商贾豪宅，存历史故事风情。"[①] 古城建筑群布局讲究，现存的东、西、南、北四街皆由青石板铺成，沿街保留有大量明清商铺与民居，房屋建筑古朴整齐，多为木结构。庭院内多有精致的装饰图案，尽显古朴的川北风格。

昭化古城现为国家级历史文化名镇，除石板街、古城门、龙门书院、昭化考棚、昭化文庙、怡心园、益合堂、鲍三娘墓、费祎墓等遗址之外，这里还拥有丰富的非物质文化遗产。除了反映地方民风的各类庙会，如川主庙会、城隍会、娘娘会等，民间传说故事和传统民歌也尤为丰富。

（1）石板街

昭化古城内的街巷格局保存完整，呈鱼骨状纵横交错排列，以利防御，街道一侧设有排水沟。古街包括西街、东门外石街、太守街、吐费街、县衙街、衙门巷等，街面皆用青石板铺成，采用五横二竖的铺砌方式，呈两边低中间高的瓦背型，中间为引路，代表着严格的礼仪等级制，为明代遗存。西街长203.5米，宽5.2米；东门外石街长126.5米，宽4.5米；太守街长271米，宽4.3米；吐费街长192米，宽5.1米；县衙街长160米，宽5米；衙门巷长71.5米，宽3.4米。这些传统石板街的总长达1 025米。

（2）昭化古城门

昭化古城原为土城，于明朝天顺年间（1457—1464年）在土城的基础上包筑以石。古城墙长约1 460米，高10米，厚4米，四面筑有条石砌卷的城门楼。东、西、北三面分别为瞻凤门、临清门和拱极门，结构保存尚好，而南门（临江门）则已被洪水冲毁，另外西、北二门为军事防御考虑，并不设在正中位置，而是处在城墙转折角部。清乾隆三十一年（1766年）修复的城墙周长约1 606米，高5米，外围砌石并将东、西二门改为迎凤门与临川门，后又于嘉庆十年（1805年）重修。

（3）龙门书院、昭化考棚与昭化文庙

龙门书院、昭化考棚与文庙是昭化古城历史文脉上散发墨香的重要节点。龙门书院位于城内西街之上，始建于清乾隆三年（1738年），原为储藏银两的仓库，乾隆二十二年（1757年）改建为"临江书院"，嘉庆二十二年（1817年）更名为"葱岭书院"，因葱岭位于县南龙门山，故称"龙门书院"，现已改建为昭化韩城博物

---

① 丁援、宋奕：《中国文化线路遗产》，东方出版中心2015年版，第12页。

馆，主要展示昭化附近出土的陶器、青铜器。书院坐北朝南，为二进院落，左右各有小院。除第二进院落被改建丧失原貌外，其余大部分仍保留了原有格局。书院大门采用砖木结构，面阔三间，为硬山顶式，中厅与左右厢房皆面阔三间，采用穿斗式梁架，厢房为悬山顶。院中天井后有一座长方形凉亭，卷棚顶，抬梁式梁架，梁上留存有清末题记。院内正厅面阔三间，为悬山顶式建筑。

昭化考棚为清末建筑遗存，设于龙山书院。建筑坐北朝南，面阔三间，始建于清同治十三年（1874年），棚内设置30间号舍，内有桌凳322套，主要供昭化及邻县的考生考试。考棚内设有听事房（即值班房）、管房（监考人员休息场所）、考舍（考试用房）、照房（档案室）、大堂（主考官办公场所）、致公堂（阅卷室）等。由于考棚损毁严重，于2008年进行修复。位于考棚西侧的昭化文庙为明代建筑，经过历代风雨之后大部分建筑被损毁，现仅存大成殿。大成殿面阔三间，为抬梁结构，歇山顶式，是昭化现存历史建筑中唯一的歇山顶建筑，榫卯咬接清晰，斗拱结构保存完好。殿内塑有孔子及四弟子像，整体建筑于2008年进行修复。

（4）怡心园与益合堂

作为昭化古城内古民居院落代表的怡心园与益合堂均为清代建筑。怡心园位于昭化镇太守街12号，太守街与县衙街相交处，为清代陕西商人修建。怡心园为坐南朝北的二进四合院，重檐悬山顶，面阔三间，砖构山墙突出，沿街立面用来支撑下部檐口，并且分隔了两旁的商铺，门前空间开敞，穿过抬梁穿斗混合式梁架的中厅有卷棚顶长廊通向正厅。中厅俗称"旱船天井"，其左侧现存有清光绪年间石质鱼缸一个，左右厢房上建有阁楼。面阔三间的正厅门枋上原有"养心斋"三个大字，大门现已被损毁。正厅两侧建有耳楼，楼上再建阁楼。

益合堂位于昭化古城东门外的坡地之上，为典型依山而建的台阶式三进四合院，原为昭化四大旺族王家的祖业。由于距桔柏渡较近，曾被王家用于酿酒作坊和存放水运货物中转之用，后在民国时期被杨姓商人租用作药铺，得名益合堂。益合堂坐西北朝东南，与翼山走向一致，三进院落依山势而逐层抬高，时亮时暗，布局巧妙高朗，风格朴实，是四川保存极少的古代客栈建筑珍品。院门面阔三间，进深二间，为重檐悬山顶式，穿斗式梁架，檐下瓜柱雕琢细致；前厅面阔一间，进深三间，也为悬山顶式与穿斗式梁架；中厅面阔三间，悬山顶，为抬梁穿斗混合式梁架。益合堂正厅为两层，面阔三间，悬山顶，楼带走廊，栏杆扶梯上均有雕鲍三娘墓刻花卉装饰。

（5）鲍三娘墓与费祎墓

鲍三娘墓与费祎墓是昭化古城三国文化的代表性遗存。鲍三娘墓位于昭化镇曲回村西北100米外，碑文记载为"汉将军索妻鲍夫人之墓"。相传鲍三娘是鲍家庄鲍员外的小女儿，自幼聪颖，后嫁关羽之子关索并得关羽亲传武艺。荆州失守后，鲍三娘与关索一同投奔蜀汉，并随诸葛亮镇守南中要地。鲍三娘墓面积约400平方米，封土呈长方形，长21米，宽19米，高4米。鲍三娘墓曾于1914年被法国考古学家谢阁兰（Segalen）等人盗掘过。

费祎墓位于昭化镇城关村东250米。碑文上题"蜀汉大将军录尚书事成乡敬侯费祎之墓"。费祎是三国时蜀汉名臣，与诸葛亮、蒋琬、董允并称为蜀汉四相，曾是诸葛亮出师前为刘禅推荐的贤臣之一。诸葛亮、蒋琬去世后，费祎以大将军领尚书事，开府汉寿（昭化古城），主持蜀汉朝政，实行休养生息政策。费祎死后葬于昭化西门外，其墓历代皆有培修，尤自明代以来规模更加宏大，墓地四周有围墙、神道、牌坊、碑亭、费公祠、草堂等。墓向南，封土呈长方形，长10米，宽3米，高2.3米。现存遗迹为清光绪三十三年（1907年）重修。尚存墓碑两块，一题"汉尚书令费公敬侯墓"，另一题"蜀汉大将军录尚书事成乡敬侯费祎之墓"。

2. 剑阁古城

剑阁古城（见图2-30）位于剑阁县中北部汉阳山下，古城始建于南朝宋孝武帝大明（457—464年）中期，是剑门蜀道上重要的交通枢纽，也是剑阁县的政治、经济、文化中心。现存的剑阁古城建于明成化十年（1474年），城墙呈桃形环绕全城，原周长1 852米，现存仅300余米。古城原有城门6座，现仅存南门"化成门"与西南门"鹤鸣门"。城内现存众多遗址，包括南城门、箭楼、古城墙、钟鼓楼、火神庙、二贤祠、兼山书院、剑州文庙等，古城已被列为四川省历史文化名城。

图2-30　剑阁古城

（1）剑阁钟鼓楼古建筑群

剑阁钟鼓楼古建筑群位于剑阁县城南门一带，以钟鼓楼为中心，包括火神庙、古城墙、南城门、箭楼及附近街巷。该建筑群为明、清及民国时期修建的古建筑群，现在基本保持原有风貌。钟鼓楼为古城的中心，始建于明正德十四年（1519年），为当时的剑州知州李璧所建，后毁于明末火灾。现存建筑为1925年在原址重建，是川北地区保存较好、唯一的过街楼式明代钟鼓楼，占地面积115.2平方米，面阔三间，为重檐歇山顶抬梁式梁架结构。楼分三层一底，通高15.9米，顶层高3.5米，二、三层均高3.6米，四周安装雕花镂空带格门窗。底层高5.2米，原有明代遗留的8根方形石台柱，现仍存有7根（一根被木柱代替），均高6.8米，径0.75米。另有8根12米长圆柱纵横排列，加设木抬梁，托起三层四角飞檐楼阁式建筑。底层无墙体，四通八达，屋顶覆盖筒形灰瓦，屋脊有瑞兽、浮雕等装饰，翘角凌空，颇为壮观。整个建筑气势雄伟、气派不凡。

火神庙位于钟鼓楼北面，始建于明代，现有建筑为清同治八年（1869年）重修。火神庙整体建筑坐北朝南，为四合院布局，总占地面积为317平方米。火神庙内部由前殿、正殿与左右厢房组成，前殿为二层式，面阔四间，进深三间，为重檐歇山顶，抬梁式梁架结构。正殿面阔三间，进深二间，为悬山顶，抬梁式梁架结构。左右厢房各面阔三间，进深二间。庙内现存刻有修建题记的石碑一通。

剑阁南城门又名"化成门"，建筑为拱形顶，条石垒砌。城门宽3.4米，高3.5米，进深7.1米，左右各有浮雕刻花石柱。城门内尚存有两扇铁皮鼓钉大门，可以启闭。城门匾额上题有"秀杰阆苑"四字，秀丽端庄；两侧面柱上刻有"野鹿衔花"和"吉祥如意"两组浮雕纹，精美别致。城门上的箭楼面阔三间，宽10米，进深三间，高二层，为重檐歇山顶结构，小清灰瓦屋面，始建于明代，后经多次维修，现为茶馆，供游客休息。

剑阁古城墙始建于刘宋时期，唐代已具规模，明代时经历3次拓修与整修。现存古城墙为明代剑州知州李璧所建，现存残体仅350米，高4米，底宽4.2米。古城墙外部为条石砌成，中间为夯土层，内部为青砖镶砌，城墙上端尚存城垛。

（2）二贤祠、兼山书院与剑州文庙

从钟鼓楼北行200余米即为著名的二贤祠。二贤祠始建于明末，重建于清末，是为纪念剑州两位为官清廉的知州所建。他们是明正德年间（1506—1521年）的知州李璧与明万历年间（1573—1620年）的知州杨如震。二贤祠始建于明万历八年（1580年），原址在城西龙王庙，明末毁于战火，清同治年间（1862—1874年）

修复，但旋即在光绪十年（1884年）毁于大火，次年迁建于现址，在光绪十三年（1887年）完成复建。二贤祠坐北朝南，占地面积448平方米。四合院布局，前殿已遭拆毁，现仅存左右两厢房与正殿。左右厢房面阔均为三间，而进深上左厢房为三间，右厢房则为二间。正殿面阔五间，进深三间，为悬山顶，抬梁式梁架建筑。二贤铜像现保存在县文物管理所。

兼山书院位于州署东北，以南宋礼部尚书黄裳（剑阁人）的号"兼山"为名，原址在城南，建于元至顺三年（1332年）。明正德十四年（1519年），剑州知州李璧将其改建于州城东，以广文教，后毁于明末战火。清雍正五年（1727年），知州李梅宾于州学前重建兼山书院。道光十六年（1836年），知州张嗣居迁建于州城小东门内（今剑阁县成人教育中心）。书院建筑坐北朝南，占地1118平方米，现仅存正堂和厢房。正堂面阔17.9米，进深三间，为悬山顶，抬梁式梁架结构。左右厢房均面阔六间，进深三间。

剑州文庙位于剑阁中学校园内，原址为唐天宝年间剑州刺史韦明宗所建东园，本名"闻溪"。始建于北宋庆历年间（1041—1048年），位于州署西侧，南宋淳熙六年（1179年），由知州张渊迁此，后经历代多次重修、扩建，于清雍正年间（1723—1735年）臻于完备。现尚存魁星楼、正殿及东西庑等建筑。现存的魁星楼为民国时期重建，屋面为双层单檐歇山顶，穿斗式结构，面阔九间。现存正殿乃明代建筑，为单檐歇山顶屋面，抬梁式梁架结构，面阔五间。东西庑为清代复建，均为单檐悬山顶屋面，穿斗式结构，各面阔五间。从2005年开始，剑阁中学对保存下来的建筑进行了历时一年的维修，恢复旧观。

3. 阆中古城

阆中古城（见图2-31）位于四川盆地北缘、嘉陵江中游，自古为巴蜀重镇，战国中期曾为巴国国都。公元前316年，秦国大将张若、司马错攻占阆中，灭掉巴国之后，秦惠王于公元前314年在此筑城设县，距今已有2300余年。最初的阆中建于今阆中市10千米外的白沙坝，后于汉初迁至现址。古城后经东汉时期的修缮和蜀汉张飞及北宋初年的多次扩建，虽然规模有所变化，但古城的位置基本未动。在绵延2000余年的历史之中，作为由秦入蜀的交通要道以及陕、甘、鄂、广等地的商品集散地，阆中以其险要的地形、便捷的交通、丰饶的物产等优势成为川北地区的政治、经济、文化中心，同时也是兵家必争之军事重镇。到了近现代，随着宝成铁路、公路的陆续修建开通，川北的主要交通路网西移，阆中逐渐被冷落。20世纪80年代以后，随着城市建设的新发展，被评为国家历史文化名城的阆中逐渐在古城保护与文化旅游产业开发之间探索出了新的道路。

图 2-31　阆中古城 – 中天楼

阆中古城人称"风水古城",原因在于其城市选址与建筑布局深合中国传统的风水理论。古城位于大巴山脉、剑门山脉与嘉陵江水系的汇合之处,四面环山,三方绕水,风水理论中所讲究的"龙""砂""水""穴"等要素在这里都得到了完美的体现。作为一座保存较好的按照唐代风水理论修建的古城,阆中古城与山西平遥、云南丽江和安徽歙县一道被称为保存最为完好的"中国四大古城",是四川现存最大的古城。阆中城区地面文物点有 200 余处,其中国家重点文物保护单位 4 处,省级文物保护单位 13 处,县级文物保护单位 100 余处,国家级、省级文物保护单位的数量均居四川省县级行政区之首。馆藏文物有 3 000 余件,其中国家级文物 2 000 余件。城内现存的历史遗迹包括纪念三国名将张飞的张桓侯祠、阆中文庙、川北道贡院以及伊斯兰教圣地巴巴寺等。

(1) 张桓侯祠

张桓侯祠又名"汉桓侯祠",俗称"张飞庙",是为纪念曾在阆中镇守的三国蜀汉名将张飞而建。坐北朝南,位于阆中古城区西街,建筑历史超过 1 700 年,在屡次为兵火所毁之后经历了数度重建。现存的张桓侯祠为明清时期重修的四合院式古建筑群,占地 10 余亩(约 6666.67 平方米),总建筑面积达 2 500 多平方米。张桓侯祠建筑群内主体建筑均沿中轴线南北向布局,沿线主要由山门、敌万楼、左右牌坊、大殿、后殿、墓亭以及张飞墓与墓后园林组成。建筑群整体布局严谨,各建筑造型别致。

山门为明代重建，四架椽屋，前有高2.5米石狮一对，龟跌双龙圭额碑两通，两侧各有9米长琉璃雕饰照壁，次间各有战马、马夫两组着彩泥塑。敌万楼，又称"怀忠楼"，建于明正德五年（1510年），意为称颂张飞可力敌万人。重檐歇山式琉璃瓦屋顶，檐下面阔、进深皆三开间，各9.8米，楼高22.5米。四根内柱直承上层屋檐，每根用4瓣镶成梅花方柱，瓣间以银锭榫卯合12根檐柱承托下层四面屋檐。上下檐施斗拱，沿华拱左右均插有云斗斜华拱，斜华拱毗邻相错，状如繁花。楼内有张飞部将及子孙像4尊，石香炉1个，两侧前后壁嵌装唐以来各时期石碑6通。大殿为清代重建，面阔五间，歇山式屋顶，殿中塑张飞文身像及侍从像3尊，内陈列张飞丈八蛇矛、点钢鞭（原祠中遗物）、祭礼鼓、铁钟、铁香炉。左右两侧壁嵌装张飞八分书碑以及清重建大殿功德碑等。左厢房陈列历代文物，右厢房为张飞主要业绩组像。张飞墓呈椭圆形，东西长18米，南北长32米，封土高出地面7米，外围全由条石砌筑。墓上奇花异草与参天古木相辉映，奇姿异态，异趣横生。墓前有一墓亭，为三重檐歇山式屋顶，内起一券拱，拱内置"汉桓侯张飞墓"碑，碑前有1.2米高的神台，台上原置明永乐二十年（1422年）高1.62米的铁铸张飞武身坐像1尊，墓亭下檐悬贴金"灵奥无边"匾额。墓后园林为清代及以后年份逐年复修，主要有花园、梅园、桃园及休闲用房等。此外祠内还陈列有武后铜钟等1 000余件历史文物，展示了阆中古城数千年的厚重文化积淀。

（2）川北道贡院

川北道贡院与阆中文庙是阆中古城中展现古代科举文化的重要历史遗存，也是阆中古城科举文化街区规划中的重要组成部分。川北道贡院俗称"阆中清代考棚"，也称"阆中贡院""四川贡院"，位于阆中古城学道街中部北侧，为南北向三进四合院式，穿斗木结构，房舍整齐规矩，高出街坊民居一头。主体分为前后院落，现存的前院为考试场所，即考棚。后院多为斋舍，主要供考官休憩之用，已在中华人民共和国成立后拆毁。前院为长方形四合院建筑，院中有十字形甬道连通东西南北。整个考棚临学道街的一侧是一长排平房，平房中间为考生进入考棚的入口，俗称"龙门"。院内建筑多为清代遗存，多采取穿斗式木结构，包括考舍、监临、致公堂等。川北道贡院虽在民国初年改办川北师范学校，但仍维持原样，是目前全国唯一能看到历史全貌的古代乡试贡院，也是保存最为完好的一处高等级科举考试场，已建成科举博物馆。

（3）阆中文庙

阆中文庙位于火药局街3号，坐南朝北，为典型的四合院式建筑。文庙始建于宋，几经变迁，于清咸丰元年（1851年）迁建于此。文庙曾一度仅存盖琉璃瓦之大成殿。该殿面阔五间，进深三间，建筑面积226平方米。殿内空间开敞，建筑构件雕刻精美。地方政府在2012年对阆中文庙进行了大规模修复，于2013年底基本完工，其主体建筑按川北明清风格复建，整个建筑群包括照壁、棂星门、戟门、大成殿、圣迹殿、泮池、杏坛、东西庑、亭廊、崇圣殿等建筑。其中东庑主要展现了孔子的生平事迹与成就，而西庑则由国学馆、县学馆及乡贤祠组成，主要展现中国科举文化制度以及阆中本地的科举文化史与相关名人。

（4）巴巴寺与观音寺

历史上的蜀道是一条让多种外来宗教得以传播并汇聚的文化线路，阆中古城的巴巴寺与观音寺即这一文化现象的突出体现。"巴巴"是阿拉伯语"祖先"或"祖师"的意思。巴巴寺又名"久照亭"，位于阆中市城区东郊的蟠龙山南麓，为伊斯兰教嘎德耶教门第一位来我国传教的祖师华哲·阿卜董拉希（又称"西来上人"，为伊斯兰教教主穆罕默德29世孙）的墓地。作为伊斯兰教嘎德耶教门穆斯林的圣地，巴巴寺不仅是伊斯兰教由蜀道传入四川的重要实物例证，也是伊斯兰教建筑艺术及其特色砖雕艺术在蜀道上大放光彩的一颗明珠。从甘肃、陕西来到阆中传教的阿卜董拉希曾定居在古城东门北侧的铁塔寺。清康熙二十八年（1689年）三月阿卜董拉希去世后，次年，其弟子便在他生前所卜之处建造"拱北"（墓亭）并命名为"久照亭"，俗称"巴巴寺"。后经教民规定，由河州、汉中等地派阿訇轮流守护，迄今已历300余年。每逢开斋节、古尔邦节和圣纪节，常有川、陕、甘、青、宁等地的穆斯林前来朝拜。巴巴寺占地13 000平方米，建筑面积1 800平方米，整个建筑巧借地势、随势曲折，远望好似盘龙，由山门（久照亭）、照壁、牌坊、大殿、潜花厅等组成。

巴巴寺山门前为一片墓林，环境清幽，前方小径尽端有一四柱三间牌坊，重檐歇山顶，斗拱繁复，砖雕图案栩栩如生。山门为歇山式顶、木石结构门亭，上书"久照亭"，还有"真一还真"的镏金门额。山门左侧有一乾隆年间（1736—1795年）砖雕水磨照壁，长10米，高8米，全用特制的方砖、侧砖砌成。照壁设须弥座，五脊顶，飞椽镂空，工艺精美。壁顶为斗拱楼阁式装饰，一派巍峨端庄的气势。照壁正面镂空雕刻写意阆苑山水，背面为古松劲竹，配以花卉，分别取样于唐代张藻和明代唐寅之画，灵活运用浮雕、圆雕、镂空雕等技法，线条流转自如、细腻隽美，极富立体感。

大殿是巴巴寺的中心建筑，高大雄伟，屋顶为三重檐盔状攒尖顶，结构复杂、造型独特，屋顶呈四方形，而室内藻井则为八边形，极为罕见。大殿庄严肃穆，分内、外二室。外室锦帘垂掩，匾额高悬，西南角为阿卜董拉希弟子马慎一之墓，并用锦缎包裹，他曾为师守墓二十余载。内室即墓室，为穹顶式建筑，上悬金匾两道，其一为宗人府右宗正多罗手书"清修"匾额，上饰龙吻金印，内室中还安放一宝鼎形镂空活动香炉，高2尺（约66.67厘米）多，石质细腻，雕刻精细。殿前为一木牌坊，为三间四柱三楼式，雕刻精湛、气派巍然，为道光二十年（1840年）立，历经汶川大地震仍完好无损。殿后为"潜花厅"，厅如其名，遍植名贵花卉，其中有一株大山茶树，树龄已逾200年，颇引人注目。此外，花厅内还陈放颇多古代碑匾和名家书画，其中两块刻于乾隆年间的石碑，记述了阿卜董拉希及其弟子祁静一的生平。书画中包含明代吕纪的大幅花鸟、蓝瑛的山水，清代郑板桥的四幅墨竹、赵敬亭仿意大利画家郎世宁的《八骏图》等珍品。巴巴寺历经300余年风雨，仍完好无损，并以其清幽雅秀、小巧奇绝、精工富丽的建筑艺术，吸引着八方游客。

阆中观音寺位于市区公园路东端，为明初建筑，其前身为唐代名刹开元寺。明弘治四年（1491年），寿王祐封藩保宁，在西城修建王府，将明初建成的观音寺拆迁重建到当时遭毁的开元寺旧址，观音寺便取代开元寺成为四川一带最大的一座佛教寺院。然而在漫长历史中，观音寺的部分遗存相继遭到损毁，其中藏经楼在民国时期毁于大火，而相传镇寺的两尊大头坐铜佛像也于"文革"后时期被毁于桓侯祠。现在，观音寺内的主要建筑遗存包括天王殿、罗汉殿、大雄殿和松花井。天王殿、罗汉殿、大雄殿均为歇山式屋顶，斗拱建造，大雄殿为双檐殿，面阔五间，长20.85米，进深16.4米，用料粗大，气势古朴庄严。松花井开凿于唐武德四年（621年），是开元寺及观音寺历代僧人的取水场所，造型美观，水源丰裕，又有"八角镜"之美称。

（5）阆中古民居

阆中古民居大多为明清建筑，在建筑风格上南北兼容，既有北方的四合院风格，又有南方的园林式风格，此外也不乏徽派民居风格，可分为"多"（多子多福）字、"品"（官高一品）字、长方形（长命富贵）或"串珠"（珠玉满堂）等布局形式。特别是"多"字形布局，为全国罕见。这些风格迥异的建筑在居民内和谐相处、相得益彰，为古城营造出浑厚而又神秘的文化氛围。古民居建筑部件装饰技艺也颇为精良，玲珑剔透、变化万千的雕饰镂刻是阆中古建筑的主要特征之一。房屋上的悬挑、吊檐、檐头、门窗、门楣等大多有雕饰，尤以四合院中千奇百怪的镂空花窗最具特色。阆中花窗灵活运用浮雕、镂空、圆雕、多层雕等多种技法，采用数百种题材花样，如奇花异草、珍禽异兽、琴棋书画、福禄寿喜等。在这些变化多端的镂空花窗点缀之下，阆中的古民居更显敞亮、剔透。古城内现存格局风貌较完好且具有代表性的院落尚有40余座，其中包括南街的秦家大院，武庙街的李家桂花大院、田家大院，笔向街的马家大院、蒲家大院、李家绣楼，白花庵街的孔家大院、殷家大院、郑家大院，屏江街独立的3套孔家大院，下新街的杜家客栈大院、水码头大院，左营街的张家大院，寿山街的谢家大院，铁五显街的李家长房子，田家巷的2套李家大院，管星街的何家窨子房，马王庙街的刘家大院，机房街的吴家大院，万寿宫巷的朱家大院、蒋家大院，学道街的黎家大院、赵家大院、胡家茶园等。

秦家大院位于阆中古城南街西侧67号，始建于清初，占地2 684平方米，建筑面积1 300多平方米，是一座有30多间房屋的串珠式三进四合院。大院由王姓人家始建于清初，清后期售予从甘肃天水迁居阆中的秦氏商人。1935年，红四方面军总政治部曾设在此，徐向前曾在此指挥红军渡江作战，1949年又成为保宁镇政府办公场所，故至今保存完整。该院系穿斗抬梁结构，悬山屋顶，青瓦屋面，房间沿中轴线排列，结构严谨、布局合理。入口门廊紧邻街道，门前有一造型特别的长方形门枕石，过入口门廊为长方形敞院，铺有块石，周围檐廊较宽，大雨倾盆仍可在其间自由穿行。进二门经过厅，前院正中是堂屋和厅房，此为祭祀祖先、招待贵客和长辈居住的地方，高于其他房屋，体现了长幼有序的传统观念。堂屋有门通向厅房，厅房位于中天井与后天井之间，俗称"旱船"，是接待客人、洽谈生意之处。南侧小天井，设花厅照壁、书房，幽静自然，别有洞天。秦家大院木雕遍布各处，寓意吉祥，其中门窗花格尤为精美，且保存完好。该院2003年5月完成修复后对外开放。

马家大院位于阆中的笔向街43号，相传为清初广东富商所建，清末由马氏家族购得。大院外观为矩形，穿斗式木构架，整体布局清新明快。从侧门进入院中，大井之间有对庭连接，是宴请宾客、亲友聚会的场所，十分气派，为阆中现存古庭院所少见。天井后尚有一望月楼，为古时女子绣楼，站在其二层之上，可将远处锦屏山尽收眼底。大院的木雕门窗花格也颇为精美，镶嵌当地盛产的半透明云母薄片，颇具地方特色。

孔家大院位于阆中市白花庵街10号，为明代孔子第76世孙所建，至今已有400多年的历史。大院坐南朝北，穿斗结构，双坡青瓦屋面，由正院10间房屋左右对称组成，平面呈"品"字形布局，寓意"官高一品"，门窗雕花，主庭大梁上有太极图与龙纹彩绘，是典型的川北古民居大院，已于2002年9月对外开放。院落分前院、天井和后院，其中前院门厅两侧各有一处小天井，进二门则为一大天井，天井外小内大，给人一种别有洞天的感觉，大大增强了建筑空间的层次感。

（四）军防资源

蜀道的一大特色就是与军事密切相关，其最初的开凿铺设即是为了满足征战的需要，邮驿制度也从诞生之初就具有了传递军事信息的功能。蜀道的历史也是一部关于权力与战争的历史。例如，世有传言，如果没有蜀道，东汉末年就不会形成"三国鼎立"的局面，而恰恰是这条秦蜀驿道成全了刘备。蜀道地处地势险峻的秦岭山脉，是具有军事战略意义的天然屏障，因此穿越秦岭的路径基本上也就成了各种跨区域军事活动的必由之路。宋代以后，邮驿制度更为军事化，当时传递邮件公文的人员就是兵丁。而到了明代，邮驿更成为军国大事所独享的信息传输系统。从军事的角度上看，整个蜀道系统构成了一个大的军事体系，这个体系借助自然条件，围绕栈道、关隘、渡口和城镇等节点铺开。在屯兵驻守的同时，沿线设置戍、哨、烽火台等军事设施，共同构成完整的军事体系。在蜀道的金牛道广元段，军事设施由北向南设置了包括天雄关、朝天关和剑门关在内的5处重要关隘，并在这些军事节点周围布置渡口、堡寨、军垒、哨所和烽火台等设施。

1. 剑门关

金牛道广元段上的剑门关军事防御体系位于由大小剑山构成的川北天险之中，金牛道所穿越的大剑戍隘口便是此天险中5处隘口之一。剑门关位于四川省广元市剑阁县城北15千米处，地处剑山山脉，是白垩纪造山运动的一道位于大、小剑山之间的豁口。剑门关高100余米，宽仅20米，是绵延百里的剑山山脉唯一的缺口。剑门关两侧的峭壁陡直、高耸入云，成就了中国历史上最古老、最险要的千年险关。李白的诗句"剑阁峥嵘而崔嵬，一夫当关，万夫莫开"便是对这一奇险雄关的描写。剑门关军事防御体系以大剑戍为中心，北侧的白卫岭、云台山、毛家寨、摩天岭和土地关以及南侧的剑门关、东山寨、苦竹寨、小吊岩等处都遗留大量的军事设施遗址。

在剑门关的这些军事设施遗址中最具代表性的包括大剑戍、剑华烽火台遗址、小剑城址、营盘遗址、烟墩梁遗址、苦竹寨遗址等。剑门关由于天然地势而成为扼守秦蜀交通咽喉的军事要冲。三国时蜀汉在此垒石立关，剑门关遂成为蜀道上最重要的军事要塞，虽在后代战事中几经损毁，但关隘地形地貌及碑刻等遗物保存完好。剑门关军事防御体系中的剑华烽火台是建于汉代的军事遗存。烽火台修建在剑门镇剑华村北 200 米外的山梁上，高 50 米，面积约 1 200 平方米，用夯土和碎砖石修筑而成，现存构造为一段长 3.27 米、宽 1.07 米的石砌工事。小剑城遗址则位于下寺镇修城村，因位于小剑山东麓而得名"小剑城"，三国时期蜀汉在此修建屯兵之处，南北朝在此设"小剑城"，唐代称其为"小剑故城"。小剑城在元明后被荒废，遗址中包括江神庙、李翰府和李榕墓等。

2. 天雄关与朝天关

天雄关遗址位于四川省广元市元坝区昭化古城西 7500 米处的牛头山东北麓，西距剑门关 30 千米，据《昭化县志》可知其为宋元时期改修驿道时所设，后又分别在清乾隆及光绪年间得以重修。天雄关庙宇殿阁在 20 世纪 40 年代的战乱中被毁，现仅存关门的部分残体以及宋、明、清等历代的碑刻 10 余通。

朝天关位于四川省广元市朝天区以北嘉陵江东岸的朝天岭之上，占地面积约 6 000 平方米，是明月峡古栈道损毁后金牛道上的重要关隘及军事要塞，其关楼、炮楼和哨楼始建于元至正元年（1341 年），时为金牛道上第一座大关楼，毁于 20 世纪 80 年代，现存的遗址包括关楼与古驿道的部分遗迹。遗址中关楼遗址面积为 100 平方米，驿道遗址长约 2 000 米，其间散布有拦马石、拴马石、门槛石及石凳等遗迹。

（五）宗教遗存

由于蜀道是中国古代与印度等南亚次大陆国家贸易往来的必经之路，沿线贸易的活跃也带动了文化的交流，成为宗教文化传播的重要通道，尤其在佛教向中原地区的传播中起到了重要作用。随着佛教在蜀道沿线的不断本土化及平民化，四川地区也成了印度至中原佛教传播之路上的一处重要的佛教文化区域。蜀道沿线，尤其是川北及川西北的大量佛教石窟造像是蜀道上的文化交流在宗教艺术方面的集中体现。金牛道沿线的皇泽寺、千佛崖、觉苑寺等遗存就是这一传播线路的有力物证。与此同时，发源于蜀地的中国本土道教也正是通过蜀道向北传入中原的，并在传播的过程中不断与各地的民间信仰及佛教等宗教融合，金牛道上的梓潼七曲山大庙及鹤鸣山道教石刻造像是现存说服力极强的遗址。

1. 皇泽寺摩崖造像

皇泽寺始建于唐开元年间（713—741 年），坐落于广元市城西 1000 米处的嘉陵江西岸。原名"乌奴寺"，又名"川主庙"，相传原来是为纪念李冰与二郎而建，后来因为其在唐朝女皇武则天的故里而改名为"皇泽寺"，取"皇恩浩荡，泽及故里"之意。皇泽寺后来几经毁建，现在留存下来的主体建筑有大门、二圣殿、则天殿、大佛楼、吕祖阁、五佛亭等，多为清代重建，寺内没有大雄宝殿，则天殿即为主殿，内有武则天真容石刻，大门前有郭沫若先生题写的名联："政启开元治宏贞观，芳流剑阁光被利州"。此外，皇泽寺还保存有开凿于南北朝、隋、唐和宋等时期的摩崖造像（见图2-32）。皇泽寺现存石窟34处，造像1 000余尊，主要石刻分布于中心柱窟、大佛楼石窟、五佛楼石龛和则天殿石龛等处。中心柱窟为皇泽寺造像中年代最早的一处，同时也是四川地区唯一一座中心柱窟，面积约13平方米，窟中央立中心石柱直通窟顶。中心柱实为一座经塔，由塔基、塔身和塔顶组成。经塔第一、二层四面均凿有佛龛，龛中为一佛二菩萨像，造像凿刻古朴。大佛石窟位于中心柱窟右侧，开凿于唐朝中期。主佛为阿弥陀佛，旁侍迦叶、阿难。外侧塑有观音、大势两菩萨，左右有护法、金刚和力士等像。

图2-32　皇泽寺摩崖造像

2. 千佛崖摩崖造像

位列全国首批重点文物保护单位的千佛崖位于广元市北5 000米处的嘉陵江东岸，造像规模南北长388米，现存窟龛873孔，造像7 900多尊。千佛崖窟龛密布，最密集处多达14层，状若蜂巢，雄伟壮观。千佛崖始凿于北魏晚期，开凿历史长达1 400多年，有"历代石刻艺术博物馆"之美誉，在唐初渐成规模，至中唐时期建柏堂寺，开凿大量石窟造像，所凿造像占全窟半数以上。南宋末年柏堂寺毁于战火，仅存佛窟的这片佛教圣地被改名为千佛崖，此后各代仍有续凿，千佛崖之名一直沿用至今（见图2-33）。

图2-33 千佛崖摩崖造像

3. 七曲山大庙

七曲山大庙（见图2-34）坐落于四川省绵阳市梓潼县境内，始建于东晋，最初是蜀地百姓为祭祀张亚子所建，名为"亚子祠"。元仁宗延祐三年（1316年），张亚子被封为"辅元开化文昌司禄宏仁帝君"（文昌帝君），从此，文昌即为道教所奉行掌管功名禄位之神，此处遂为中华文昌祖庭。七曲山大庙经元、明、清三代多次扩建后形成占地1.2万平方米，建筑面积6 000平方米的庙宇建筑群，共有殿宇亭阁23座，依山造势，高低错落，宏伟壮观。现存建筑主要包括元代盘陀石殿，明代桂香殿、天尊殿，清代文昌殿、瘟祖殿等，较清晰地展现了各个时期的建筑风格，梁思成在其《中国建筑史》中倍加推崇大庙的建筑风格。经过历朝历代的扩建，七曲山大庙不仅在建筑规模上蔚为壮观，而且还发展成了一个诸神齐汇的宗教文化空间。庙内不仅供奉最初的文昌帝君以及三清、魁星等道教神祇，还供奉了如关圣、牛王、张献忠等民俗神仙和人物，甚至还供奉了佛祖释迦牟尼像，体现了古蜀道文化线路上多种信仰的相互融合与影响。

图 2-34　七曲山大庙

4. 鹤鸣山道教石刻造像

四川省剑阁县鹤鸣山,古名"东山",是我国道教的发源地,东汉时张陵在此修道,著作道书 24 篇,创立道派,并建造上清宫(天师祖庭)。宫殿几经沉浮,今其旧时殿宇大多坍圮,仅余紫阳、斗佬二残殿(现已修复,余为新建),而其布列于山巅岩石(长 51 米的青石岩壁及两方单体青石)之上的道教石刻造像(见图 2-35)仍旧保存完好,共有 18 盒 75 尊造像和一对护法狮子,凿刻于唐代。因李唐统治者大力弘扬道教,故川中道教造像大兴。而当时佛教已兴盛多时,并且佛、道也多有交流,故鹤鸣山道教造像虽有其本身特点,但仍具有明显仿自佛教艺术的痕迹,如天尊像的态势、头光和背光及足踏的莲台,都显示出受到了佛教艺术的影响。至于护法神像的形貌及足踏的鬼怪,也使人联想到佛教艺术中的护法天王的造型特征。窟前雕护法狮子,也仿自佛教石窟艺术。所有这些都表明唐代蜀道之上道教艺术与佛教艺术的相互吸收与融合。

图 2-35　道教石刻造像

二、蜀道的价值

（一）历史价值

蜀道，作为中国历史上连接西北与西南地区的重要交通主干道，不仅突破了秦岭的自然屏障，更在四川盆地与中原地区之间架起了一座不可或缺的桥梁。这条道路的存在使得两地之间的多方面交流成为现实，大大促进了物资的往来、民族的融合，同时也成为中原地区与南亚各国进行交通和文化交流的重要纽带。

蜀道见证了数千年来秦蜀两地之间的交往，以及其他受其影响的地区在经济、宗教、文化等方面的紧密交流和共同发展。在蜀道沿线，各种遗存昭示着这段悠久历史的成果，石窟、石刻、壁画、寺庙建筑以及民居建筑、城市营建等都反映出了这条道路所承载的丰富文化。这些历史瑰宝不仅见证了古代人在困境中顽强求存的努力，也承载着跨越时空的文明交流的印记，为后人提供了珍贵的历史文化遗产。

（二）科技价值

蜀道作为最为险峻的古驿道之一，生动展现了在缺乏现代交通工具和低生产力的时代，邮驿制度及驿道系统的卓越先进性和重要性。其修建时间早、持续时间长，是全面展示中国古代邮驿制度及驿道系统发展变迁的最杰出典范。蜀道由官方负责修建和管理，在工程技术和管理运作上都展现出相当的高水平。

在工程技术方面，蜀道的道路铺设技术在穿越险峻山区方面达到了当时最高水平。沿途的栈道铺设、穿山石道修凿以及利用"火焚水（或醋）激"来瓦解山体的创新做法，均为同类技术的开创者。这些技术突破使得蜀道在艰险山区的修建成为一项具有里程碑意义的工程，体现了古代中国工程技术的卓越水平。

在管理运作方面，蜀道作为重要的驿道，拥有完备的管理维护体系。这一体系在当时被认为是先进而科学的，而现存的铺驿结构、古柏、道路设施等遗存则是其管理维护方式的实物体现。这些遗存不仅见证了古代中国官方对于交通道路的巧妙规划和有效管理，同时也为后人提供了深刻的历史启示，展示了中国古代邮驿制度及驿道系统的雄伟成就。

（三）军事经济价值

蜀道作为中国古代邮驿制度下驿道系统的杰出代表，生动展现了古代中国在帝国时代后，面对冷兵器、人畜力交通条件的挑战，开始采用更为先进和优越的交通系统——驿道，以有效管理疆域。以蜀道为代表的驿道系统具备信息传递、物资运送、军事调度等多项功能，其卓越的运输效率和安全性使其成为其他非官方道路系统无法企及的重要工具，被誉为"国之血脉"。

蜀道在交通、经济、政治、军事、文化等各方面发挥了重要作用，为古代中国广阔疆域的管控提供了必要手段。蜀道的开通为中国历史上首次大统一奠定了基础，对中华民族的交流融合、团结稳定起积极的促进作用。历史上，中原人口多次通过蜀道向四川大规模迁徙，这一系列的人口迁徙对中国社会文化和人文地理状况产生了深远而巨大的影响。蜀道的历史意义不仅仅体现在其作为交通通道的功能上，更在于它成为中原与西南地区沟通交流的纽带，推动了中国古代社会的发展和变革。

（四）文化价值

蜀道在历史上扮演着连接成都平原与关中平原的关键角色，蜀道蜿蜒，穿越险峻山脉，成为一条融会贯通沿线不同地域文化的纽带。这条古老的交通要道不仅是物质贸易的通道，更是文化交互的桥梁，使沿线地域的建筑、文学、宗教、民风民俗等多元文化形式相互交融。

作为中国西部最有影响力和最为繁忙的文化交互传播线路，蜀道被誉为多彩的文化走廊。沿途的城市和村落承载丰富的历史与文化，各地的建筑风格、文学传统、宗教信仰及民风民俗在这条道路上交相辉映。蜀道的存在促进了沿线地域之间的文化互动，使得这片地区成为一个充满活力、让人心向往之的文化交会之地。通过蜀道的文化交流，不仅促进了艺术、科学、哲学等领域的发展，也深刻地影响了沿线地域的社会结构和人们的生活方式。蜀道不仅是一条连接地理空间的通道，更是连接人们心灵的桥梁，留下了丰富而多元的文化遗产，为后代提供了深刻的历史启示。

1. 诗文丰富

蜀道因其独特的地理环境和历史地位，与"文人入蜀"的传统紧密相连。这条千里蜀道连接着长安、汉中至成都，虽然距离并不遥远，但在中国古代，它被誉为最奇险、最奇特、最壮美的交通道路，激发了无数文人墨客的无限思绪。长安，汉唐盛世的政治与经济文化中心；成都平原，汉唐帝国的"后花园"。蜀道将二者紧密相连，诞生了无数优美诗篇。自古以来，关于蜀道的颂赋、诗歌、游记、石刻层出不穷，仿佛一条诗、文、画的长廊，镌刻了从古至今众多名家大作。汉代司马相如、扬雄，晋代左思、张载，唐代王勃、沈佺期、卢照邻、陈子昂、李白、杜甫、刘禹锡、柳宗元、元稹、李商隐、郑谷，宋代欧阳修、文同、陆游、范成大、吴泳、汪元亮，明代方孝孺、康海、李梦阳、何景明，清代的吴梅村、宋琬、王士祯，现代的郭沫若等，他们的作品或为辞赋、或为诗歌，对后世产生了深远影响。蜀道如同一条历史的长河，见证了古往今来无数文人的才情与风骨。它既是诗人的灵感源泉，也是他们抒发豪情壮志的载体。在这条道路上，风华才子们留下了不朽的佳作，使蜀道成了一条流淌着诗意的道路，传承千古，令人向往。

其中，汉代赋颂类文章有石门摩崖中的《石门颂》《石门铭》《邵君开通褒斜道》《杨淮表记》，故道线上的《郙阁颂》《西狭颂》等，而《石门颂》《西狭颂》《郙阁颂》更是闻名世界的汉代书法珍品，享有"国之瑰宝汉三颂"的美誉，在中国书法史上具有重要的地位。

蜀道文学作品最普遍的形式是诗歌，蜀道诗起源于南北朝时期，萧纲、刘孝威、阴铿等人撰写有《蜀国弦》《蜀道难》等数首诗歌；唐宋时期川陕交通便利，蜀道诗创作也趋向繁荣，李商隐《筹笔驿》、郑谷《兴州江馆》、陆游《剑门道中遇微雨》等都是经典之作；明清时期的蜀道诗以王士祯《定军山诸葛公墓下作》、宋琬《栈道平歌》、梁清宽《贾大司马修栈道歌》最为闻名。不过，蜀道诗歌的代表作当然是李白那首脍炙人口、经久不衰的《蜀道难》，其将蜀道艰险之状表达得淋漓尽致。前已述及，在李白之前，也有不少人作《蜀道难》，如南朝刘孝威、阴铿，唐代张文琮。

除蜀道诗以外，唐宋以来文人学士还写下了许多关于蜀道旅程的游记，如唐代柳宗元《兴州江运记》、刘禹锡《山南西道节度使厅壁记》、孙樵《兴元新路记》《书褒城驿壁》，宋代文同《梓州永泰县重建北桥记》、李复《潏水集·与王漕书》、李耆寿《灵崖叙别记》，元代意大利旅行家马可·波罗的《马可·波罗游记》中的川陕部分描述，清代王士祯《蜀道驿程记》《蜀道驿程后记》《陇蜀余闻》，道光时日本学者竹添进一郎的《栈云峡雨日记》等，这些游记散文或描述栈道沿途奇险景观，或抒发对历史、现实、人生的慨叹，具有重要的文化地理价值。

另外，众多以蜀道为主题的山水画作，也极具艺术感染力。如明代仇英《剑阁图》（见图 2-36），描绘寒冬之际，其行旅途经四川剑阁栈道的情景：栈道架木为构，连山绝险，飞阁相通；在残雪覆盖的崎岖栈道上，行人、犬马上上下下，若隐若现，或骑马慢行、或回首顾盼、或搓手呵冻，形神逼真，撼人心魄。仇英的这一画作，跳出了北派雪景山水以险峻浑厚取胜的画风，将俊秀山势与从容行旅融为一体，展现了雪景山水的创新之美。

图 2-36　栈阁图

2. 遍布石刻

　　蜀道摩崖石刻源自东汉时期，其丰富多样、历史悠久的特点为我国文化增色不少。其中，《石门颂》《杨淮杨弼表记》《郙阁颂》及《西狭颂》等，均为罕见的汉代石刻珍品。从东汉至明清，蜀道石刻延续不断，具有极高的史学价值，如《李苞通阁道》《潘宗伯韩仲元通褒斜道题名》《石门颂》及《重修山河堰》等。摩崖石刻在蜀道地区的历史底蕴深厚，其丰富的类型和悠久的历史使其成为我国文化的重要组成部分。汉魏唐宋的书法真品如今已难得一见，但这些石刻却完整地保留了从汉魏到明清的书法演变过程，堪称中国书法的珍贵遗产。这些石刻不仅具有史学价值，更是书法艺术的瑰宝，见证了我国书法的千年发展历程。

　　蜀道石刻（见图 2-37），位于褒斜道南端，是我国古代石刻摩崖群的重要地点。其中，石门十三品是此处最受推崇的摩崖石刻，它们具有极高的艺术价值和历史价值，见证了我国历史的变迁。石门十三品在 1971 年迁至汉中博物馆，它们不仅是研究自然面貌、交通历史、汉代和三国历史的珍贵史料，更是研究汉隶的重要实物。这些石刻以它们独特的艺术魅力，吸引了无数目光。在书法艺术史上，石门十三品占有重要地位，早就享有极高的声誉。这些摩崖石刻是蜀道重要的人文景观，具有极高的旅游和观赏价值。它们不仅是历史的见证，也是艺术的瑰宝。石门十三品以其独特的艺术价值和历史价值，为我们揭示了古代社会的风貌，也为我们提供了宝贵的历史资料。我们应该珍惜这些历史遗产，让更多的人了解和欣赏到这些珍贵的艺术品。

图 2-37 蜀道石刻

第三章　天府文化的艺术价值与保护方式

　　天府文化在数千年的历史中不断发展完善，自成体系，产生了大量的文化艺术成果。在非遗传承项目发展得如火如荼的今天，我们不能忽视对天府文化的传承和保护。本章为天府文化的艺术价值与保护方式，主要对天府文化的历史地位、天府文化的主要特征、天府文化的艺术价值、天府文化的保护方式四个方面进行了阐述。

第一节　天府文化的历史地位

天府文化起源于四川地区，经过几千年的发展，逐渐形成独具特色的文化体系。在中国历史上，天府文化一直都是中国文化的重要组成部分，对中国历史和文化的发展产生了深远的影响。

一、天府文化是中国传统文化的重要组成部分

天府文化起源于四川地区，但其深厚的底蕴和多元的表现形式使其影响力远远超越了四川的地域范围。天府文化承载了丰富多彩的传统元素，包括诗词、音乐、绘画、书法、雕塑、戏剧等，这些都是中国传统文化的重要组成部分。它不仅是一种地方性文化，更是中华文明的重要组成部分。

在天府文化中，融汇了多种思想和观念，包括道家思想、儒家思想、佛教思想等。这种思想的交融和融合为天府文化赋予了丰富的内涵，使其在文化的表达上具有独特的深度和广度。这也反映了四川地区在历史上的文化包容和交流精神，使天府文化吸收了多元的文化元素，形成独特的文化面貌。

天府之国的富饶不仅表现在物质层面，还表现在文化层面。天府文化是中华优秀传统文化的重要构成部分，它在中国文化史上占有着重要的地位。通过千年的涵育，天府文化为中华民族的文明传承和发展做出了卓越的贡献，成为中国文化的一颗璀璨明珠。其深厚的历史底蕴和丰富的文化内涵，使其在当今社会依然发挥不可替代的重要作用，为人们传递丰富而深刻的文化价值。

二、天府文化是中国历史文化的重要组成部分

四川地区作为中国历史上的重要文化发源地之一，承载了丰富的历史和文化内涵，为天府文化的诞生、发展和传承提供了沃土。这片古老的土地孕育了许多文化遗产，其中一些成了中国历史文化的重要组成部分，也有的被认定为世界文化遗产。

在四川的文化遗产中，金沙遗址、三星堆遗址等见证了古蜀文明的辉煌。都江堰作为世界上最早的灌溉工程之一，体现了古代中国人在水利工程方面的卓越智慧。武侯祠是为纪念蜀汉丞相诸葛亮而建，是中国文化中儒家思想的象征。杜甫草堂见证了唐代大诗人杜甫的生活和创作，反映了当时文人雅士的生活风貌。青城山则是道教文化的发祥地之一。

这些文化遗产不仅丰富了中国历史的内涵，也为世界文化的多样性贡献了独特的元素。四川的文化传统延续至今，被视为中华文明的一个重要支柱。近年来，成都作为四川的文化中心，以文化为引领，通过文化城、文化塑城、文化兴城等举措，展示了中华文明、巴蜀魅力、时代精神的世界文化名城建设图景。这表明四川地区在新时代对于文化传承和城市发展方面有着更为深远的愿景和计划。

三、天府文化对中国现代文化的发展产生了深远的影响

天府文化不仅是中国传统文化的精髓，也是中国现代文化的重要组成部分。川菜、川剧、川茶、川酒等天府文化元素早已超越地域，成为中国文化的亮丽名片。天府文化的传播，得益于其融合均衡的儒释道文化以及来自全国各地的移民及多元思想的交汇。

物产富饶的天府之国，凭借黄河文明与长江文明的交融、移民文化的润泽、交通枢纽的便捷、各个民族的融合，孕育了独具特色的天府文化。这一文化既承载了古老的传统，又吸收了现代的元素，成为中国现代文化的重要组成部分。天府文化的独特之处还在于其与文学、艺术、哲学等多个领域的融合。成都作为天府之都，不仅有古老的文人雅士传统，还涌现出许多现代文学、音乐、电影等领域的杰出人才，为中国现代文化的繁荣贡献力量。

在当今社会，我们应当更加珍视天府文化，努力保护和传承其丰富的文化内涵。通过对天府文化的传承，可以让其在中国文化史上持续发挥重要的作用，为当代社会注入更多的文化活力和创造力。同时，天府文化也是中国在全球文化交流中一张重要的名片，展现了中国文化的独特魅力。

第二节　天府文化的主要特征

天府文化根植于这个地区的历史、地理、社会和经济环境，具有鲜明的地域特征。天府文化的主要特征可以概括为以下七个方面。

一、创新进取

成都，这座位于中国西南部的城市，一直以其独特的文化底蕴和发展活力而著称。它的文化精神，尤其是天府文化，鼓励创新和进取精神，认为只有不断追

求进步，才能在激烈的竞争中立于不败之地。这种精神体现在成都人民的创业精神、科技创新、文化传承等方面。

在成都，创业精神一直是城市发展的重要驱动力。这里的人民相信，只有敢于尝试、勇于创新，才能在竞争激烈的市场中找到自己的立足之地。因此，成都的创业氛围浓厚，有很多年轻人在这里创业，实现自己的梦想。他们不仅敢于尝试新事物，还善于将传统文化与现代科技相结合，为成都的发展注入了新的活力。

成都的科技创新能力也在不断增强，这与天府文化的鼓励创新精神密不可分。成都的科技企业在人工智能、大数据、互联网等领域取得了显著成果，为国家的科技发展做出了重要贡献。同时，成都还积极参与国际科技合作，引进了大量国际先进的科研成果，为成都的科技创新提供了有力支持。

天府文化的另一个重要特点是对文化传承的重视。成都人民非常珍视自己的历史文化遗产，将其视为城市的宝贵财富。在这种文化氛围的熏陶下，成都的文化产业得到了迅速发展，涌现出了许多优秀的文化作品。同时，成都还积极开展文化交流活动，让世界各地的人了解成都的历史文化，加深了中外友谊。

总之，天府文化鼓励创新和进取精神，使成都在各个方面取得了显著的发展成果。在未来的发展中，成都将继续坚持这种精神，努力实现更高质量的发展，为国家和民族的繁荣富强贡献力量。

二、开明开放

中国共产党成都市第十三次代表大会上的报告指出："成都平原被誉称为'天府之国'，是古蜀文明发祥地，孕育沉淀出思想开明、生活乐观、悠长厚重、独具魅力的天府文化特质。"这是非常精辟的有识之论。特别是天府文化"思想开明"的特色，一反传统上认为蜀文化封闭保守，甚至落后之论。而验诸天府文化发展史上的诸多史实事件，又可证明天府文化中开放、改革、创新的文化特质。

首先，古蜀文明是有其独立而悠久的史源，有独特的文化模式的文明类型，是一支高度发达且灿烂的古代文明，是中华文明的源头之一，三星堆文化是与中原夏商王朝平行发展的另一个文明中心，那种认为古蜀文明是受中原夏商文明影响而发展起来，特别是在公元前316年秦王朝统一蜀国后才逐渐发展兴盛起来的论点是缺乏合理性的。秦灭蜀国前的古蜀文明就极其繁荣，可与中原文明媲美而无愧色。

其次,"南方丝绸之路"早在公元前 14 至 15 世纪即已开通,最早流布到印度,乃至欧洲的丝绸产自成都。成都通过"南方丝绸之路"与西方世界的交往,比《史记》所载的"张骞通西域"要早一千多年。一般论者只注意到以成都平原为中心的蜀地是"四塞之国",其北、西、东三面的高山、高原、大江限制了蜀人与外界的交往,只强调了"蜀道之难",而没能换一个角度把眼光转向南面,对成都作为"南方丝绸之路"起点的重要意义更是认识不足。

再次,三星堆遗址出土的青铜雕像群、金权杖、金面罩、青铜神树以及海贝、象牙等文物,不仅与中国文化异趣,而且在古代巴蜀也无其来源的蛛丝马迹,而这些文化因素却能在西亚近东文化中找到渊源,还有学者认为"巴蜀图语"与印度河文字有密切联系,这些都可证明天府文化是一个开放的体系。

最后,开明开放的思想促进改革和创新。天府文化史上的数十个"中国(包括世界)第一",无不证明天府文化中奔涌着勇于开拓、创新创造的精神。即便在新中国成立之后,天府大地也有许多闻名全国的经验与创新。如在农村改革中的承包地"三权分置"、农村产权制度改革、交通管理中的"机非时空分离法"等。张之洞说:"蜀中人士,聪明解悟,向善好胜,不胶己见,易于鼓励,远胜他省。"①,准确指出蜀人头脑灵活、不固执己见、虚心从善的开放灵活心态。

三、人文发达

蜀地自古以来便被誉为文教的瑰宝、艺文的聚宝盆。尽管位于西南边陲,但历史上多次成为中国文化的重要聚集地。古蜀本就有着灿烂的文化传统,加之战国时期秦并巴蜀,使得秦陇文化在这里扎根深长,从西汉文翁时代起,便奠定了天府文化的繁荣基础。以培育人才为基础,蜀地在哲学、文学、艺术乃至科技等领域都涌现出一大批杰出人才,其繁荣之势远超其他地区。司马相如、扬雄、诸葛亮、李白、杜甫、"三苏"、杨慎、张问陶、李调元、郭沫若、巴金、李劼人等一系列名家巨匠相继在蜀地崭露头角,留下了许多令人瞩目的作品和影响深远的文化成就,为天府文化增色不少,也丰富了中国文化。

直至今日,成都依然是全国市民文化素养最高的城市之一。高校、在校大学生、博物馆、实体书店的数量以及市民年均阅读量等各方面均居全国前列。这显示了成都在文化领域的卓越表现。因此,成都具备了建设世界文化名城的基础、条件和信心。这座城市继承了天府文化的精髓,也在当代焕发新的活力,为

---

① [清]张之洞:《张文襄公全集》,中国书店 1990 年版,第 1249 页。

中国的文化繁荣和传承贡献着重要力量。此外，天府文化不仅在历史上有着丰富的底蕴，也在当今时代持续发扬光大。成都作为现代文化产业的聚集地，吸引了大量的艺术家、文化创意从业者及创新者前来发展和创业。成都国际音乐节、文学周、电影节等一系列国际性文化活动也成为城市的一张独特名片，吸引了全球目光。

成都的文化底蕴也得到了积极的保护和传承。大量的历史遗址、古建筑、传统技艺得到了妥善保护，使得成都成为了历史与现代相融合的现代化城市。此外，成都还积极开展了一系列文化交流活动，使成都的历史文化得以传扬，也为增进中外友谊做出了积极贡献。

总的来说，天府文化是成都的独特精神符号，它不仅丰富了城市的文化内涵，也成了成都发展的强大动力。在当今时代，成都依然保持着对文化的高度重视，致力于传承和发扬这一瑰宝，为中国文化的繁荣与传承做出重要的贡献。

四、智慧风趣

《华阳国志·蜀志》说蜀人是"君子精敏，小人鬼黠"，准确概括了蜀人富有智慧、幽默风趣的特点。开放冒险的性格、教育的发达，提升了蜀人的文化素质，养成了其多智善思的特点，使蜀地成为中国才智型人才的产地。诸葛亮虽不是蜀人，但他的"智慧型"形象是在蜀地塑造完成的，乃至他成为中国文化中"智"的化身。蜀中人士留下的名著佳作、创造发明、辉煌功业无一不展示了高度的智慧。明代状元杨慎被贬谪到永昌（今保山市）达数十年，在许多云南的民间故事中，他犹如维吾尔族的阿凡提，也以足智多谋著称，这也许代表了外地人对蜀人多智的看法。蜀人多智的另一表现是幽默风趣，幽默是一种需要高超智慧的艺术。与川人交往，往往会发现他们身上的幽默可爱之处，如爱用歇后语，再加上四川方言节奏感强、抑扬顿挫，特别神完气足，有时候使人忍俊不禁。

此外，语言的生动活泼也是造就蜀人多趣的原因之一。例如，用"毛焦火辣"形容一个人心情极度烦躁，犹如汗毛都被心里的火给烧焦了，又泼了一盆辣椒水在上面的那种感觉；用"摆龙门阵"来形容谈天说地等，风趣幽默，不一而足。

五、乐观包容

很多论者在谈到天府文化的特质时，几乎一致肯定兼容并蓄是其最显著的特点。这种特点的形成，与成都平原土地肥沃、山川秀丽、物产丰富、生活富足安逸有关，也与历史上频繁的移民运动有关。历史上曾有秦灭巴蜀及秦并六国后移民入蜀，成汉时数万西北流民入蜀，唐朝玄宗、僖宗入蜀所带大量随从留居蜀地，明初国家号召大批外省流民入蜀以及清初长达近一个世纪的"湖广填四川"等移民运动，但大批蜀民迁移外省的情况却并不多见（主要有秦灭巴蜀后蜀安阳王带数万蜀民入越南）。就成都而言，在历史上一直是一座人口净流入的城市。正是由于长期受五音繁会、八方辐辏、东南西北交融的移民文化影响，形成蜀人热情好客、包容友善、尊贤爱才、博采众长等特点，显现出极强的涵容性、多元性及能容异量之美的特征，并且在蜀人的语言、川菜、川剧中得到集中体现，这都是立足自我而又博采众长的结果。

在开明、开放的思想和多方面因素的共同作用下，蜀人形成一种豁达乐观的生活态度。这种态度深刻地反映在许多文化遗产中，其中最具代表性的莫过于汉代的说唱俑（见图3-1）。这些陶俑以其活泼生动、笑容可掬的表情，栩栩如生地展现了当时蜀地人民乐观向上的生活状态。每一个细节都充满了幽默感，给人留下了深刻而难以忘怀的印象。这不仅仅是艺术的创作，更是对当时社会风貌的反映。它们传递出一种积极向上、乐观豁达的生活态度，成为后世人们学习、传承的重要文化遗产。这种生活态度也深刻地影响着当今的成都人民，使得他们在面对困境和挑战时依然保持着积极的心态，勇往直前，乐观向上。这种精神传承和发扬光大，也使得成都成了一个充满活力和生机的现代化城市。

图 3-1 说唱俑

六、优雅时尚

《华阳国志·蜀志》中认为蜀人"多斑彩文章"。确实,蜀中不仅教育发达,民众文化素养较高,而且尚文好艺,成为人文渊薮、艺术殿堂,故形成"自古诗人皆入蜀"的风气。此种风气形成的原因具体如下。

第一,蜀中山川秀美,易得"江山之助",为文学艺术增添奇情壮采。第二,蜀中人文荟萃,再加上李白、杜甫、陆游等或生长蜀中而得天地之灵秀,或居留蜀地而得山川之陶染,皆入蜀而诗艺文技大进,居蜀后而为大家名家,故引起后人纷纷效仿。第三,蜀中文学生态良好,其"奇文共欣赏,疑义相与析"的切磋研究氛围,为诗人作家提供了最理想的创作环境。第四,蜀中物产丰富,浪漫神秘,多奇人异事,地域文化特色鲜明,而文人好玩好奇,自然心驰神往。第五,两宋以后,蜀中文化已非昔日之盛,为了激起重现昔日文化繁荣局面的自信,蜀人"夸述其胜",津津乐道。同时,由于天府文化兼收并蓄、雅俗共赏的包容性特色,在正统的雅文化、精英文化繁盛的同时,俗文化、流行文化、民间文化也长盛不衰,并且常常能引领潮流风气,流为时尚。

总之,成都是一个能满足不同人群需求的立体城市,任何人都能找到自己的位置而自得其乐,精英与大众、雅与俗、因与果、新与旧等都能有机结合、互融互摄、相映成趣、相得益彰,形成优雅而又时尚的文化品格。

七、务实勤劳

各种地方史志都有蜀人"厚朴""敦厚""勤勉"等评论,这是中肯的评价。蜀地(特别是成都平原)由于人多地少,一方面因土地金贵,故长于精耕细作;另一方面则因人多地少,遂形成一种男性竞相外出谋生打拼的传统,外出务工及经商的意识较强。但不论是哪种情形,都需要吃苦耐劳,四川话把"工作""劳动"叫作"做活路",即工作劳动是生活(存)之路,可见其对劳动的认识是何等深刻。在长期的历史发展过程中,与吃苦耐劳相一致,蜀人继承了务实肯干的传统,既舍得出力气干活又讲求吃喝享受,并且深知"幸福在今生",重视现时的享乐,看重眼前的利益,追求当下即得的快乐,而不求虚名虚声。

蜀中有谚语云:宁可活着粗茶淡饭吃饱吃撑,不可死后斋茶敬酒吃好吃精,这充分体现了蜀人务实的特点。正是由于务实、勤劳、苦干,蜀人才创造了一个个奇迹,成就了一桩桩伟业,培育出一批批干练之才,形成干事创业必期所成的又一天府文化特质。

第三节　天府文化的艺术价值

天府文化的历史价值、文化价值、传承价值等内容在第二章已有详细论述，本节内容将结合川剧资源、蜀绣资源、三星堆资源、都江堰资源研究天府文化的艺术价值。

一、川剧的艺术价值

川剧是一个综合艺术，它汇聚音乐、歌唱、舞蹈、文学、杂技乃至魔术于一身，是中国最古老的八大地方剧种之一，是中国戏曲最重要的组成部分，经过三百多年的市场锤打与艺术提炼，川剧已经形成较完整的创作、表演和传播体系。川剧的艺术价值，可以从以下三个部分进行论述。

（一）具有完整的表演体系

川剧，一种独具魅力的中国传统戏曲艺术，以声、色、艺的完美呈现而脍炙人口。其表演艺术精湛，体现在"四功"——念、唱、做、打上。念功表现在韵白和散白的运用上，既富有情感表达，又具有艺术韵味。唱功则以优美动人的唱腔令人陶醉。做功巧妙运用道具，如以鞭代马、以桨代船等，使表演生动形象。打功则以舞蹈形式呈现传统武术，精彩刺激。川剧的唱腔独特，包含五大唱腔：昆腔、高腔、胡琴、弹戏、灯戏。各唱腔各具特色，交相辉映。而在角色上，川剧行当丰富，分为生、旦、净、末、丑五大类。生行包括老生、小生等，旦行有青衣、花旦等，净行则有正净、副净等，末行主要有老末、小末等，丑行则有男丑、女丑等。这些行当划分细致，角色形象丰满，为观众呈现了一幅丰富多彩的舞台画卷。总的来说，川剧以声、色、艺的完美融合，通过念、唱、做、打的精湛表演，以及五大唱腔和五大行当的丰富展现，彰显了其独特的艺术魅力。

（二）剧作具有八大美学特征

川剧被称为"诗剧"，它的表现形式遵循了优秀文学作品的特点，包括唐诗、宋词、元曲及民间语言等，因此融合了丰富的文学元素。川剧呈现了"戏剧诗"的美学风格，具有非常高的文学性。此外，川剧的创作风格融合了浪漫主义和现实主义的元素，并且擅长利用夸张、荒诞、幽默、意识流等多种艺术手法进行表现。川剧的美学特征被学者总结为八方面：在美中蕴含真，通过真实表现来传递美感，实现真实与美的有机融合；把道理融入情感中，以情感传达道理，实现情感和理性的有机结合；将虚幻的理念融入现实生活中，同时通过现实生活传递出虚幻的思想，使实与虚巧妙地相互融合；通过形态表现形容神灵的形象，实现神与形的完美融合；将教育融入娱乐中，通过娱乐来传播教育，实现教育与娱乐的无缝结合；将高雅寓于普通的日常生活中，通过日常相处来传承高雅的品质，实现高雅与日常生活的有机结合；将悲伤融入欢乐中，通过欢乐来传递悲伤，实现悲伤与欢乐的有机结合；将生活融入代码中，用代码诠释生活，实现生活和代码的完美融合。根据以上归纳的川剧美学特点可以看出，川剧在艺术上独树一帜，具有鲜明的个性特征。

（三）兼有西方戏剧的特征

备受国内外观众认可的川剧，其艺术价值享誉世界。德国观众发现川剧与布莱希特诗剧风格相近，苏联观众则认为川剧充分展现了斯坦尼斯拉夫斯基体系的原则。英国观众则从川剧中看到了西方传统戏剧的诸多特色，如《李尔王》的独特开场、《麦克白》中引人入胜的悬念和《罗密欧与朱丽叶》的深刻爱情故事。川剧以寓意深刻的帮腔和诙谐风趣的语言，生动地塑造了一个又一个精彩故事和角色。在剧情推进中，观众可以与表演者共同体验喜怒哀乐，感悟人生。这就是川剧，一种既具有深厚艺术价值，又能让观众深入参与其中的表演艺术。

川剧，作为中华民族的文化符号，正以自信的姿态走出国门，进行国际文化交流。2019年，川剧《凤仪亭》在第48届鹿特丹国际电影节闭幕式上的演出，堪称川剧艺术在国际舞台上的一次辉煌展示。尽管表演时间仅持续20分钟，但观众对其艺术魅力给予了热烈的掌声，充分证明了川剧的艺术价值具有世界性，其影响力已超越国界。《凤仪亭》的演出，不仅赢得了观众的心，也引起了世界各地戏剧团体和电影从业者的关注。他们期待与我国重庆川剧院展开深入合作，共同探索和传播川剧艺术的无限可能。这一切都充分证明了，川剧的艺术魅力不仅在国内独树一帜，更在国际舞台上大放异彩。川剧以其独特的艺术形式和深厚的历史底蕴，成为我国文化的重要组成部分。如今，它正以崭新的面貌走向世界，让更多人了解和欣赏这份珍贵的文化遗产。川剧的国际化进程，不仅是对其艺术价值的肯定，也是我国文化软实力的生动体现。

二、蜀绣的艺术价值

蜀绣以其精湛的技艺和绚丽的图画而广受好评，人们皆赞叹其细腻的针法和丰富的色彩。然而，蜀绣的价值远远超出这些表面的赞誉。它不仅是线与针的运用，更是一种对空间和情感的高超呈现。其艺术价值穿越了传统与现代，为我们揭示了人类情感与文化相互交融、共同塑造的深刻内涵。

第一，线的舞蹈：线条与色彩的融合。在绘画中，线条的流动性和连续性都为画面赋予了一种动态的生命力。而在蜀绣中，线条和色彩的完美融合达到了极致。每一针都是一次心跳，每一个色块都是一段情感的波动。这种从微观到宏观，从物质到精神的跨度，赋予了蜀绣无法估量的艺术深度。

第二，空间的维度：三维立体的艺术表达。与传统绘画相比，蜀绣更像是一种雕塑艺术。它不仅是在平面上的展示，更有深度和立体感。这种从二维到三维的跃升，使得蜀绣在表达物象时更具有真实感。

第三，情感的流淌：传统与现代的对话。蜀绣不仅是线与针的艺术，更是情感与文化的传承。它承载了古老的传统，同时又不断地吸纳现代的元素。这种古今交融的美学思考，使得蜀绣在情感的呈现上更加丰富多彩。它不仅是在讲述历史的故事，更是在与当代观众进行深度对话。

蜀绣的艺术价值不仅体现在技艺上，更深入文化和情感的层面。它是一种跨越时空、融合古今的艺术语言，为我们展示了一种超越物质、直达灵魂的美学思考。蜀绣是一种历史深厚、技艺精湛的传统手工刺绣技艺，起源于我国四川地区。早期蜀绣广泛应用于日常生活，如手帕、香囊、头巾等，同时也用于服装和装饰摆件等。随着时代变迁，蜀绣不断演变发展，深受不同时期多元文化的影响。历经数千年的磨砺和创新，蜀绣从单线勾勒轮廓逐渐发展到丰富的技法，呈现出独具特色的艺术风貌。蜀绣作品融合了地域民情风俗和自然沉淀，具有鲜明的地域文化特色。蜀绣代表天府文化典雅、柔和、秀美的品位，是四川人民朴实生活的写照和精神气韵。它承载着民族智慧和创造力，展示了我国传统工艺的卓越和独特。如今，蜀绣已成为中国非物质文化遗产，受到广泛关注和传承，将会继续为人们带来美的享受。

蜀绣这种古老的刺绣技艺在2006年被列为第一批国家级非物质文化遗产，这充分彰显了其卓越的艺术价值和丰富的文化内涵。然而，进入21世纪，由于市场环境的变化和科技的发展，蜀绣这种传统的手工艺品遭遇了严重的冲击，其生产规模和商业价值都已大不如前，进而影响了蜀绣的传承，许多手工艺人因为生计问题而选择转行，使得蜀绣的技艺的传承面临严峻的挑战。

三、三星堆的艺术价值

三星堆文物的独特造型风格体现了古蜀文化的审美特点，它们之中既有写实的形象，也有抽象的符号，这些形象和符号的组合展现了古蜀人丰富的想象力和创造力。

（一）三星堆文物的艺术特点和价值

1. 独特的造型风格

在三星堆遗址中，出土了大量青铜器、金器、玉石器等珍贵文物，这些文物的造型风格各异，充满了神秘的魅力。

首先，三星堆文物的写实形象具有很高的艺术价值。例如，青铜立人像、青铜大面具、青铜神树等，这些文物都是以现实生活中的人物、动植物为原型，通过精湛的工艺技巧塑造出了栩栩如生的形象。这些文物不仅展现了古蜀人高超的铸造技艺，还反映了古蜀人对自然界的敬畏和对生活的热爱。

其次，三星堆文物中的抽象符号具有深刻的文化内涵。例如，青铜太阳轮、青铜鸟形器等，这些文物上的图案和符号具有丰富的象征意义。青铜太阳轮象征着太阳神，代表了古蜀人对光明和温暖的向往；青铜鸟形器则可能是古蜀人对天空和飞翔的向往，体现了古蜀人对自由和探险的追求。这些抽象符号不仅展示了古蜀文化的独特魅力，还为研究古蜀文明提供了重要的线索。

最后，三星堆文物的造型风格还体现了古蜀人的审美特点。三星堆文物的造型优美、线条流畅，充满了动感和韵律。这些文物的设计理念和审美取向与古蜀文化的发展密切相关，反映了古蜀人对美的追求和对生活的热爱。

总之，三星堆文物的独特造型风格体现了古蜀文化的审美特点，它们既有写实的形象，也有抽象的符号，这些形象和符号的组合展现出古蜀人丰富的想象力和创造力。这些文物不仅是古蜀文化的瑰宝，也是中华文明的重要组成部分，对于研究古蜀文明和中华文明的发展具有重要的历史价值和艺术价值。

2. 强烈的宗教色彩

三星堆文物是中国古代文化的瑰宝，也是世界文化遗产的重要组成部分。它们拥有浓厚的宗教色彩，主要体现在对太阳、月亮和其他天体的崇拜上。在三星堆文物中，我们可以看到许多表现这种宗教信仰的文物，如青铜立人像、青铜太阳轮等。

青铜立人像，又称"青铜大立人"，是三星堆遗址中最具代表性的文物之一。它是一个头戴高冠、身穿长袍、双手握拳的人物形象。这尊青铜立人像高达2.62米，是目前世界上最大的青铜立人像。它的出现，充分展示了三星堆文明对太阳神的崇拜——青铜立人像的头冠上刻有太阳纹，象征着太阳神的光辉，而其双手握拳，也寓意着与太阳神的紧密联系。

另一件表现三星堆文明宗教信仰的文物是青铜太阳轮。这件文物直径约为85厘米，呈圆形。青铜太阳轮的表面刻有五个同心圆，中心有一个圆孔，被认为是古人用来观察太阳的天文仪器。它的出现，反映了三星堆文明对太阳崇拜的深入骨髓。青铜太阳轮的五个同心圆，象征着太阳的光芒；而中心的圆孔，则被认为是太阳神的眼睛。这件文物，充分展示了三星堆文明对太阳神的敬畏之情。

除了青铜立人像和青铜太阳轮，三星堆文物还有许多其他表现宗教信仰的文物。如青铜神树，它是三星堆遗址中最具代表性的文物之一。这棵青铜神树高约3.96米，共有三层树枝，每层树枝上都站立着一只神鸟。青铜神树的出现，象征着古人对月亮和星辰的崇拜。这棵青铜神树，被认为是古人用来观测月亮和星辰的天文仪器。

总之，三星堆文物充分体现了古人对太阳、月亮和其他天体的崇拜。这种宗教信仰在三星堆文物中得到了充分体现，为我们了解古代文明的宗教信仰提供了珍贵的实物资料。

3. 精湛的铸造技艺

作为古蜀文明的瑰宝，三星堆文物闪耀着独特的光辉。它们的铸造技艺精湛，展现了古蜀文明的高度发达。青铜器作为三星堆文物的重要组成部分，制作工艺复杂，具有很高的艺术价值。在制作过程中，工匠运用了高超的铸造技艺，如范铸法、失蜡法等，使得青铜器的形制、纹饰和铭文都精美绝伦。

金器、玉器等其他文物也具有很高的艺术价值。三星堆遗址出土的金器，如金杖、金面具等，制作工艺精湛，体现了古蜀文明对黄金的珍视。金面具的制作采用了独特的贴金工艺，使得面具在光线下熠熠生辉。金面具薄如蝉翼，宽37.2厘米，高16.5厘米，重约100克，眉眼镂空、两耳轮廓圆润、鼻梁高挺，嘴形大而微张，造型威严神圣，具有神秘色彩。玉器则以其温润的质地、精美的纹饰和独特的造型，展现了古蜀文明对玉器的喜爱和高超的制作技艺。

三星堆文物的艺术价值不仅体现在它们的制作工艺上，还体现在它们所承载的丰富文化内涵中。三星堆遗址出土的文物，如青铜神树、青铜面具、黄金权杖等，都蕴含了古蜀文明的信仰、神话传说和历史故事。这些文物不仅是古蜀文明的见证，更是中华民族五千多年文明史的重要组成部分。

总之，三星堆文物作为古蜀文明的瑰宝，以其精湛的铸造技艺、丰富的文化内涵和独特的艺术价值，为我们展示了一个遥远而神秘的古蜀文明。在全球文化交流日益频繁的今天，三星堆文物的价值愈发凸显，为世界文明的传承与发展做出了重要贡献。

4. 多样的装饰手法

三星堆遗址出土了大量珍贵的文物，其中包括青铜器、金器、玉器、陶器等，这些文物展现了古蜀文明的独特魅力，成为中国古代文明的重要组成部分。三星堆文物的装饰手法多样，既有简单的线条装饰，也有繁复的图案装饰。这些装饰手法使得三星堆文物具有很高的艺术价值，展现了古蜀文明的多样性。

首先，三星堆文物中的线条装饰具有很高的艺术价值。这些线条装饰通常是在青铜器、玉器、陶器等文物上刻画出来的，线条流畅、自然，展现出古蜀人民高超的技艺。例如，青铜面具上的线条装饰，刻画出了人物的五官、发型等特征，使得面具更加生动、形象。

其次，三星堆文物中的图案装饰也非常丰富。这些图案装饰通常是在青铜器、玉器、陶器等文物上刻画出来的，图案多样、复杂，展现出古蜀人民对美的追求和独特的审美。例如，黄金面具上的图案装饰，刻画出了人物的面部特征，使得面具更加华丽、高贵。

最后，三星堆文物的装饰手法还体现了古蜀文明的多样性。这些装饰手法不仅仅是古蜀人民自己创造的，还吸收了来自其他文明的元素。例如，三星堆遗址中出土的青铜面具、黄金面具等文物，其装饰手法与古埃及文明、古印度文明等有着相似之处，展现了古蜀文明与其他文明的交流与融合。

总之，三星堆文物多样的装饰手法使得三星堆文物具有很高的艺术价值，展现了古蜀文明的多样性。这些文物不仅是古蜀文明的重要遗产，也是中国古代文明的重要组成部分，对于研究中国古代文明具有重要的历史和文化价值。

（二）三星堆文化对中国古代艺术的影响

三星堆文化对中国古代艺术产生了深远的影响，主要表现在以下两个方面。

1. 艺术风格的影响

三星堆文化是中国古代文明的重要组成部分，它的发现极大地丰富了我们对古代四川地区文化的认知。三星堆文化的独特艺术风格对中国古代艺术产生了深远影响，尤其在青铜器、玉器等方面，它们代表了当时艺术的最高成就。

在三星堆文化中，青铜器是最具代表性的艺术品。三星堆遗址出土了大量的青铜面具、青铜立人、青铜神树等器物，这些器物造型奇特，工艺精湛，令人叹为观止。三星堆青铜器的独特艺术风格体现在以下两个方面。

首先，三星堆青铜器的造型具有很强的神秘感。这些器物的形象往往十分夸张,如青铜面具的眼睛大而突出、耳朵也很大,给人一种神秘的感觉。这种神秘感可能源于古蜀人对自然和神灵的崇拜。

其次,三星堆青铜器的纹饰丰富多样。青铜器表面常常刻有各种图案,如神兽、鸟兽、云雷纹等,这些纹饰充满了神秘的色彩。这些纹饰的设计既体现了古蜀人对自然和神灵的敬畏,也展示了他们高超的铸造技艺。

另外,三星堆青铜器的铸造技术也非常高超。这些青铜器的铸造工艺已经达到了当时的最高水平,如青铜立人的铸造技术堪称一绝。三星堆青铜器的铸造技术对后世的青铜器制作产生了重要影响。

在玉器方面,三星堆文化也有其独特之处。三星堆遗址出土了大量的玉器,如玉琮、玉璧、玉璋等。这些玉器的造型和纹饰都充满了神秘感,如玉琮的纹饰通常是云雷纹、神兽纹等。

总之,三星堆文化的独特艺术风格对中国古代艺术产生了深远影响。它们不仅展示了古蜀人的智慧和创造力,也为中国古代艺术的发展奠定了基础。在未来,我们应继续深入研究三星堆文化,以期更好地了解古代中国的艺术成就。

2. 艺术思维的影响

三星堆文化的艺术思维对中国古代艺术产生了积极的影响。三星堆文化的艺术思维注重形象的表达,强调视觉冲击力。它以其独特的艺术风格和神秘的历史背景而受到世人的关注。三星堆文化的艺术思维对中国古代艺术产生了积极的影响主要体现在以下4个方面。

(1)形象的表达

三星堆文化的艺术思维注重形象的表达,强调视觉冲击力。这种艺术思维在三星堆出土的各种文物中得到了充分体现,如青铜神树、青铜立人像等。这些文物以其独特的造型、精美的纹饰和精湛的工艺,给人以强烈的视觉冲击,展现了三星堆文化对形象表达的独特理解和追求。

(2)审美观念的影响

三星堆文化的艺术思维对中国古代艺术的审美观念产生了深远的影响。三星堆文化的艺术作品以其神秘、崇高、典雅的艺术风格,使得中国古代艺术在审美取向上逐渐形成一种独特的风格。这种风格在后来的汉代、唐代等时期得到了进一步的发展和完善,形成中国古代艺术的独特魅力。

(3)技术创新的推动

三星堆文化的艺术思维在技术创新方面也产生了积极的影响。三星堆文化的艺术作品以其精湛的工艺、高超的技术水平,推动了中国古代金属工艺、铸造技术的发展。这种技术创新为中国古代艺术的发展提供了有力的技术支持，使得中国古代艺术在技术层面上不断进步。

（4）文化交流的桥梁

三星堆文化的艺术思维还成为中国古代艺术与其他文化交流的桥梁。三星堆文化的艺术作品以其独特的艺术风格和审美取向，吸引了来自世界各地的关注和研究。通过对三星堆文化的研究，人们可以更好地了解中国古代艺术的发展历程和独特魅力，进而推动不同文化之间的交流和融合。

总之，三星堆文化的艺术思维对中国古代艺术产生了积极的影响，这种影响不仅体现在艺术作品的形式和内容上，还体现在审美观念、技术创新和文化交流等多个方面。通过对三星堆文化的研究和探讨，我们可以更好地认识和理解中国古代艺术的发展历程和独特魅力，为当代艺术的发展和创新提供有益的启示。

（三）三星堆文化在世界艺术史中的地位

三星堆文化留下了丰富的艺术遗产，如青铜器、玉器、金器等，这些艺术遗产在世界艺术史上具有很高的价值。

三星堆文化的青铜器以其精美的造型和精湛的工艺而著称。青铜器的制作工艺极为复杂，包括铸造、雕刻、焊接等多种技术。青铜器的造型丰富多样，有人物、动物、器物等，其中最具代表性的是青铜面具和青铜立人像。这些青铜器造型独特，充满神秘色彩，反映了当时人们的宗教信仰和审美情趣。

三星堆文化的玉器同样具有很高的艺术价值。玉器的制作工艺非常精细，有雕刻、打磨、抛光等多种技术。玉器的造型多为人物、动物、器物等，其中最具代表性的是玉琮和玉璧。这些玉器造型精美、工艺精湛，反映了当时人们对玉器的喜爱和对美的追求。

三星堆文化的金器也非常珍贵，主要为金箔、金片、金带等形式。金器的制作工艺非常复杂，需要运用锻造、焊接、镶嵌等多种技术。金器的造型多为人物、动物、器物等，其中最具代表性的是金面罩和金杖。

三星堆文化的艺术遗产在世界艺术史上具有很高的价值，不仅因为其精美的造型和精湛的工艺，还因为其独特的文化内涵和历史价值。三星堆文化是中国古代文化的重要组成部分，对于研究中国古代历史和文化具有重要的意义。同时，三星堆文化的艺术遗产也为世界文化遗产的保护和传承提供了宝贵的值得借鉴的经验。

四、都江堰的艺术价值

都江堰的艺术价值主要表现在城市整体格局艺术和地域特色的建筑艺术两个方面。其独特之处在于，它巧妙地利用自然资源，营造出城市与自然和谐共生的风貌。一方面，山、水、城、林、堰交相辉映，展示了大自然与人类智慧的完美融合。另一方面，都江堰的历史城区保留了众多具有川西地方特色的建筑，如城隍庙十殿、伏龙观、二王庙、懋功寺、民居宅院、南桥等。这些古建筑依山就势，姿态优雅，设计巧妙，施工精细，细节考究，展现了其极高的艺术价值。

都江堰的多元文化魅力，在2022年成都市市级文创产业园区、文创特色街区、文创特色村（社区）评审认定中得到充分体现。致力融合创新发展的成都东软学院文创产业园，入选市级文创产业园区；亦古亦新的灌口街道（西街、南街），入选市级文创特色街区；美学氛围浓厚的石羊镇七里社区，入选市级文创特色村（社区）。石羊镇七里社区被誉为淌着诗意与美学的田园，即使位于都江堰最南端、川西林盘的纵深处，石羊镇七里社区的诗意却从未停止流淌。以"最好的文化传承莫过于让历史文化融入生活、走进现实"为理念，石羊镇七里社区致力于打造立体化文化传承鲜活载体，呈现出成都特色的"乡村美学"风格。而诗歌成为赞颂自然美好生活的良好媒介。每年定期举办的"中国都江堰田园诗歌节"等主题活动，吸引了程步涛、杨牧、流沙河、扎西才等诗人担任荣誉市民，舒婷、牛放、凸凹、羊子等活跃于当代诗坛的诗人担任驻镇诗人。他们与本地柳风农民诗社和柳风艺术团一道，深挖天府文化、诗歌文化、农耕文化等特色文化资源，为艺术元素融入乡村生活提供路径支撑。

除此之外，都江堰还有文庙碑刻艺术，如乾隆碑刻、竹碑刻、立马碑刻、奔马碑刻、麻姑像碑刻、花蕊夫人像碑刻等碑刻都蕴含独特的艺术价值。

第四节　天府文化的保护方式

成都是古蜀文明的重要发祥地，古蜀先民逐水而居，在广袤的四川盆地创造了光辉灿烂的文化，自秦张仪筑城于锦江之滨后，城名未变，城址未迁。从南方丝绸之路枢纽到西南大都会，在源远流长的中华文明发展史中占有独特且不可或缺的历史地位。两千余年来，成都古城格局相对稳定，城市格局经历了由"二江珥市"到"两江抱城"的演变，留下了时空连续的历史文化资源，孕育积淀出"创新创造、优雅时尚、乐观包容、友善公益"的天府文化特质。成都在建设践行新发展理念公园城市示范区的实践中，传承巴蜀文明、发展天府文化，进一步增强保护和传承历史文化的责任感，创新保护理念，开展顶层设计，完善系列规划，健全体制机制，保障实施推进，努力建设世界文化名城，推动天府文化走向世界。

一、政策保护

政策保护是确保天府文化得到妥善保存、保护和传承的重要手段。通过制定相关法规和政策，可以建立起系统性的文化遗产保护框架，明确责任、规范管理，促使社会各方共同参与文化遗产的保护工作。

（一）法律法规及技术规范

四川省加强了文物保护法治建设，制定了相关保护政策，为文物保护、传承与发展提供了坚实的法律依据。成都目前已出台《成都市城市景观风貌保护条例》《成都市历史建筑和历史文化街区保护条例》《成都市文物保护管理条例》等相关法规指导名城保护管理工作，强化历史文化资源保护和风貌塑造。还制定《成都市古树名木保护管理规定》《成都市大遗址保护管理办法》等部门规章及《成都市历史建筑保护与利用技术导则》《成都市历史建筑修缮管理技术标准》等技术规范文件，形成较为完善的法律法规及技术规范体系。

在全域历史文化遗产保护体系方面，出台了《中共成都市委关于弘扬中华文明发展天府文化加快建设世界文化名城的决定》《成都市建设"三城三都"三年行动计划（2018—2020年）》《成都市城市总体规划（2016—2035）》等文件。其中《成都市城市总体规划（2016—2035）》公众意见征集稿指出，将构建两个层次、十个方面系统完善、重点突出历史文化遗产保护体系，协调好保护和发展的关系，构建市域、中心城区两个空间层次的历史文化遗产保护体系。

在历史文化名城保护规划的框架下，成都市也积极开展了一系列的保护规划，包括《成都市历史文化名城保护规划》《成都市历史文化风貌片区保护专项规划》《成都市中心城区工业历史保护规划》《成都市中心城特色风貌街道专项规划》《历史文化街区保护规划》《成都天府文化公园管理暂行办法》等，深化了对历史文化保护的研究，创新了保护理念和措施，为各类历史文化资源的保护提供了明确的路径。

（二）文化遗产清单编制

清单编制的主要目的在于整合和保护地方文化遗产，明确清单内的文化遗产，从而提供更加全面和规范的保护。四川省已经建立了较为完善的文化遗产清单体系，其中包括了文物古迹、重要文化场馆、项目及非物质文化遗产等丰富内容。这些清单内的文化遗产在保存、修复和管理等方面得到了更为规范的保护，为天府文化的传承提供了坚实的保障。

为了加强传承发展体系建设，完善非物质文化遗产代表性项目和代表性传承人制度，四川省进行了两次全省非物质文化遗产资源普查，同时也开展了黄河（四川段）非物质文化遗产项目的调查工作。此外，实施了省级非物质文化遗产代表性传承人的抢救性记录工程。截至2021年来，全省共有7项非物质文化遗产入选联合国教科文组织非遗名录，国家级非物质文化遗产代表性项目153项，省级非物质文化遗产代表性项目达到611项，国家级代表性传承人107人，省级代表性传承人1 072人。这些举措不仅提升了四川省文化遗产保护的水平，也为天府文化的传承发展奠定了坚实基础。同时，也使非物质文化遗产得到了更加全面的保护和传承。

（三）文化遗产管理机构建设

四川省为了更好地保护文物，设立专门的文物管理单位，确保对文物的专业管理和保护；成立了文化遗产管理机构和文物保护中心，负责统筹规划、组织实施文物保护工作，为文物保护提供了组织保障；建立了文物保护委员会，对文物保护提供专业指导和决策支持；积极培养专业人才，包括考古学家、文物修复师、文物保管员等，组建了一个强大的文物保护团队，为文物的保护和修复提供了有力的人才支持；广泛应用非破坏性检测、全景数字化摄影、三维建模等先进技术手段，全面、准确地记录和保护文物的原貌，为文物的保护工作提供了科技支持。

二、文化宣传和教育

加强文化宣传和教育是保护和传承天府文化的重要举措。向公众传播天府文化的内涵和价值，可以进一步增强社会对天府文化的认知和认同。加强文化教育，可以培养大众对本土文化的热爱与认同，为传承和发展天府文化打下坚实基础。

（一）主流媒体宣传

四川省利用主流媒体来宣传天府文化，可以使更多的人了解、关注和热爱天府文化，从而促进其传承和发展。通过电视、报纸、杂志、互联网、自媒体、地铁站点创意LOGO、市徽太阳神鸟图案、创意产业园、东郊记忆音乐产业基地等主流媒体、产业基地等，进行广泛而深入的天府文化宣传，可以让更多的人了解四川的历史文化、民风民俗、地域特色等。

例如，2022年12月13日，天府文化传承交流沟通会在成都复星艺术中心成功举行，该会议由成都传媒集团所属成都时代出版社主办。会议主题是"弘扬传承中华优秀传统文化，增强历史自觉、坚定文化自信"，深入学习宣传贯彻党的二十大精神和习近平总书记来川视察重要指示，旨在推动天府文化的创造性转化、创新性发展，助力成都建设世界文化名城。

由成都市委、市政府着力打造、成都传媒集团主办的《天府文化》杂志（含微信、微博）也承担着挖掘天府文化和历史遗存背后蕴含的哲学思想、人文精神、价值理念、道德规范，以成都历史为时间轴，关注城市的过去、现在和未来，通过挖掘深厚的文化积淀，彰显继往开来、革故鼎新的时代风采，更好地推动天府文化的创造性转化、创新性发展，争做成都建设世界文化名城的传播者和推动者。

（二）教育和培训

通过教育和培训的方式，可以使更多的人了解和研究天府文化，从而促进其传承和发展。四川省设立了文物保护专业，组织相关学术研讨、论文交流和专题培训等活动。同时，通过教育部门、文化机构等，加强对小学、初中、高中、大学及社会公众的天府文化教育，培养更多的人才用以传承和发展天府文化。

例如，2023年6月26日，由成都市天府文化传承发展促进会主办的天府文化云讲堂，讲述了一代名师魏了翁的学术成就以及创办鹤山书院、培养杰出人才等方面的内容，向学习者讲述其在教育方面的杰出成就及传承发展，极具文化教育意义。

（三）文化展览和演出

文化展览和演出是相对比较直接的一种传播方式，能够让大众"零距离"地感受和体验天府文化的意蕴和魅力。例如，2023年10月，由中华人民共和国文化和旅游部、四川省人民政府、中国联合国教科文组织全国委员会主办，成都市人民政府、四川省文化和旅游厅、中国非物质文化遗产保护中心、联合国教科文组织亚太地区非物质文化遗产国际培训中心承办，成都市文化广电旅游局和成都市青羊区人民政府协办的"第八届中国成都国际非物质文化遗产节"在成都市举办，主题是"共享履约实践，深化文明互鉴"，其划分为五洲非遗、神州非遗、巴蜀非遗、云上非遗四大板块30多项特色鲜明的节会活动，来自全球47个国家（地区）和国内各省（区）市的900余个非遗项目以及6 000余名非遗传承人、传统表演人员和中外嘉宾相聚成都，交流互鉴。与此同时，成都也通过展示中华优秀传统文化的非遗故事，彰显了多彩四川的文化魅力，展现了天府文化的独特色彩。

三、完善管理体系

完善管理体系是保护天府文化不可或缺的工作，其目的在于建立规范、科学、高效的管理机制，推动天府文化的合理利用和发展。

（一）资源整合和规范化管理

四川省对文化遗产资源进行了整合和规范化管理，建立了文化遗产信息数据库，并且通过信息化手段，进行信息共享、在线预约、网上支付、在线咨询等一系列服务，为公众提供更加便捷、高效的文化遗产管理服务。数据库集中收录了各类文化遗产的信息，包括历史、地理等资料，便于集中管理和保管。通过数据库的建设与管理，可以及时了解各类文化遗产的状况，有助于制定科学合理的保护方案，加强对遗产的保护工作；可以作为教育宣传的重要资源，帮助公众更加深入地了解和认识天府文化，促进文化传承与弘扬；可以为学者、研究人员提供丰富的文化遗产信息，有利于推动相关学科的研究和学科建设；数据库可以作为应急处置的参考，为其提供有力的支持，保障文化遗产在灾害情况下的安全；数据库为政策制定提供了数据支持，有利于资源的合理分配和利用，推动天府文化的保护和发展。

（二）保护和修复

在对文物建筑进行保护和修复时，四川省采用先进技术和方法，如非破坏性监测技术、数字化测绘技术等，保留文物建筑原本的结构、色彩、材料、纹饰等原始属性，同时还能延长文物的寿命和可持续性。非破坏性监测技术不仅不会对文物建筑本身造成破坏，还可以精准地获取建筑物的结构信息，包括材料性质、结构强度等，能够帮助工程师全面了解文物建筑的结构状况，为修复和保护工作提供准确的依据。数字化测绘技术可以高精度地获取建筑物的三维模型和详细结构信息，为修复工作提供精准的测量数据，有助于精确地复原和修复，使修复过程更加科学、精确。先进材料和工艺的应用，可以保证修复工作的质量和持久性，使修复后的文物建筑具有较高的抗损性和耐久性，延长了其寿命。通过文物保护科技研究，可以开发出更加适用于文物保护的先进技术和方法，为文物保护提供持续的科技支持，推动保护工作的不断进步。采用先进技术和方法也有助于降低修复工程对环境的影响，符合可持续发展的理念。

（三）社会参与

加强社会参与是完善管理体系的重要环节，可以提高公众的文化素养，使其自觉爱护和维护天府文化。四川省制定了文物保护志愿者制度，吸引志愿者到文化遗产保护现场参与工作，此举不仅为大众提供了丰富多彩的志愿者活动平台，同时也能够吸引更多人参与文化遗产保护。

通过参与文物保护工作，志愿者能够亲身体验和了解天府文化的珍贵性，从而增强了自己的文化意识；志愿者的参与使得文物保护工作更具活力和广泛性，有助于天府文化的传承；志愿者活动促进了社会各界的互动与交流，形成共同保护天府文化的共识；利用志愿者的力量，可以节约一部分人力、物力成本，提高了文物保护的效率；志愿者的参与使得文物保护力量更为强大，有助于应对各种文物保护挑战。

第四章 天府文化的传播困境与对策

　　成都作为中国西南地区的文化中心，拥有悠久的历史和丰富的文化底蕴，天府文化便是这一底蕴的重要体现。本章为天府文化的传播困境与对策，主要从天府文化的传播现状、天府文化的传播困境、天府文化的传播策略三方面进行阐述。

第一节　天府文化的传播现状

天府文化的传播主要依赖传统媒体、新媒体等手段和技术进行国内外传播，国内传播成效显著，但国际传播力度及影响力还不够深入，范围有待扩大。

一、天府文化的传播媒介

天府文化的传播媒介主要包括传统媒体、新媒体、自媒体等，也融合了地铁广告、楼宇广告等传播载体。技术的发展也不断推动天府文化的传播与传承，线下活动创新性地引入AR、VR、人工智能等技术，为天府文化的传播提供了强大的技术支持。天府文化是中华民族在长期的历史发展过程中所形成的一种稳定的文化形态，它具有独特的价值体系和深厚的文化底蕴。数千年来，"弘扬天府文化"这一主题随着媒介形态的变化而不断演变新的承载形式。

（一）传统媒体对天府文化的推广

传统媒体在天府文化的推广中发挥着不可替代的作用，通过报纸、杂志、电视、广播等多样化形式，为广大读者和观众呈现丰富的天府文化内涵。例如，四川日报、成都商报、四川电视台、四川人民广播电台、成都广播电视台、杂志社、出版社等，以定期报道和精心策划的节目，将天府文化的精华传递给社会大众。

以《地名天府·文化寻根》为例，该节目通过线下活动的形式深入探访天府文化的源流地，展示了天府文化的魅力。节目通过在潼川古城和犍为文庙等地举办活动，不仅传递天府文化的历史深度，更引导观众亲身感受、参与其中，强化了文化传承的互动性。这种以地名为突破口，挖掘文化内涵的方式，有助于更好地普及和弘扬天府文化。《地名天府》线下活动的巡回举行，为更广泛的地域观众提供了了解和体验天府文化的机会。通过传播地名知识等一系列活动将进一步激发社会对天府文化的关注，促使更多人参与到文化传承的过程中。

综合来看，传统媒体在天府文化传播中的角色至关重要，通过多样性的内容呈现和线下活动组织，有助于在社会中营造对天府文化的认知和热情，推动其在当代社会的传承和发展。

（二）新媒体对天府文化的推广

传统媒体的推广方式具有一定的局限性，如推广内容的形式较为单一、推广范围较为有限。随着互联网的普及和发展，新媒体推广逐渐成为天府文化推广的重要渠道之一。新媒体具有传播速度快、传播范围广、互动性强等特点，能够更好地满足人们对于文化信息的需求。

1. 新媒体平台

近年来，天府文化在新媒体平台上的传播与推广日益活跃，取得了显著的成效。在社交媒体平台、在线视频和音频平台等多种传播渠道的共同作用下，天府文化逐渐被更多人所熟知，并在国内外产生了广泛的影响。

（1）社交媒体平台

①微博

微博作为一种流行的社交媒体平台，吸引了大量的用户关注。天府文化在微博上的传播以内容为核心，通过发布精美的图片、文字和短视频，展示天府文化的魅力。此外，微博还支持用户之间的互动，如微博号"四川广汉三星堆博物馆""天府胖嘟嘟"等就有众多粉丝参与互动。

②微信

微信是中国最受欢迎的社交媒体平台之一，其公众号功能为天府文化的传播提供了广阔的空间。通过开设官方公众号，如"天府文化会客厅""天府文化中心"等，传播天府文化相关内容。此外，微信还具有支付功能，为天府文化文创产品的销售提供了便利。

③抖音

抖音是一个短视频社交平台，其以独特的音频、短视频、直播等形式吸引了大量用户。天府文化在抖音上的传播主要以短视频为主，通过展示天府文化的特色景点、美食、民俗等，吸引用户关注。例如，"文明成都""天府文化会客厅"等多个抖音账号积极宣扬天府文化元素，除此之外，还有诸多线下文化宣传场馆在抖音平台上开办账号，发布活动宣传短视频，吸引诸多民众前往，如"天府111"。

（2）在线视频平台

①优酷

优酷作为中国领先的在线视频平台，拥有大量的用户和丰富的内容资源。天府文化在优酷上的传播以纪录片、电影、电视剧、微电影等形式为主，通过优质的内容吸引用户关注。此外，优酷还具有弹幕功能，用户可以在观看视频的同时发表评论，形成良好的互动氛围。例如，饮食纪录片《无辣不欢》（见图4-1）、《川味》等就收获了大批爱好者。

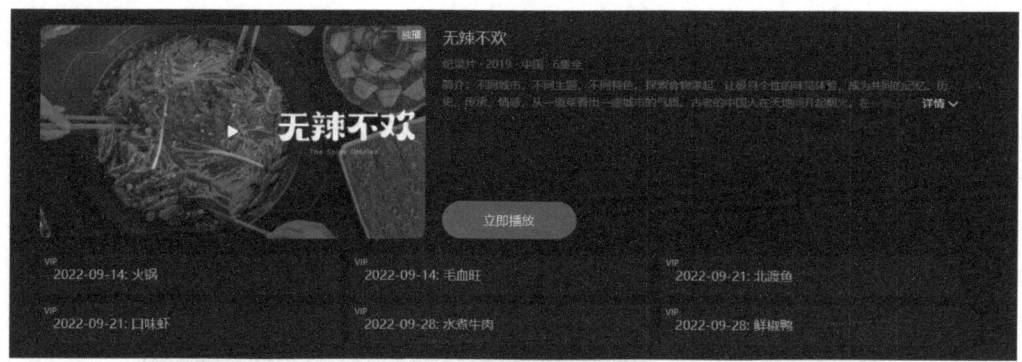

图 4-1　纪录片《无辣不欢》

② 爱奇艺

爱奇艺同样是一个备受欢迎的在线视频平台，天府文化在爱奇艺的传播以电视剧、电影、综艺节目等形式为主，通过优质的内容吸引用户关注。此外，爱奇艺还具有丰富的广告资源，为天府文化相关产品的宣传提供了良好的平台。

除此之外，腾讯微视、微信视频号、央视频等短视频平台在传播天府文化、展示天府文化魅力、弘扬天府文化精神等方面也起到了举足轻重的作用。

（3）音频平台

① 喜马拉雅

喜马拉雅是一个集音频分享、音频直播、知识付费等功能于一体的在线音频平台。天府文化在喜马拉雅上的传播以有声书、电台节目、播客等形式为主，通过优质的音频内容吸引用户关注。例如，《天府文化讲堂》《天府文化传承发展系列讲座》等，对天府文化进行创造性转化、创新性发展，打造出一系列彰显天府文化、镌刻成都记忆、独具天府文化特色的音频资源。

② 荔枝 FM

荔枝 FM 是一个以音频直播为主的在线音频平台，天府文化在荔枝 FM 上的传播以音频直播、播客等形式为主，通过优质的音频内容吸引用户关注。例如《写给儿童的中国地理 1：天府之国》《有一种生活方式就叫成都》等。

2. 新媒体技术

随着科学技术发展的日益成熟，触控交互、体感交互、3D Mapping、动态投影、VR、AR、MR、全息成像、多通道投影拼接融合等技术在线下文化传播活动之中大显身手，下面我们以三星堆博物馆新馆为例进行讲解。

三星堆博物馆新馆（见图 4-2）依托移动互联网、云计算、大数据、物联网、人工智能等技术，搭建了一个包含综合管理平台、智慧导览系统、智慧讲解系统、票务系统、藏品管理系统、学术资源管理系统、文物在线监测、门户及公共服务资源等在内的智慧博物馆系统，为公众观展提供了现代化、科技化的选择。

图4-2 三星堆博物馆新馆

在"世纪逐梦"展区的新馆中，一项名为"方舱考古"的展项凭借先进的裸眼立体新媒体技术，真实地还原了考古方舱，让游客能够亲身感受三星堆遗址祭祀区六个新坑的发掘过程。该展区借助专业图形工作站，打造出了前沿的视觉艺术，让游客仿佛置身于三星堆祭祀坑的考古发掘现场。在"巍然王都"展区中的"三星堆遗址沙盘折幕"则是利用了当前最复杂的投影机矩阵无缝融合技术，配合先进的同步播放系统，实现了近20个超高清画面的同步播放，延时仅3毫秒。这样的技术让游客能够流畅地观赏到三星堆古城的整体画面，感受古代王都的辉煌。

游客有过如此身临其境的体验，就能够加深对于文物文化内涵和历史背景等的理解，同时新鲜刺激的体验也促使他们在社交平台上发布图片和视频等，这样就会吸引更多的游客前来，也会有更多的游客接受文化的熏陶，这也是新时代下传承文化的有效方式。

（三）线下活动对天府文化的推广

线下活动通过展览、讲座、演出、书展等多种形式呈现给大众，使人们能够亲自感受和深入了解天府文化的魅力。这些活动既丰富了人们的文化生活，也促使天府文化更加深入人心。

天府文化展览是一个直观而深刻的推广方式，通过展出文物、艺术品和相关资料，让观众近距离了解天府文化的历史渊源。讲座可以通过专家学者的解读，为人们提供更系统的文化知识,加深对天府文化的理解。演出通过音乐、舞蹈、戏剧等艺术形式,将天府文化的艺术表现力展示给观众。书展则通过图书、出版物的展示,提供更多文献材料,激发人们对天府文化的兴趣。

此外,通过旅游、民俗、美食等形式,也可以让人们在实地体验的过程中更深入地了解和感受天府文化的内涵和魅力。旅游景点、传统节庆、地方特色美食等都是天府文化的具体体现,通过吸引游客和参与者,使天府文化更加活跃于日常生活之中。

总之,多种渠道的推广手段相互结合,能够更全面、多角度地传播天府文化。这种多元化的宣传方式有助于吸引不同群体的关注,为天府文化的传承和发展创造更加有利的条件。在不断创新和探索中,天府文化将焕发出新的生机和活力,为中华民族的文化繁荣贡献更多力量。

二、天府文化的国际传播

文化因交流互鉴而精彩。2014年,习近平主席在巴黎联合国教科文组织总部发表重要讲话时指出:"文明是包容的,人类文明因包容才有交流互鉴的动力。"[①] 世界文化名城就是一个人类文明、多元文化交流互鉴的广阔舞台,建设世界文化名城,就是要充分发挥天府文化的包容特性,提高其国际认可度。

文化的国际传播是世界认可天府文化的过程,同时也是天府文化包容、借鉴、汲取其他文化元素的过程。在此期间建设世界文化名城,就是在文化之间建立一座平等对话、相互沟通的桥梁,建立一种同理心,一种世界性伦理,一种普世的感性,把各种各样的人、各种各样的文化聚合到一起,凸显现代城市多元包容的魅力,而天府文化显然是具备这样的包容性的。其实质内涵、当代表达与世界主流价值观之间可以形成有效沟通,可以包容其他思想意识,通过文化的黏性,吸引具有其他文化背景的人关注四川成都。这种文化包容性、吸引力让大量的游客从境外涌向成都。2016年,成都成为世界第二高增长的旅游目的地,是全球15个最快乐的地方之一,前往成都的机票的在线预订率保持高增长。《世界游客向往的中国城市》榜单中,除了北上广深四大一线城市,成都位居第五。

利用这样的优势,继续发扬天府文化的包容特性,推动其国际传播,首先应该加强多层次的世界文化互动,这是成都建设世界文化名城,让天府文化走向世界的首要任务。为此,可以更加积极地搭建跨国家、跨区域的文化交流平台,为

---

① 李君才:《中国文化年报(2014版)》,兰州大学出版社2015年版,第105页。

政府部门、文化传播机构、企业、民间团体组织和实施各种各样的会议、活动、节会、赛事提供便利，让文化交流的空间更为广阔、渠道更为通畅。

在充分交流沟通的基础上，多元文化的相互认可、借鉴、吸引、融合更为重要，这是天府文化被世界普遍接受、真正实现国际传播的关键。这就需要在充分认识天府文化实质内涵与当代表达的前提下，进一步提炼其精神特质与世界主流价值观之间的共同性、契合点，并面向世界做好解读宣传工作，建立跨文化的同理心。针对这一目标，可以借助以下元素来扩大天府文化在世界的传播范围与影响。

（一）大熊猫文化助力

借助大熊猫文化打造天府文化视觉形象。在中国古老的图腾中，"龙"纹具有九五至尊、庄重威严等文化内涵，是中国人民的图腾崇拜象征物，在中国有极高的文化地位和意义。但是"龙"在其他国家的文化中，却往往是以负面的符号和形象出现，不容易让人亲近。而大熊猫软萌可爱、温柔和善的形象于世界来说是和平、友善的象征，更能获得国际认同。根据调查，俄罗斯、美国、日本三个国家对中国文化符号的认知，第一印象都是大熊猫。在天府文化的国际传播活动中，以"熊猫外交"为代表的动物媒介可以跨越语言符号的鸿沟，在国际传播中发挥重要作用。

以大熊猫为载体，四川地区举办了许多与天府文化相关的文化活动，如成都国际熊猫文化节、四川国际熊猫节等，这些活动吸引了大量的国际游客前来参与，促进了天府文化的传播。除此之外，1990年亚运会吉祥物"盼盼"、2008年北京奥运会吉祥物"福娃晶晶"、2018年平昌冬奥会吉祥物"熊猫队长"、2018年首届进博会吉祥物"进宝"、2021年世界大学生运动会吉祥物"蓉宝"、2022年冬奥会吉祥物"冰墩墩"都是以大熊猫为原型设计而成的，向世界人民展示中国大熊猫的神奇魅力。

2023年9月19日，首届金熊猫奖评委、嘉宾和热情的成都市民来到成都大熊猫繁育研究基地，参加"我与熊猫面对面"的文化活动，以熊猫之名，享文化盛宴。在现场，来自世界各地的嘉宾亲身体验"投壶""扔沙包"等古代趣味运动，欣赏了"工夫茶""糖画""捏泥人"等非遗项目，赏鉴了文房四宝和国画老师现场绘制的"国宝熊猫"，嘉宾还可以近距离观看大熊猫，走进双语熊猫知识科普长廊，倾听"国宝"故事，了解大熊猫生活习性等，切身感受天府文化的"熊猫"文化内涵，提升了天府文化的国际知名度。现今，大熊猫已经成为天府文化的"超级IP"，未来将产生惊人的长尾效应。

（二）川菜文化赋能

川菜之所以能够传承悠久、生生不息，离不开厨师的专业技能和创意灵感，更离不开对于味型趋势的把握。UFS大数据调研食客对于川菜的味型喜爱度结果显示，辣味中的香辣、麻辣仍是当下川菜主流味型，但近年来一些新型味型也逐渐崛起，如青花椒麻辣、金汤酸辣、烧椒、椒麻、怪味等味型。国内著名旅游平台公布的数据显示，境内热门旅游目的地中川菜馆占了所有餐馆的29.73%，是分布最广的餐厅类型，在其平台游记中提到最多的川菜是：麻辣火锅、宫保鸡丁、麻婆豆腐等，均为川菜的经典之作。

依托川菜文化，构建天府文化走向世界的国际传播策略。在打造国际美食之都的战略背景下，开阔川菜文化的国际传播思维与视野，打造富有特色的川菜产业，为川菜产业文化赋能，深度挖掘川菜产业文化资源，注重丰富川菜文化资源类型，打造知名川菜产业文化品牌，开发系列川菜文化旅游线路，举办特色川菜产业文化节庆，加强川菜产业链上下游延伸，通过改造供应链来实现价值链提升，为特色的川菜门店、菜品、服务等赋能文化内涵，培养优秀川菜品牌和企业，加快川菜的国际化步伐，将正宗的川菜推向国际。

加大川菜在国际的宣传力度，打造符合国际卫生和检疫标准的川菜原辅料生产基地，深化川菜特色、特性、风味、营养标准的基础研究，推进特色川菜菜肴的工业化；拓宽川菜呈现方式和文化传播发展路径，将有助于提升川菜国际竞争力和影响力。

（三）蜀锦蜀绣增辉

蜀锦与蜀绣作为天府文化的杰出代表，承载了丰富的历史文化内涵。在当前全球化的国际舞台上，通过运用新媒体工具、前沿技术及数字赋能等手段，可以更加有效地传播蜀锦文化与蜀绣文化，使外国民众更深入地了解这两门传统工艺，进而对其所蕴含的天府文化有更为深刻的认识。同时，加强与"一带一路"共建国家的合作也是非常关键的一步。这些国家在文化背景和审美情趣上与天府文化有一定联系，因此可以通过加强关于蜀锦、蜀绣的交流合作、项目开发等方式，共同推动这些传统工艺的传承与发展。通过形成合力，借助蜀锦与蜀绣这一文化载体，更好地推广与传承天府文化，将其推向国际舞台。

2023年7月，在成都第31届世界大学生运动会开幕式上，蜀锦、蜀绣再次出现在世界人民的视野中，如同千年前它在"丝绸之路"上的流转，实现现代成都与世界的美好对话，让世界友人再次领略到中华民族传统文化的无穷魅力。在入场环节，运动员踏着以蜀锦织就的"锦绣之路"，奔向他们的"锦绣前程"。入场式的引导牌是由蜀绣制成，奖牌绶带也是用精细复杂的纹样设计并用蜀锦技术制作出来的。这一切都表达了对世界大学生的美好祝福。

通过这样的努力，蜀锦与蜀绣这两门非物质文化遗产将能够在世界范围内得到更广泛的认可与传承。同时也将为成都及其所代表的天府文化在国际交流中赢得更加广阔的发展空间，为推动中华文化的传播做出积极的贡献。

（四）民俗节庆活动添彩

天府文化意蕴丰厚，作为历史文化名城的成都，拥有诸多传承了千百年的民俗，如春节舞龙、元宵观灯、清明扫墓、端午赛舟、七夕乞巧、中秋赏月、重阳登高等。它们起源于成都百姓生活的需要，与他们的生活息息相关，更包含了成都特定的人文、地域、时代特点，现今天府民俗节庆活动已经走出四川，走向世界。

2005年2月6日至3月10日，由成都市人民政府主办，武侯区人民政府、成都市文化局承办，成都武侯祠博物馆协办的"成都大庙会"在成都武侯祠博物馆园林区和锦里古街举行。本次大庙会首次将会址设在武侯祠博物馆，与武侯祠传统的"游喜神方"民俗活动及锦里古街有机结合，突出三国文化和川西民俗文化特色。庙会期间，首次举行以三国文化为主题的大型灯展，共有26组大型灯组和2000多盏花灯参展，还举行了"游喜神方"民俗活动表演、仿古祭祀、第十五届"武侯闹春"社区文艺表演、"爱心一元助困"捐款活动、"千秋蜀汉风·武侯海峡诗歌楹联会"主题活动等。

2018年2月10日，摩洛哥活动现场"年味儿"十足，当地市民被来自成都的稀奇"玩意儿"惊艳得合不拢嘴。2018年2月16日，由成都市人民政府主办、成都市人民政府外事侨务办公室与武侯区人民政府承办的"PANDA成都"活动使得5万美国人体验到地道成都文化大餐[1]，成都艺术团带来的经典民乐演奏、创新川剧变脸、成都特色杂技、书法、剪纸、纸伞填色、年画印刷等吸引了大批观众。2018年2月25日，"唯美大气的舞蹈、扣人心弦的杂技、优美动人的民乐、精彩的川剧变脸与木偶表演……来自成都的天府文化艺术团为当地观众献上了一道活色生香的'天府文化盛宴'"[2]，把浓浓的中国年味儿带到了约旦。

---

[1] 杨彩华、胡清：《成都精准定位迈向世界城市》，《成都日报》2018年5月26日第3版。
[2] 任宏伟：《"天府文化"香飘海外 五洲共庆"欢乐春节"》，《成都商报》2018年2月24日第8版。

（五）影视作品与音乐作品提升国际影响力

近年来，以四川文化为背景的影视作品和音乐作品层出不穷，在一定程度上传播了天府文化，并将天府文化传播到了世界各地。例如，电影《熊猫大侠》、电视剧《新三国演义》、国潮大剧《花重锦官城》，短片《非遗迎大运》等作品层出不穷，此外，越来越多的音乐人也将四川音乐融入他们的作品中。

2021年上线的古琴篇《剑桥来信》，以古琴斫制技艺大师覃刚和他就读于剑桥大学的弟子的来信为开端，以第三人称的口吻分享天府非遗文化，备受全国乃至全世界关注。2021年《非遗迎大运》，则结合了2021年成都大运会，从天府新区的各位非遗人迎接大运会的视角，通过快节奏画面切换来表现煎茶窑传统陶器制作烧制技艺、古琴斫制技艺等多个天府新区非遗项目，从小视角分享成都非遗文化在传承中的创新，展现天府新区的非遗文化风采，使天府文化在世界舞台绽放光彩。

另外，由成都市人民政府新闻办公室指导，成都市广播电视台国际传播合作中心、成都大学天府文化研究院联合制作的大型双语纪录片《天府文化对话世界》于2023年2月正式上线，总共分为3集，分别为《神秘的古蜀瑰宝》《水利兴城的世界文化遗产》和《"值钱"的创造力》，它以国际化的视野和角度，邀请世界各国学者隔空对话，首次将天府文化定位于全球历史文化坐标系之中，深度挖掘交子、都江堰、金沙—三星堆等天府文化在世界范围内与其他悠久文明之间存在的异同、关联和延伸，在世界智囊思想碰撞中，实现东西方文明的交流与互鉴。

（六）文学作品的译介工作力度加强

近年来，天府文化的国际传播已经取得了一定的成就，然而，为了进一步推动天府文化走向世界，仍然需要有规模、有体系的重要作品译介。这些译介成果在将天府文化经典、研究著作的文本转换为国际读者所能理解的形式方面，发挥至关重要的作用。通过这项工作，可以向海外读者展示一个直观、立体、深度丰富的天府文化世界，为西方社会近距离地了解与认识天府文化提供了重要的资料和窗口，成为天府文化走向世界的重要途径和桥梁。

近年来，涌现出了许多天府文化的外文著作，这些作品从天府文化、成都生活、风土人情等方面生动地展示了天府的独特魅力，如《诗与茶的交响：天府文化四季译丛》《天府文化与成都的现代化追求（英文版）》《成都风物（英文版）》《衣袂飘飘——成都·后现代城市生活美学（英文版）》等。其中,《诗与茶的交响：天府文化四季译丛》作为纯英文套书，选取了天府文化中最具代表性的"诗"与

"茶"元素,传达了吟诗、品茶、聆听故事的雅致阅读情趣,以春、夏、秋、冬为线索,分别象征了天府文化丰富多彩的精神内涵,独特新颖,吸引了大批读者阅读。

此外,天府文化相关的译著及研究也在不断涌现,《天府的记忆》《巴蜀文化志》《少城街巷志》《天府文化翻译传播研究:基于产教研融合视角》《濯锦清江万里流——巴蜀文化的历程》(节选)翻译报告等也展现了天府文化译介能力不断加强的势头。这些翻译报告和研究成果的涌现,不仅彰显了天府文化译介能力的不断增强,也为天府文化的国际传播提供了丰富的内容和理论支持。通过这些作品,可以让更多的国际读者深入了解、认识和热爱天府文化,为天府文化走向世界打下坚实的基础,进一步巩固天府文化在国际上的影响力,让更多的人了解、认知并喜爱天府文化,推动其在国际舞台上更加广泛地传承与发扬。

(七)各类国际会议、展览和赛事的举办

成都在我国旅游领域的影响力不断提升,继北京之后,于2017年成为我国第二座举办联合国世界旅游组织全体大会的城市。这一荣誉进一步巩固了成都的国际地位,使其在旅游领域的竞争力得到全面提升。除此之外,成都成功地吸引了ICAS国际航展委员会中国总部入驻,并举办了2017腾讯全球合作伙伴大会、2017成都全球创新创业交易会、第12届中国—欧盟投资贸易科技合作洽谈会等一大批具有全球影响力的国际会议,使成都在国际创意设计、家具展、车展等领域的品牌展会国际化水平得到了显著提升。成都国际知名度的提升,得益于成都世纪城新国际会展中心、中国—欧洲中心、成都演艺中心等项目相继建成并投入使用。这些项目的顺利完成,为成都打造"会展中心"的地位,提供了坚实的硬件基础,进一步推动了国际赛事和会展业的发展。

除此之外,成都还积极承办各类体育赛事,如2021年承办的世界大学生运动会、2022年承办的第56届国际乒联世界乒乓球团体锦标赛等,吸引了大批观众到场观看,精彩的现场赛况视频和图片也在世界各大网络社交平台上广泛传播,点赞和转发量众多,这也让世界各国民众对四川、对成都有了不一样的认识和了解,让天府文化再次受到了人们的关注。

总的来说,天府文化在国际上的传播现状还是比较乐观的,但也存在一些困难与不足,如文化传播方式单一、国际友人对天府文化的认知度不高等。因此,未来还需要加大天府文化的传播力度,创新传播方式,提高世界人民对天府文化的认知度。

第二节 天府文化的传播困境

天府文化是四川省的地方文化，以其独特的历史文化和自然风光吸引着众多的游客和观众。近年来，随着旅游业的发展和文化产业的兴起，天府文化的传播也越来越受到关注。然而，在天府文化的传播过程中，还存在许多问题需要我们去思考和解决。下面将从四个方面来分析天府文化传播存在的困境。

一、部分文化传播形式相对传统和单一

天府文化的传播形式在某种程度上相对传统和单一，而如今社会的文化传播趋势却向更富趣味性和互动性的方向发展。为了更好地吸引年轻人和广大公众对天府文化的关注，应引入更多创新和富有活力的传播形式。

一种创新方式是融入新技术，特别是数字技术、虚拟现实技术和增强现实技术。通过开发与天府文化相关的移动应用或游戏，可以提供互动性和参与度更高的体验。这样的应用或游戏可以结合传统文化元素，打造沉浸式的学习和娱乐体验，让用户在玩乐中更深刻地了解和体验天府文化。此外，举办研学体验、"打卡"体验等活动也是吸引年轻人参与的有效方式。通过设计有趣的学习活动，结合社交媒体的传播，可以在年轻人中引起更多关注。例如，设计有趣的文化探险游，结合线上线下的互动，引导年轻人深入了解天府文化，并在社交平台分享他们的文化探索经历。

总体来说，天府文化可以在传播中融入更具有趣味性和创造性的元素，通过运用新技术和新媒体，创造更生动的文化体验。这样的创新努力可以激发更多年轻人的兴趣，促使他们更积极地参与到天府文化的传承和发展中。

二、旅游景点更新和创新动力不足

成都在2023年上半年的热门旅游城市排行中位居第二，成为全国热门旅游城市。尽管如此，"天府之国"的许多旅游景点缺乏创新动力，仍然处于传统的旅游模式当中，导致一些超热门景点人数较多，旅游体验不佳，一些文旅项目深度和广度不够，游客只能游玩皮毛，因此旅游景点需要不断地更新与创新，以满足不同游客的需求。可以结合新媒体和新技术，利用数字化技术提供互动导览和讲解，利用数字化营销手段如社交媒体、在线广告等宣传更多的现代技术和设计

理念，使文化景点更具科技感和现代感。同时，景点的推广和游客的服务也应该与时俱进，根据游客对旅行体验的需求和期望，进行个性化和差异化的服务，从而提高游客的游览质量，符合其旅行期待值。

三、精品文化产品缺乏质和量

天府文化中缺乏精品文化产品，"IP效应"仍不明显，文旅产品、文创产品的数量、质量都有待提升，较难吸引更多的人参与文化体验，产生文化产品的消费黏性。因此，文化产业的发展极为重要，推广优质的文化产品不仅可以满足大众对于精神文化日益增长的需求，而且能够带动整个文化产业的发展，使社会文化更加繁荣。近年来，大熊猫IP、三星堆文创熠熠生辉，成为天府文化的精品文化产品，成为天府文化的标签，这些精品坚持与潮流并进，开发符合市场需求的文化产品，不断向大众传递天府文化之美。未来，应该着力打造更多天府文化精品文化产品。

四、文化艺术教育和普及有待提升

文化艺术是社会意识的重要组成部分，社会的发展需要文化、艺术齐头并进、相辅相成。社会主义的精神文明建设离不开文化艺术的建设。在社会主义社会的建设中，精神文明建设的工作应放在重要的位置，而社会主义文化之中包含着重要的精神文明部分，所以在精神文明建设进程中，积极开展全民艺术普及工作更加有利于保障人民群众的基本文化权益，通过普及艺术，可以培养人的审美情趣和艺术品位，提升其对美的认知和欣赏能力。通过共同参与艺术活动，可以促进社会交流，提升凝聚力，加强社会成员之间的联系和共同体感，"从而对社会的精神文明建设有很强的推进作用，也对社会主义文化的建设有很大的推动作用"[1]。当下，在人们的日常生活中，缺少文化艺术的教育和普及，无形中给天府文化传播带来了一些难题。例如，因为很多人对于文化艺术的理解和文化艺术水平都没有达到一定的程度，无法真正体会文化艺术的魅力和真谛。因此，需要加强文化艺术的教育和普及，提高人们的文化艺术水平。

---

[1] 王刚：《新农村文化建设机制创新的路径选择探析》，《福建农林大学学报（哲学社会科学版）》2011年第6期，第16—19页。

第三节 天府文化的传播策略

天府文化是基于成都建设"三城三都",打造世界文化名城,引领未来文化发展的理念而提出的。也是在成都市独特的历史文化内容、国家城市发展和历史名城建设的基础上凝练而成的。天府文化的传播可以彰显民族文化气息,传达天府精神品质,体现天府地区独特的文化内涵。

一、组建天府文化运营团队,制定宣传计划和策略

天府文化运营团队可以由政府、文化机构、媒体人、市场营销专家、创意人员等组成。要确保团队成员的技能多元化,包括策划、营销、设计、媒体关系等,以应对不同方面的工作需求。团队成员应具备很强的团队合作精神,鼓励创新和共同努力。

团队可以制定具有创新性的宣传活动和策略,以提高人们对天府文化的了解和喜好。首先,了解目标受众的需求和偏好,分析市场趋势,为宣传计划的制订提供基础数据支持。其次,明确目标和定位,确定天府文化的核心价值和定位,明确要传达的信息,明确宣传的目标和效果评估指标。再次,选择传播渠道,结合目标受众的特点,选择适合的传播渠道,如线上媒体、社交媒体、线下活动等。制定时间表,设定宣传活动的时间表,合理分配资源和时间,保证宣传计划的顺利执行。最后,定期对宣传活动进行评估和分析,根据反馈信息和数据,进行必要的调整和优化;建立受众反馈机制,及时了解受众的反馈意见和需求,为后续宣传工作提供参考;根据宣传活动的实际效果和市场反馈,持续优化宣传策略和方法,提高宣传活动的效果。

例如,大熊猫是展示天府文化的 IP 符号之一,做好它的 IP 内核形象建设和 IP 运营,可以更好地去传播天府文化。大熊猫 IP 建设应首抓内容生产,统一大熊猫形象标识。同时,成立专门的大熊猫品牌运营公司,整合营销资源。通过大数据分析,深度市场调研,摸清消费需求,精准定位营销,充分运用全媒体平台,更好地让世界人民都喜爱的大熊猫以更生动的形象为成都代言,向世界发声。

二、加强天府文化在社交媒体上的宣传

互联网时代,社交媒体已成为信息传播的重要途径。我们可以利用传统媒体

和新媒体平台，发布生动有趣的天府文化内容，吸引受众的关注，让更多的人加入天府文化宣传中来。例如，通过制作音视频资源、设计开发游戏等，让受众在感受天府文化的同时也享受到趣味和乐趣。许多年轻人通过社交媒体平台了解和分享天府文化，推动天府文化在年轻群体中的传播，精准把握年轻群体的喜好，是对中国传统文化的聚焦、回归与传承。

在不断变革的互联网环境下，社交媒体为文化的多元发展带来了更多元的表现形式和传播路径。这不仅促使文化展现更多样化、更丰富化，也拉近了文化与生活的距离，使得天府文化占据大量的群众基础，更能引起人们的共鸣。在当下年轻人活跃度较高的国内社交媒体平台上，通过多种形式潜移默化渗透天府文化。不仅如此，还要在TiKtok（抖音海外版）、Kwai（快手海外版）、WeChat（微信海外版）、Facebook（脸书）、INS等国外社交平台上分享和传播天府文化内涵与外延，以各种各样的形式吸引海外友人和海外华人的眼球，获得高点赞率和转发量，进而提升天府文化的品牌效应，传播中华优秀传统文化，让中华文化"走出去"。

三、加大对天府文化原创内容出版的支持力度

天府文化的独特之处在于它所表现出的文化内涵和形式，为了更好地表现和传达天府文化的精髓，传承天府文化，应加大对天府文化原创内容的支持力度，鼓励文化机构和个人创作者通过网络发行、纸质出版等方式，更好地展示天府文化的魅力。

除了出版与天府文化相关的书籍之外，在图书画册、电子出版物方面也应给予大力支持。近年来，成都连续推出《走向世界》画刊（中英文对照本）、《成都·迈向二十一世纪》系列对外宣传画册、反映成都生态建设的《成都·生态·建设》系列折页、《成都》小画册英文版、《成都旅游指南》《成都旅游画册》等，以及《中国成都》VCD光盘。将这些制作精美的出版物作为礼物赠送来访嘉宾，发送到日本、加拿大、法国等20多个国家和地区，在国际上扩大了成都的影响力，提高了知名度。

另外，除了上述出版物之外，还应重视电子原创内容的创作和网络发行，如电子图书、电子杂志、网游、手游、电子画册、数字博物馆、数字展览馆等。加大电子原创内容的创作力度，充分利用好新媒体技术、数字技术等，将多媒体电子出版物制作成数字出版物，通过互联网在线发布，将天府文化更好地传播到世界各地，丰富天府文化的传播形式，增强天府文化的传播效力。

四、实施成都天府记忆工程

文化既是精神层面的,也是物质层面的,需要有实体呈现、载体表达。要深入发掘天府文化的独特内涵,不断丰富天府文化的记忆内容,让生于兹、长于兹的人有更多、更深刻的"记得住的乡愁",也让来成都、爱成都的人有全方位、多角度认识天府文化的途径。为此,建议从以下三方面入手,实施成都天府文化记忆工程。

(一)遗存文物保护利用

成都有丰富的文博资源,除了四川博物院、成都博物馆集中展出的历代藏品,还有众多的民间博物馆,完全有条件打造"博物馆之城"。但文物本身是静态的,更何况很多文物"养在深闺人未识"。挖掘天府文化内涵特质,需要深度做好文物研究和文明密码的破译、解读,把这些沉睡的文物唤醒,让博物馆里的古董"活"起来,担当巴蜀文明、天府文化的"讲解员"。

此外,成都还有金沙、宝墩、摩诃池、福感寺等文化遗址,有武侯祠、杜甫草堂、青羊宫、都江堰、青城山等名胜古迹,每一处都有很多历史故事,都是天府文化的"乡愁",可以对此进行系统梳理、集萃整理,让每一处遗存都讲得出几个有代表性的、令人难忘的掌故。在此基础上,还可以提炼精选一批凸显文化特色的经典性元素和标志性符号,结合城市重大文化功能设施建设,着力打造一系列烙有鲜明天府之国印记的"文化地标"。另外,成都的非遗独具特色,是成都的一张国际名片,也是天府文化的重要载体,值得深入开发。

(二)地方文献集成汇编

一个地方、一个时代的文化成就,既体现在名物实体上,也记录在文字典籍中。成都自古就是文化重镇,特别是"文翁兴学"以来,历代创造了灿烂的地方文化成就,并以"蜀学"的鲜明标记汇入中华文化的整体,给天府文化厚植了养分丰富的沃壤、积累了巨大的精神财富。

在成都地方文化典籍编纂方面,有三件盛事:一是在东晋,常璩开创性撰写《华阳国志》,记述巴蜀地方历史、地理、人物等事迹。二是在宋朝,以蜀人为主体的地方士大夫编辑了一部诗文总集《成都文类》,所收诗、文、赋,上起西汉扬雄,下至宋孝宗淳熙年间,为历代骚人墨客歌咏蜀地山川灵秀、文物古迹繁盛的作品。三是在明朝,成都人杨慎编辑了一部诗文选集《全蜀艺文志》,"博采汉魏以降诗文之有关于蜀者,汇为此书"。这三部书,《华阳国志》距今1 600多年,开我国地方志先河,《成都文类》距今约1 000年,《全蜀艺文志》距今约500年。近百年来,清末编过一部《成都通览》,浓缩了一个时代的城市记忆。2016年,成都市地方志编纂委员会办公室编了一部《成都精览》,通俗介绍成都历史上的重要文明成果,但这两部书并不是文献集成。现在,我们正处在一个前所未有的文化大发展大繁荣的时代,有条件在古人成就的基础上,全面整理近500年来成都文化创造之大成,传承历史文化,弘扬现代文明,给后世再造一座天府文化的"宝库"。在文献题材、编辑体例上,可以在继承中创新,可以运用"互联网+"、大数据技术开阔思路,对历代有关成都的作品,特别是那些反映一个时期、代表一个作者的思想成就的作品,应该有心地搜集、汇总、甄别、保存,不留下历史的遗憾。

(三)百姓文史创作征集

灿烂的天府文化是由天府之国的人们创造的,但历代流传下来的文史作品,大多是知识精英创作所成。如果说编纂成都地方文献主要是汇集历代文人的创作成果,那么目前我们急需面向广大民众,发挥民众集体的智慧,侧重大众的、通俗的文化创造。我们所处的时代是鲜明彰显以人民为中心的发展思想的大时代,是人民当家作主的新时代,更是"大众创业、万众创新"的时代。作为城市的主人,每个市民都参与城市历史的书写。鼓励市民写作个人的文史作品,意在激活普通群众的创意思维,激发蕴藏在普通群众之中的创造力,让每个人共同享有人生出彩的机会。

天府文化的创造与发展,离不开广大成都市民的参与。因此,不仅要大量地培育、发现"文化名家",也要鼓励、号召更多的普通群众讲讲他们在这个大时代里的小故事。相当于在文化事业发展上,也形成并保持一个"双创"的态势。这样既丰富了天府文化创新、包容的内涵,也发展并繁荣了群众文艺事业,有利于满足人民精神文化生活的需要。

对城市治理者来说,透过普通群众所讲、所想和所作,可以多渠道、多方面地倾听群众的声音,了解群众所思、所想、所盼、所需,从而更有针对性地开展群众工作,更优质高效地办民生实事。同时,通过对面上群体和重点代表性人员的作品分析,也有助于掌握社情民意和社会思想动态,更好地行使意识形态工作主动权,开展舆论引导应对。

鼓励群众创作文史作品,也能为天府文化的创造性转化、创新性发展,增添现实的、鲜活的、源源不断的素材。只要管理有方、使用得法,就可将其中符合

"双百""二为"的作品加以弘扬推广，使之获得传播展示的机会，转化为文化创造的正能量。

五、打造成都故事展播品牌

（一）大熊猫文化品牌

长久以来，大熊猫的品牌价值和文化价值的转化深受成都市的重点关注，并取得了可观的成效，具体如下。

一是塑造了大熊猫国际交流城市大使形象。以大熊猫为载体，成功塑造国际交流城市大使形象，提升了全球知名度。通过举办一系列国际活动，如"熊猫守护使全球招募"，成都向全球展示了其对大熊猫的热爱和对生态环境保护的重视。

二是打造了大熊猫城市主题文化形象。创建了全球首个以大熊猫为主题的"熊猫邮局"，结合原创大熊猫形象和童话《熊猫王》等作品，打造了独特的大熊猫主题城市文化形象。这一举措使大熊猫成为城市文化的象征，让全球更加关注和喜爱这一濒危物种。

三是研发了大熊猫和谐形象旅游产品。以大熊猫为载体，研发相关旅游产品，成功向全球推广了"世界大熊猫家园"的国际旅游城市形象。通过大熊猫这一全球知名 IP，成都市吸引了无数游客，带动了旅游业的发展，使更多人了解和认识到大熊猫及保护其栖息地的重要性。

除此之外，针对现阶段国家发展政策和全球化发展趋势，以及新时代网络环境的变化，大熊猫文化品牌还可以继续优化，具体发展策略如下。

1. 主题定位要高端

（1）整合大熊猫资源

需要政府统筹协调，市场化运作，统一研究和打造大熊猫城市品牌，创新知识产权运营模式。政府应发挥主导作用，建立健全大熊猫保护和大熊猫文化传承体系，支持相关产业发展。同时，鼓励企业参与，以市场化手段优化资源配置，提升大熊猫产业链效益。

（2）全面创建大熊猫品牌

全方位呈现大熊猫文化与品牌思想，定位城市品牌形象。成都市作为大熊猫的故乡，应充分利用大熊猫文化资源，塑造城市特色品牌。构建大熊猫文化全产业链，包括大熊猫文化创意产业、大熊猫旅游产业、大熊猫衍生品产业等，实现产业链协同发展。提升成都市大熊猫品牌实力，助力城市形象在国际上传播。

（3）推进产权交易

加大支持原创作品力度，创新知识产权体系。政府应制定相关政策，鼓励创新，保护大熊猫作品版权。同时，建立健全知识产权交易市场，提供便捷的产权交易服务，促进成果转化为生产力。鼓励企业、高校和科研机构参与大熊猫文化创新，将知识产权转化为实际经济效益，推动大熊猫文化产业发展。

2. 品牌打造要择重

（1）公共设施标志建设

提升天府大熊猫品牌的硬实力。可以在城市建设的各个方面融入大熊猫元素，使其成为城市特色的一部分。例如，修建五星级的天府大熊猫主题酒店，不仅能为游客提供高品质的住宿体验，还能让游客在入住期间感受到大熊猫的独特魅力。创作大熊猫主题雕塑，将大熊猫的形象生动地展现在城市公共空间，增加城市的趣味性和吸引力。此外，还可在地铁、出租车和公交车上打造"盼达号""熊猫的士"和"熊猫巴士"，让人们在日常出行中也能感受到大熊猫的陪伴。推出"天府熊猫号"路线，让大熊猫成为连接城市与世界的纽带。同时，在大熊猫候机室、特色道路和交通指示牌等方面，融入大熊猫元素，让人们在出行过程中时刻感受到大熊猫的存在。在城市花园和公园等公共休闲场所，打造具有大熊猫特色的标志性景观，为市民和游客提供一个亲近大熊猫、感受大熊猫文化的空间。通过这些措施，将全面提升天府大熊猫品牌的影响力，使其成为城市的一张亮丽名片。

建立旅游度假品牌。旨在建立大熊猫国际生态新城和大熊猫国际生态休闲度假区。坚持"科研带动生态、生态促进产业、产业繁荣城市"的总体思路，积极打造独一无二的物种保护与文化旅游产业的可持续融合发展典范和品牌标志，让成都市成为全球瞩目的旅游胜地。建设"大熊猫国际旅游体验区"，结合实体大熊猫科研和繁育工作与虚拟熊猫旅游体验，创造独特的"新型生态旅游体验产品"，使其成为世界级的标志性景区。

（2）开发国际合作品牌

积极引进"东方梦工场"等国际顶尖资源，开展成都与《功夫熊猫》的合作宣传，并规划建设一个集观光、度假、康养于一体的天府大熊猫文化主题乐园，为中国及全球的游客打造世界一流、多元创新的国际旅游度假区。积极支持成都大熊猫繁育研究基地与国际组织合作拍摄大熊猫纪录电影。

（3）推出精品演艺品牌

共享大熊猫文化资源，打造大熊猫文化演艺创意平台。充分发挥市场配置资源的决定性作用，以政府引导、企业主体、社会资本参与的方式，打造一个具有国际水准的"大熊猫 show"艺术表演项目,以大熊猫为主题,结合富有艺术感染力的舞台剧元素,打造规模宏大、视觉震撼、内容奇幻的中国地区独有的表演。

(4)培育文化创意品牌

大熊猫作为核心元素,贯穿在各种文化创意产品中。不论是影视、美术、音乐,还是动漫、艺术衍生品等领域,都充分展现了大熊猫文化的魅力。通过与产业、市场、资本的有效对接,将这一文化主题转化为现实生产力,有利于推动我国文化产业的发展。

(5)提升节会奖项品牌

先策划和举办大熊猫国际旅游文化节、天府大熊猫国际电影节、森林国际音乐节、国际动漫节、国际文化艺术节等大型活动,吸引全球关注。同时,设立"金熊猫"艺术奖和文学奖,奖励在文化、艺术、科研等领域有杰出贡献的个人和团体,提升天府文化的国际影响力。此外,还可以升级"成都国际熊猫灯会",并鼓励其在欧美主要城市、"一带一路"重要节点城市、友城等地区举办。通过这种方式,能够把"成都国际熊猫灯会"打造成一个全球性的文化活动,让更多人了解和体验优秀的天府文化。

(二)水文化品牌

都江堰位于四川省都江堰市城西,坐落在四川岷江之上,是中国古代建设并使用至今的大型水利工程,被誉为"世界水利文化的鼻祖",作为自然生态与人文精神完美结合的经典巨制,堪称人类水利发展史上的旷世奇观。因而,成都政府深入挖掘都江堰蕴含的水文化,旨在打造新型城市文化品牌,带领成都走向世界。

1. 打造"天府好水"产业生态圈

俯瞰都江堰,山、水、林、堰、桥浑然一体,城中有水、水在城中,自古便有"灌城水色半城山"的美誉。都江堰市因堰而起,因水而兴,九河穿城而过,人城山水相生,这里水质清澈透明、味道甘甜,呈天然弱碱性,属国内罕见的优质水源,曾荣登"2020 中国净水百佳县市"榜首。

都江堰市作为首批国家全域旅游示范区,水文化厚重悠长,水主题旅游产品和消费场景丰富多元,与高速发展的涉水产品生产、研发、检测等共同构成完整的"天府好水"产业生态圈。

2. 借助演艺活动

"都江堰国际放水节·文化产业项目"以打造国际品牌为目标,就"都江堰国际放水节""都江堰国际水论坛"等活动建立全新的模式和产品体系,将都江堰国际放水节推上国际文化战略制高点，谋求未来战略发展，使之成为全球瞩目的国际水文化重大活动，成为每年拜水一聚的国际盛会。

围绕"水文化"为主题的各类文化活动，特别是以战国时期李冰父子率众修建的都江堰水利灌溉工程为创作背景的大型主题旅游剧《李冰治水》，用更生动的形式将都江堰的水文化传播弘扬到全世界，该剧将成为都江堰的独特文化品牌项目，全方位带动都江堰的文化消费，同时最大化提升都江堰的文化影响力。

六、加强教育领域天府文化的渗透力度

天府文化作为中华民族传统文化的重要组成部分，源于古蜀文明，并在千年的演变中形成独特的地域特色。这种文化见证了历史的变迁，蕴含丰富的内涵。为了实现其创新发展，需要让更多人了解并传承它。因此，成都肩负起传承和弘扬天府文化的使命，激发市民对这一宝贵文化的热爱，使其深入人心，从而增强民族文化认同感。

此外，当地高校也应设置与天府文化传播相关的课程，具体要点如下：设置专门的天府文化课程，致力于深入探讨和传承天府文化的精髓，培养学生对天府文化的深刻理解与热爱；设立与天府文化相关的专业，包括但不限于文化传承、历史文化研究、民俗学等，为学生提供系统化的学习和研究平台；开设文化鉴赏课程，结合学生的身心发展特点，开设天府文化鉴赏课程，使学生能够深入了解和欣赏天府文化的艺术和价值；深度挖掘文化内涵，强调对天府文化内涵的深入挖掘，推动其更全面、深入地发展，为学生提供更丰富的学习资源；激发学生学习天府文化的积极性，利用多样化的教学方法，激发学生对天府文化学习的积极性，培养学生的学术热情与研究能力；培养具有传播能力的天府文化专业人才，让他们能够有效地传承、推广和传播天府文化；学校与当地文化机构合作，推动天府文化的传承与发展，将学术研究与实践相结合。

另外，为了使天府文化在多元化时代背景下焕发活力，政府有必要加强宏观调控，出台相关政策措施，以项目化方式推动天府文化的传播。通过设立天府文化专项基金，激励各类院校深入研究相关课题，培养出一批优质人才，从而使天府文化得以传承并焕发出新的活力。政府在此过程中需充分发挥引导作用，鼓励社会各界积极参与，以多元化的传播手段和载体，让天府文化走进大众，融入日常生活。同时，加强与国际的文化交流，借鉴先进经验，创新天府文化传播方式，使之更具吸引力和影响力。

还可以邀请天府文化专家走进校园，举办精彩讲座，让广大师生深入了解天

府文化的内涵与发展轨迹。同时，相关单位应积极投身校园，以实物、图片等形式，让学生直观感受天府文化的魅力与发展现状。政府应设立天府文化推广基金，为文化传播提供财政支持。这些举措旨在提升师生对天府文化的认识和热爱，激发他们肩负起传播使命，将天府文化传承下去。在天府文化讲座中，专家以通俗易懂的方式，向师生传授天府文化的精髓，引导他们关注并保护这一独特的文化遗产。同时，讲座还可探讨天府文化在现代社会中的创新发展，为传统文化的传承与发扬注入新活力。通过这些措施，我们相信天府文化将在校园内焕发出新的生机，激发师生对传统文化的热爱与自豪。

七、加强天府优秀传统文化新时代价值的再挖掘、再整理

成都是一座文化底蕴深厚、历史悠久的城市，是中华文明的重要组成部分。2 300年的建城史和4 500年的文明史使得成都成为长江流域文明的起源地和巴蜀文化的发源地。作为茶马古道核心区域和中西文化交流的重要桥梁，成都的地位无可替代。长期担任西南地区的政治、经济和文化中心，成都以其崇尚文化、人文、包容、和谐、自然、创新和时尚等"天府"文化精髓与特色而闻名。这座城市的精神风貌和独特文化，使其成为中华文明的璀璨明珠。

成都这座古老的城市，见证了天府文化的辉煌。在三星堆文化和金沙文化繁荣时期，融入了中原文明、荆楚文明等，孕育出神秘而灿烂的古蜀文化。这一切得益于"江南丝绸之路"的开放，使得成都的丝绸、漆器等产品得以远销朝鲜、蒙古等地。在秦、汉时期，成都的经济文化繁荣，与洛阳、邯郸、临淄、宛一同被誉为"五大都市"。唐朝时期，成都与扬州一同被誉为"扬一益二"。到了宋朝，川峡四路（四川）的经济比重占据全国的三分之一。这种包容性和兼收并蓄的天府文化，成了推动成都不断发展的永恒动力。古蜀文明的大量融入，使得成都不仅具有独特的地域文化，也拥有了广阔的视野和开放的心态。因此，天府文化不仅是成都的骄傲，也是我国多元文化的重要组成部分。至于"江南丝绸之路"，它是古代中国的重要贸易通道，连接了中原和江南地区，为我国的经济发展和文化交流做出了巨大贡献。不过，由于时代久远和地域差异，具体的路线和细节已经难以考证。

因此，要根据天府文化丰富的内容和特有的特征，对其进行深入挖掘、深入研究和深入阐释。首先，持续支持"天府文化"研究院建设，发挥研究平台的核心枢纽作用，整合社科机构、高校、文物文博文保单位等各方力量，全面深入研究天府文化特质和精神内核。建立一个"天府文化"研究基地和研究小组，这个小组将从中华文明及全球文明的视角，对天府文化的内涵进行深度研究，为其提

供科学、准确的理论支持。其次，可以举办"天府文化"国际论坛，通过这个平台，促进国内外文化的交流，进一步提升天府文化的国际传播力和影响力。再次，可以编纂并出版一系列的天府文化丛书，这些书籍将以文献资料、研究成果和通俗读物等形式呈现，分层发行，以满足不同读者的需求。最后，应提升《天府文化》等杂志的影响力，持续打造天府文化相关的刊物，深入挖掘和展示天府文化的内涵和特色，以便更好地传承和弘扬天府文化。

八、树立传承与发展天府优秀传统文化的意识

首先，提高公民的文明素质和文化自信。一是将"天府"与"核心价值"有机地融合在一起。在"中华文明"的指导下，通过对"天府"的深刻发掘，将李冰尊重自然的思想、文翁的平民教育思想，结合"天府"的内在精神特征，融入人们的思想和行为中，使其成为人们的"灵魂标杆"。二是将"天府"与"金沙讲坛""道德讲堂""市民大讲堂"有机结合起来。办好各种讲堂并走进机关、学校、企业、社会等。三是将"天府"与"书香"社会的构建有机地联系起来。大力推动"书香天府"的创建，打造学习型个人、学习型家庭、学习型单位和学习型社会。

其次，将"天府文化"深植每个家庭。一是要强化公共文化服务制度。以建立全国文化服务系统示范区为目标，完善图书馆、文化馆和美术馆等文化设备设施，以建设国家中心城市和世界文化名城为出发点，将文化惠民、利民工程作为发展的重点。二是要打造一大批具有代表性的公共文化场所，如市级图书馆、美术馆、音乐厅、自然博物馆等，要有天府文化的色彩。三是加大对人民群众的服务力度。积极引导民间力量的参与，推动公共文化服务的数字化和信息化进程，使"天府文化"真正融入千家万户。

最后，树立全民传承与发展天府优秀传统文化的意识。一是传承和发展天府文化，可以让更多人了解和认识中华文化的精髓，加深全民对传统文化的认同感和自豪感，并在此基础上推动传统文化的传承和创新发展。二是传承和发展中华文明和天府文化，还能够丰富人们的精神生活，天府文化具有浓郁的民族特色和地域特色，包括成都的美食、建筑、艺术、民俗等方面，它们不仅可以满足了人们日常生活的物质需求，还可以丰富人们的精神生活，提高人们的文化修养和审美水平。三是传承和发展中华文明和天府文化也可以促进社会和谐稳定。天府文化具有亲和力和包容性，它能够让不同的人在共同的文化价值观下相互交流和理解。这种跨越区域、跨越民族的文化传承和发展，有助于促进社会和谐稳定，推动各地区和各民族之间的交流与融合。

九、增强天府优秀传统文化发展的实践表达能力

首先，打造天府艺术品牌，并推广和展示天府文化艺术品，使其触动人心、引人思考，推出更具个性和特色的艺术品，以满足不同人群的审美需求，让天府艺术品在市场中独具一格。

一是促进文艺的发展。"天府文化"源远流长，蕴含着深厚的文化底蕴。对以爱国主义为核心的民族精神和以改革创新为核心的时代精神进行深入挖掘，充分发挥想象力，对具有深厚历史底蕴的历史事件、历史人物、历史故事进行展现和再创造。着力发展"天府画派"，巩固"天府"的学术基础，努力创作一批"天府"艺术佳作，引进一批具有重要影响力的天府文艺精品，进一步推进"天府"戏台"精品"与"影视"项目的发展。

二是要坚持"以人为本"的观念，培养一批"天府"文化名流。成都历来文化名人辈出，要充分利用天府文化的影响力，着力培育、包装和推介一批具有一定影响力的地方文化名流；加强对基层文化人才的培育和储备，加大对杰出文化艺术创作者和优秀文学创作者的表彰力度，如设置"天府文化贡献奖""天府文化人奖"等荣誉；评选百位历史上的重要人物，展示天府文化的源远流长与深厚的历史文化底蕴。

三是推动天府文化"走出去"。

第一，以国家文化交流为基础，开展集城市形象宣传、文化交流贸易、商务投资、旅游美食推介、中医武术传播于一体的成都文化旅游宣传活动。

第二，积极参加"中华优秀传统文化国际交流计划"，拓宽成都地区的对外交流渠道。

第三，开展"一带一路"倡议背景下的各种宣传活动，打造"丝路文化名城"，使成都成为我国与"一带一路"合作伙伴的"海外交流基地"和"窗口"，以图书、影视作品、文创产品为载体，加大宣传力度。越来越多的考古发现证明，天府之国曾是古丝绸之路的重要枢纽，也是现今"一带一路"倡议的重要区域。天府文化作为中华文化生态系统中一个独特的分支，因其特殊的地理空间，在中国历史的演进过程中形成自身鲜明的文化表征。历史上的天府之国与丝绸之路，不仅在经济、交通方面有紧密联系，在文化方面也可看作有紧密联系的一个整体。龙晦先生在《敦煌与五代两蜀文化》中说，东晋张骏上书于朝，便是假道蜀中以达建康，甚至为了上表的畅通，不惜称藩于李雄。在佛教方面，蜀中之贤护、法绪均来自河西，刘宋中叶法献由巴蜀至于阗取经，北魏西行求法之智猛，长住凉

州，后入蜀传授禅学，元嘉末寂于成都，故汤用彤先生云：'宋时蜀中禅法之盛，本与北凉有关。'[①] 敦煌与四川两地相距遥远，但是它们之间的交通很早便已开始。现存年代最早的词便是在这两个地方创作的，重庆大足的民间石刻作品与千佛洞民间壁画之间有很强的相似性。翻阅唐诗，大量有关天府之国与丝绸之路的描绘，更加有力地证明了二者之间的联系。从唐诗的精彩描绘中我们可以看到，隋唐五代时期，这条交通、文化与商贸交流的丝绸之路、东西方交流的纽带，由中亚向中国西南部延伸。天府之国由于特殊的地理位置，担当了丝绸之路的特殊作用，形成一个开放的异质文化交流场域。

2018年2月11日，习近平主席视察天府新区指出："天府新区是'一带一路'建设和长江经济带发展的重要节点，一定要规划好建设好，特别是要突出公园城市特点，把生态价值考虑进去，努力打造新的增长极，建设内陆开放经济高地。"[②] 新天府还要围绕举旗帜、聚民心、兴文化、育新人、展形象的使命任务，努力建设社会主义文化强国。新天府文化交流的新节点就要搞面向现代化、面向世界、面向未来的文化，就是要搞民族的、科学的社会主义文化。新天府文化新节点的建设，还要有创新精神和创造思维。由此看来，"一带一路"是传播天府文化的一条捷径，我们应跟随时代和国家的脚步，积极推进相关的文化宣传工作。

第四，鼓励成都著名的文学大师进行跨界学术交流，鼓励其对充满"成都印记"的艺术成果进行宣传与推广。

第五，加大新闻传播的国际化力度，努力提高新闻创作、制作和传播的国际化，进一步深化与国内各大媒体的交流，拓宽对外传播的途径。

第六，推进文化产品的出口工作，扶持优秀的本土剧目、文化艺术产品和文化遗产活动等在国外巡回展出。

第七，持续推进外籍人士"家在成都"工程，使其切实感受到天府文化的精神，加入传承与传播天府文化的实际行动中。

其次，在天府文化实践表达能力和传播力方面，向其他地区学习和借鉴。例如，可以学习北京的文化交流方式，打造四川与世界的文化交流平台。也可以借鉴上海建立的本地商业与文化的互动和融合关系等。总之，我们要根据天府文化的特点，制定出切实可行的对策，使得天府文化可以更好地表达、传播和传承，让更多的人了解并推动天府文化的传承和发展。

---

① 龙晦：《龙晦文集》，四川出版集团2009年版，第373页。
② 米云林：《基于核心问题的综合实践活动课程开发与实施——个人与国家》，电子科技大学出版社2021年版，第239页。

第五章　天府文化的开发

开发是文化保护、传承的重要途径，也是发挥文化与经济相互促进作用的重要方式。本章为天府文化的开发，主要论述了天府文化开发的意义、天府文化开发的主要模式、天府文化开发存在的问题、天府文化开发问题的解决对策四个方面的内容。

第一节 天府文化开发的意义

天府文化是四川人民的精神象征和文化标志，其开发具有重要的意义。这不仅有助于传承和发展天府文化，提升其知名度和影响力，还为当地经济发展注入新的动力，创造更多的就业机会。商业化开发还能够丰富人们的文化消费体验，让更多人参与到天府文化的传承中来，实现文化与经济的双赢，使天府文化在现代社会焕发出更为绚丽的光彩。

一、促进经济发展

天府文化的开发对于促进四川省经济发展具有显著的作用。通过将天府文化的独特特色和丰富资源转化为经济价值，来推动相关产业的蓬勃发展。其中，文化旅游产业是一个重要方向，通过开发文化旅游产品，如主题景区、旅游线路等，可以吸引更多游客前来体验天府文化，从而促进旅游业的繁荣。

同时，文创产业也是开发的关键领域。通过开发与天府文化相关的文创产品和手工艺品，可以提升产品附加值，推动文创产业的繁荣。此外，举办与天府文化相关的演艺活动和展览，有助于推动演艺产业的发展，增加相关产业链的价值。在教育和培训领域，提供以天府文化为基础的课程，可以吸引学习者，促进文化教育产业的发展。餐饮业方面，结合天府文化特色开设具有地方特色的餐厅或组织餐饮活动，有望提升当地餐饮业的知名度，形成新的经济增长点。

此外，建设文化创意产业园区，支持文创企业的发展，是促进文创产业创新的有效手段。通过举办以天府文化为主题的节庆活动，吸引参与者，也能够推动相关产业的发展。最后，利用互联网平台，提供线上的文化产品和服务，能够拓展文化产业的覆盖面，促进数字化文化产业的发展。

二、传承和弘扬天府文化

天府文化的开发为其传承和弘扬提供了新的途径和平台，通过多种形式的活动，使天府文化更好地融入人们的生活，实现文化的活力传播。打造具有天府文化特色的商业街区和文化主题公园，不仅为游客提供了亲身感受的机会，也为当地居民创造了一个沉浸式体验的空间，使天府文化在商业环境中焕发出独特的魅力。

通过商业化推广天府文化的产品和服务，不仅能够拓展天府文化的市场空间，还可以让更多人了解、认同并参与其中，形成对天府文化的广泛支持和关注。这有助于增强人们对天府文化的认同感和自豪感，促使他们更积极地参与到文化传承的过程中。

通过举办文化活动和展览，将天府文化的精神和价值观传播给更广泛的受众，激发人们对天府文化的兴趣和热爱。这样的活动不仅为天府文化注入了新的生机，也为文化传承提供了更具吸引力的形式。诸如此类开发活动，为天府文化注入了新的动力，通过商业平台和活动的推动，使天府文化更好地融入社会，实现了文化的传承、发展和繁荣。

三、增强城市文化识别力

城市的魅力在于特色、在于底蕴美。城市特色是与民俗风情、文化沉淀分不开的。一个城市只有保持它固有的特色，在历史和文化的传统上不断创造和优化自身，才会具有真正的魅力。人为地改变一个城市的传统风格和特点，牵强附会地注入一些格格不入的东西，都是对城市特色的扭曲。目前，我国城市建设和发展中存在的共性问题是"特色危机"。盲目模仿、千城一面等同质化现象十分普遍，造成"南方北方一个样，大城小城一个样，古城新城一个样"。造成这种局面的根本原因就是缺少文化识别力。

文化是一座城市区别于其他城市的标识，可以大幅提升一座城市的知名度和美誉度。每一座让人印象深刻的城市，都必然有一个内涵丰富、让人印象深刻的文化符号。天府文化经过商业化开发后，获得了更庞大的消费群体，传播自然也不再是难事，成都这座城也会在新时代焕发出不一样的生机。

四、促进文化交流与合作

天府文化的开发可以促进文化交流与合作。通过开发，可以吸引更多的国内外游客和商家来到四川省，增加与外界的交流与合作的机会；开发天府文化可以通过举办文化活动和展览，邀请国内外的文化艺术家来到四川省，进行文化交流和合作；还可以通过推广天府文化的产品和服务，拓展国内外市场，促进文化产品的输出和文化产业的国际化。

总之，天府文化的开发具有重要的意义，可以促进经济发展、传承和弘扬天府文化、提升城市形象和文化软实力、促进文化交流与合作。需要注意的是，天府文化的开发需要注重保护和传承天府文化的本质和特色,避免商业化过度和泛滥,保持天府文化的独特性和纯粹性。同时,开发也需要注重可持续发展,平衡经济效益和文化价值,实现经济效益和社会效益的双丰收。

第二节 天府文化开发的主要模式

一、文化旅游模式

文化旅游是天府文化商业化开发的重要模式之一。通过建设天府文化主题的旅游景区、文化街区等,吸引游客前来观光、体验和消费。这些景区和街区可以打造成具有浓厚天府文化特色的文化旅游目的地,提供丰富多样的文化体验和旅游服务。比如,可以建设天府文化主题公园、历史文化街区、传统手工艺品展示中心等,展示和传承天府文化的历史、艺术和民风民俗。同时,还可以开展各种文化活动和表演活动,吸引游客参与和消费,推动旅游业的发展。

(一)深入挖掘文化内涵,实现旅游资源成功转化

在天府文化开发过程中发现,文化旅游资源转化不充分,存在宗教壁画、碑刻楹联等特定领域知识未被充分利用等问题。以成都市新都区宝光寺为例,其历史文化价值丰富,却鲜为人知。成都在将历史文化资源转化为文化旅游资源方面,显得不足。

为解决此问题,我们需深入挖掘历史资源的文化内涵,进行现代化诠释。以宝光寺为例,不仅要展现其深厚的历史底蕴,还要以立体化、多角度的现代化诠释,将其与现代旅游精准链接。提高游客认可度是实现历史文化旅游资源成功转化的关键。宝光寺可借助现代技术,如虚拟现实、增强现实等,让游客身临其境地体验历史文化。同时,通过举办各类文化活动,如书法比赛、楹联大会等,提升游客的参与感和互动性。此外,还需注重文化旅游资源的宣传推广,利用社交媒体、网络平台等进行线上线下结合的营销,让更多人了解和关注宝光寺的文化价值。通过文化旅游,让历史"活"起来,为城市发展注入新的活力。

(二)打造特色主题旅游线路,完善文化旅游产业模式

绿色、健康是当代消费者追寻的消费理念,不仅要在旅游过程中品尝美食,

还需要健康环保。下面,我们将以"美食+文化"为例展开具体论述。

1. 顺应市场需求,发展特色旅游美食

顺应市场的需求,打造绿色、健康的旅游美食势在必行。旅游美食企业的改革,应跟随时代潮流,企业必须转换经营方式,推崇绿色环保理念,不仅仅要做健康、绿色的美食,更要注意环保和可持续的发展,将绿色消费持续深入旅游消费之中。美食创新要抓住美食的本质特征,适应人们对饮食变化的追求,在食品安全的前提下,与天府文化相互融合,充分发挥美食文化价值,以游客为中心,精准对标消费者饮食喜好和需求,创新思路和途径,做到有取有舍,只有这样才能走到世界的前沿,构建特色"美食+文化"的旅游新模式。

2. 根据不同主题,打造知名美食旅游线路

(1)农家乐美食旅游主题

农家乐是新兴的旅游休闲形式,对长期生活在大城市、工作压力大、学业紧张的人来说,周末、节假日选择郊外休闲游来释放压力已经成为主流趋势,看山看水、返璞归真的同时品尝当地的美食,远离喧嚣、享受大自然的惬意。近年来,以"住农家屋、吃农家饭、干农家活、享农家乐"为内容的民俗风情旅游、以收获各种农产品为主要内容的务农采摘旅游,成为人们喜闻乐见的出游形式。游客可以在农家乐美食主题游中体验采茶、摘果、赏花、踏青、爬山等旅游项目,在品尝美食的同时深度了解天府文化的特色。

(2)宗教美食旅游

成都作为一个宗教繁盛的地方,拥有丰富的宗教资源,尤其以佛教和道教为主。青城山作为最具道家特色的旅游胜地,不仅自然风光秀丽,还经过千年发展形成独特的青城山道教膳食文化。其包括长生宴、老腊肉、青城四绝、白果烧鸡、洞天乳酒等美食,都是当地饮食文化的瑰宝。

在开发宗教美食旅游时,旅游企业和游客都应该深刻尊重宗教文化的风俗习惯。这不仅是对当地信仰的尊重,也是对历史悠久的宗教传统的珍视。在推广宗教美食的过程中,应当尊重文化习俗和宗教信仰,确保宗教风俗不受侵犯。企业在提供宗教美食服务时,要注重保持其独特性和纯正性,以尊重当地宗教文化为首要原则。同时,游客在品尝宗教美食的过程中,也应当尊重当地的宗教仪式和礼仪,形成一种文明、和谐的旅游风气。

通过以尊重和保护宗教文化为前提的宗教美食旅游开发,可以实现宗教资源的合理利用,促进文化的传承和交流,为游客提供一次既美味又有深厚文化内涵的宗教美食之旅。

（3）历史文化美食旅游

成都历史文化资源非常丰富，且品位较高、文化内涵深厚，多位君主选择在此建都，可见成都在历史上有着重要地位。例如，成都市曾经是古蜀的首都，成都有着丰富的三国古遗迹，诸葛亮和三国英雄人物在民众的心中都留下了深刻的印象，所以三国文化在全国具有非常大的吸引力。而在与三国文化相关的美食中，最为著名的当数张飞牛肉。相传，刘备、关羽、张飞三人在桃园结拜兄弟时，曾大摆酒席，为有可口的下酒菜，张飞口传了他多年研制的牛肉制作方法，让厨师制作了下酒菜，并得到了两位兄弟的好评，张飞牛肉因此得名。品"张飞牛肉"、体"三国文化"也成为当地历史文化美食游的重要组成部分。

3.挖掘美食文化，注重美食文化旅游

在美食旅游的发展中，不仅要关注成都的美食文化，还要关注成都的历史文化，并将两者相互融合，在真正意义上实现"美食＋文化"的绿色旅游理念。成都如果只发展美食是很单调的，为了更好地实践"美食＋"食品产业链，将美食与历史文化、现代文化等深度融合，形成更广泛的以美食为基础的食品文化产业形态，成都各区各地应重视地区美食文化，利用科学的方法，在旅游中最大限度地发挥其潜在价值。在成都，值得一提的就是宽窄巷子的"美食文化游"，在宽窄巷子，游客可以观赏到成都传统文化"工夫茶道"和川剧"变脸"等表演，品尝火锅、川菜、小吃等美食，还可以观赏传统手工艺蜀绣、捏糖人等制作过程，从视觉、味觉、听觉、嗅觉不同角度体验天府之国的魅力。

二、文化衍生品模式

文化衍生品是天府文化商业化开发的重要组成部分。通过设计和生产以天府文化为主题的衍生品，满足人们对天府文化的消费需求。这些衍生品可以包括服装、饰品、家居用品、纪念品、文创产品等。比如，设计和生产以天府文化元素为主题的T恤、手链、茶具等，人们通过购买和使用这些衍生品来表达对天府文化的喜爱和认同。同时，还可以将天府文化的元素融入现代家居生活中，设计出具有时尚感和实用性的文化衍生品，吸引更多的消费者。

针对城市文化衍生品的设计，需要注意以下原则。

一是历史文化性。城市文化衍生品是城市文化的缩影，是通过对城市文化元素的提炼及创意设计而形成的。文化是孕育优秀设计的土壤，而产品又总是以一定的文化面孔呈现在世人面前，发挥着表达及传播本土文化的功用，体现设计的文化属性。城市文化衍生品是城市历史的另一种载体，设计师通过对地域历史进

行总结、物化，将历史信息蕴含在产品中，使其有别于普通旅游纪念品。

二是独特性。在长期的发展过程中，不同民族、不同地区都存在当地特有的传统、习俗、历史事件、生活方式，每一座城市都形成自身独特的文化气质，具有强烈的独特性和一定的排他性。城市文化衍生品是城市最具特征性元素的提炼，通过设计原则将本地独特的文化符号转化为个性化的具体形象，并融入产品之中。

三是宣传性。城市文化衍生品是一个城市的名片，在推广和宣传城市形象方面能起到重要作用。外地游客在旅游活动中会购买城市文化衍生品以作纪念、自用或馈赠亲友，本地人外出商旅或探亲时，也会携带所在城市的文化衍生品作为伴手礼。当文化衍生品用于社会交际时，能发挥宣传功能，在分享的过程中，文化衍生品本身成为交流的渠道，联结了人际沟通，是对文化进行的二次传播。

三、文化活动模式

文化活动的多样性为天府文化商业化开发提供了广阔的舞台。通过结合天府文化的独特特色，举办传统节庆活动（如春节、清明节、端午节等），不仅能够吸引游客的参与，也能够在传统文化中融入商业元素，提升文化活动的吸引力和市场影响力。

文化艺术品展览和历史文物展示活动可以使游客近距离感受和了解天府文化的精髓，为当地的文化旅游提供更多元的内容。艺术表演和演出，包括传统戏曲、舞蹈、音乐演奏等，是向游客展示天府文化丰富艺术魅力的重要途径。

文化讲座和学术研讨会的开展不仅促进了学术交流，也有助于加深游客对天府文化的认识和理解。传统手工艺体验和民俗活动的引入，使游客能够亲身体验和参与到天府文化的传承中，激发了更深层次的文化参与。

结合天府文化的特色，在公园或旅游景点举办主题活动，以及举办以天府文化为主题的艺术节，都能够集中展示天府文化的多样性和魅力，吸引更多游客的参与与关注。通过这些文化活动，不仅能够促使更多人了解、参与和热爱天府文化，同时也为商业化开发提供了丰富的机会，推动了地方经济的繁荣与发展。

四、文化街区模式

文化街区是天府文化商业化开发的重要模式之一。通过消费场景化，打造具有天府文化特色的文化街区，吸引人们前来消费和体验。这些街区可以包括传统商业街区、文化创意产业园区、文化主题街区等。比如，可以打造具有浓厚天府文化氛围的传统商业街区，如古城区、老街区等，让人们在购物和消费的同时感受到天府文化的独特魅力。同时，还可以建设天府文化的文化创意产业园区，吸引文化创意企业和人才聚集于此，推动文化产业的发展和街区的繁荣。

天府文化是历史街区所具有和所要呈现的精神内涵，消费场景化不仅是历史街区长期发展的商业基础，更是融合了承载巴蜀文明、成都故事以及成都经典文化元素符号的载体。天府文化的商业化开发使得成都历史文化街区不再仅是售卖产品的场所，更是成为具有天府文化的创意性产品本身，具有独特的地域属性和文化印记，是文创产品形态的延伸。

开发天府文化街区具有以下意义：一是实现天府文化的产品化，提高文创产业、旅游产业的经济效益。以天府文化为内容、历史街区为背景构建特定的消费场景，结合游客的消费心理讲故事，提高消费体验及旅游体验，构建多个历史街区样板，以促进商业的良性发展。二是促进成都历史街区的升级。结合历史街区环境（包括区域地理环境、人文环境），分析并总结设计开发应用性强、有针对性和区域特点明显的元素及手段，通过对其商业环境、游客消费体验及参观流程等内容的深入调研，了解街区中所售产品在售前、售中及售后的相关背景，形成商业定制机制，从而形成具有消费场景化的产品开发机制，这不仅能够促进商业的良性发展，同时能够形成场景化的文化氛围，既售卖了产品又传播了天府文化。

天府文化开发不仅仅是天府文化载体建设工程的一部分，也是传承天府文化工程的重要内容。在天府文化产品化的过程中需要不断地对天府文化元素进行凝练及创造性运用，在这个过程中，设计师、创造者要对天府文化进行深入的了解及解读，以更加直观、易读取的方式传递给消费者。消费者通过消费体验、感受、识别天府文化的独特之处，进而促进天府文化的传承发展，为四川经济发展贡献力量。在这个过程中，传播了天府文化，同时也为其传承提供了更好的经济基础。

总之，天府文化开发的主要模式包括文化旅游模式、文化衍生品模式、文化活动模式和文化街区模式等。这些模式可以相互结合和补充，形成多元化的商业化开发模式，推动天府文化的传承和发展。同时，商业化开发需要注重保护和传承天府文化的本质和特色，避免商业化过度和商业化泛滥，保持天府文化的独特性和纯粹性。

第三节 天府文化开发存在的问题

一、过度商业化及模式单一问题

过度商业化是天府文化开发过程中的一个主要问题。商业化开发往往会追求经济效益和商业利益，而忽视了文化的本质和特色。在开发过程中，可能会出现过度商业化的现象，即将天府文化变成了商品和娱乐产品，失去了其独特的文化内涵和价值。过度商业化会导致天府文化的商业化泛滥，使其失去了原有的纯粹性和独特性。

（一）过度商业化的主要表现

虚构历史场所：在满足游客对真实历史的探寻需求的同时，一些地方可能通过复制、演绎历史名胜和文物，创造出虚构的历史场所、人物以及历史事件。这种做法虽有助于打造更具吸引力的旅游体验，但也需要平衡、保持历史真实性和提供足够吸引力之间的关系。

虚构民俗风情：为了满足旅游市场对于独特文化体验的需求，个别地方可能刻意制造假冒伪劣的民俗风情，立足于地方真实的文化内涵或传统而随意编造扭曲等形象。这种现象可能导致游客对当地真实文化的误解，因此需要在推广旅游时更加注重真实性和文化传承。

同质化的旅游商品：由于市场需求和生产压力，一些地方特色的手工艺品可能会被大量生产的简单工艺品所取代，导致旅游商品的同质化现象加剧。这可能会影响游客对于地方独特性的感知，因此需要采取措施保护和推广地方特色手工艺，以维护当地文化的多样性和独特性。

（二）开发模式单一的主要表现

目前，天府文化开发主要以文化旅游、文化创意、文化衍生品、文化街区等模式为主。这些模式虽然可以带来一定的经济效益，但在长期发展中表现出形式单一、同质化严重、创新性不足等问题。天府文化的开发需要不断创新和探索新的模式，以适应市场需求的变化。下面我们以历史文化街区为例进行详细论述。

1. 历史街区保护为经济发展让道

在历史街区和老建筑面临地产开发时，往往存在一系列社会价值的博弈和冲突。老坊巷作为历史街区的一例，尽管未完全消失，但在保护过程中仍然遭受了破坏和改造。

首先，为了增加商业面积，一些历史街区可能经历居住和文化功能向商业功能的转变。这可能导致原有的历史韵味和文化氛围被商业化需求所替代，使得历史街区失去其独特的历史性和文化价值。其次，为扩大建筑面积，一些地方可能采取扩大建筑体量的手段。这可能导致老建筑的原始结构被破坏，传统风貌被改变，影响到历史街区整体的保存和还原。最后，一些历史街区可能面临商业改造开发的挑战。为吸引更多商业投资，一些地方可能进行规模较大的商业改造，甚至将历史建筑改变为现代化的商业综合体。这可能引起文化认同的问题，让人们对历史街区的真实性和传统价值产生疑虑。

在这种情况下，平衡经济发展和文化保护之间的关系变得尤为重要。保护老建筑和历史街区的独特性，确保其在发展中能够保留原有的历史文脉和文化特色，是商业化开发中需要深思熟虑的现实问题。社会各界需要共同努力，通过合理规划和有效管理，找到发展和保护的平衡点，以实现历史街区的可持续发展。

2. 结构失控

历史街区的保护确实是一项具有挑战性的任务。尽管城市规划工作在一定程度上能够起到整体协调和控制的作用，但在实际操作中，我们仍然面临一些问题。

首先，旅游开发的商业规模和结构需要更加谨慎地规划和执行。严格控制商业开发的规模，避免对历史街区造成过度的商业压力。商业化活动应当以保护历史文化为前提，确保开发不破坏历史街区的原有结构和样貌。

其次，应当警惕商业开发中可能存在的规模超标问题。在历史街区的保护与更新中，对商业开发的规模、结构等要有明确的限制和标准，避免因过度扩张而影响历史街区的完整性。

再次，应当对古城接待量进行有效的管理。随着游客数量的增加，需要制定合理的游客管理政策，避免古城因为超负荷的接待量而遭到破坏。采取限流、预约等手段，确保游客在历史街区内的流动不至于过于密集，有序进行参观。

最后，历史街区的保护需要在规划和执行上更为慎重，确保商业开发与历史文化的保护相辅相成。只有在各方面的协同合作下，才能更好地保护和传承这一珍贵的文化遗产。

3. 产品同质

（1）建筑风格和景观雷同

成都周边古镇主体建筑大多以川西民居风格进行打造，用青石板铺设道路，街道两边商业店铺林立，装饰都为灯笼和古朴风格的店招，新修的仿古建筑与修缮后的木质建筑参差交错，整个古镇缺少较好的绿化景观和公共休憩场所。当游客游览第一个古镇时，可能觉得有韵味，但几个古镇走下来却感觉建筑风貌千篇一律，看上去都似曾相识。

（2）游乐活动内容雷同

目前历史街区所提供的游乐活动多为游客参观古街、古巷、古民居，在茶馆里喝喝茶、逛逛民俗商店，或是在小吃店里品尝美食等，其他可供游客选择的娱乐项目较少。由于娱乐方式单调，所以游客的停留时间较为短暂，对历史街区的历史文化、风土人情没有更深入的体验和感知。

（3）旅游商品同质化

目前，成都周边古镇或历史街区的商店里出售的旅游商品存在档次低、同质化严重、缺乏新意和文化内涵等问题，且在成都的诸多商店都可以买到相似性极高的商品，旅游商品品种雷同，缺乏地域特色、文化内涵和象征意义，不利于天府文化的传承和发扬，于商业开发来说也没有实际的意义。

（4）食品风格缺乏创意

与旅游商品同质化问题相似，成都周边古镇和街区也存在食品味道雷同、风格缺乏创意等问题，部分"老字号"存在商业开发过度的问题，从纯手工制作发展为机械化、生产线生产，不仅使食品的味道发生了变化，食品的历史文化内涵也变质变味了。而食品的包装也存在大同小异、难以区别等问题，无法打造独一无二、不可替代的经典，难以给消费者留下深刻的印象。

二、文化保护问题

天府文化开发过程中存在的另一个问题是文化保护问题。开发往往需要对天府文化进行改造和包装，以适应市场需求和商业发展。在这个过程中，可能会忽视对天府文化的保护和传承。开发有时会对天府文化进行改变和削弱，使其失去了原有的历史和文化价值。同时，开发还可能会引入外来文化元素，使天府文化失去独特性和地方特色。在进行保护和资源开发的过程中，存在以下问题有待改进。

（一）缺乏对保护工作重要性的深入理解

保护天府文化的工作在促进民族文化发展与传承，增强民族凝聚力和向心力方面都有着非常重要的作用，然而目前民众对文化保护工作的重要性认识和理解严重不足，往往认为天府文化的保护和传承与个人无关，是政府部门或者相关单位的责任。然而，天府文化的保护与传承是全社会共同的责任和义务，每个人都应该积极参与其中，深刻理解天府文化保护对文化传承和文化认同的重要意义，应身体力行地实践文化保护与传承。首先，我们需要深刻认识到文化保护对于民族文化的发展和传承重要意义。其次，加强民众对文化保护工作的认识，需要进行广泛的文化教育和宣传。最后，要倡导全民参与的文化保护理念。每个人都是文化传承的参与者，不论是通过学习、研究、宣传，还是通过亲身实践、体验，都能够为天府文化的传承和发展做出贡献。通过组织文化活动、文化体验等形式，激发民众的参与热情，让大家亲身感受到文化保护工作的重要性，形成更为广泛的文化保护合力。

（二）比较缺乏文化保护的专业人才

天府文化保护的工作内容十分复杂，不仅包含物质文化，还包含非物质文化，因而对于文化保护工作人员的专业技能和素养要求比较高，尤其是非物质文化遗产保护，需要专门的非物质文化遗产保护人员进行操作。但是，目前我国相关的专业人才仍比较缺乏，主要表现为以下两点。

第一，当前从事非物质文化遗产保护的专业人才相对不足，这不仅影响了对历史文化的专业保护与完善，也制约了我国文化保护工作的整体发展。对此，高校有必要加强对非物质文化遗产保护专业人才的培养，设立更多的相关专业、拓宽学科领域，为学生提供更全面的专业知识和实践经验。同时，建立与实际工作需求贴近的培训项目，加强在职人员的培训，以满足天府非物质文化遗产保护专业化、规模化的人才增长需求。

第二，现今相关文化保护的专业人才不足，培训机构匮乏，这直接影响了我国文化保护工作的后续发展。应当加大对文化保护领域专业机构和培训中心的建设力度，设立更多的培训项目和课程，以提供更为系统和专业的知识培训。此外，与文化保护相关的各类培训活动应更加贴近实际操作，强化实践训练，确保培训人员具备实际工作所需的操作技能和解决问题的能力。

在解决上述问题的过程中，政府、高校、培训机构、企业等应形成合力，通过共同努力，推动天府文化保护专业人才队伍的建设，为我国文化保护工作提供更为充足、高水平的人才支持。这将有助于提升整个文化保护体系的专业水平，更好地应对文化传承与保护的挑战。

三、文化产业链不完善问题

天府文化开发过程中存在的第三个问题是文化产业链不完善。目前，天府文化开发的劣势主要集中在产业链断裂、资源整合不足、市场定位不清、知识产权保护不足等问题上。文化产业链可能存在从创意、生产、营销到销售环节的断裂，导致产业发展受阻。各个环节之间缺乏有效的资源整合与共享机制，造成资源浪费和效率低下。缺乏对文化产品的准确定位，导致市场需求与产品供应之间脱节。文化创意产品的知识产权保护力度不够，容易导致创意被盗用，影响产业的健康发展。

四、文化创意人才短缺问题

天府文化开发过程中存在的第四个问题是文化创意人才短缺。开发需要有一支专业的文化创意人才队伍，能够进行天府文化的创意设计、产品研发、产品运营等相关工作。然而，目前文化创意人才的培养和引进还存在一定的困难。文化创意人才的短缺限制了天府文化商业化开发的创新和发展。

总之，天府文化开发过程中存在的问题包括商业化过度问题、模式单一问题、文化保护问题、文化产业链不完善问题、文化创意人才短缺问题。解决这些问题需要加强对天府文化的保护和传承，推动开发的多样化和创新化，建立完善的文化产业链，培养和引进更多的文化创意人才。只有这样，才能实现天府文化开发的可持续发展。

第四节　天府文化开发问题的解决对策

一、天府文化创意产业

文化创新创造是增强天府文化的发展生命力、国际影响力、城市竞争力及建设世界文化名城的关键动力源。要萃取天府文化精华，融合创意创新智慧，将文化资源优势转化为文化创造优势和文化产业优势。坚持"政府引导，市场主导，企业主体"，融入国际潮流，激发创造活力，繁荣现代文创产业，大力解放和发展文化生产力，增强西部文创中心功能。

（一）推动文创产业融合聚集发展

大力实施"文创+"战略，构建文创与相关产业创新融合和产业孵化转化平台，推动文创与科技、信息、金融、旅游、时尚、工业、农业、贸易、体育等创新融合发展，让文创成为产业升级、产业倍增的重要推力。结合实施四川自贸试验区的国家战略，推进文创园区与自贸区融合，在四川自贸试验区成都片区设立天府国际文创自由港，建立面向国际的文创企业进入、投融资、产权交易、艺术品保税、文创产品贸易、创业孵化等方面先行先试的体制机制。优化文创产业空间布局，构建文创产业集聚区和文创产业带，打造一批重点文创产业园区和文创特色街区，推进文创产业聚集发展。实施"互联网+文创"，大力发展以文化为内核、以高新技术和版权保护为手段的VR、AR虚拟仿真、动漫游戏、网络数字视听、版权和IP开发等新兴文创产业，建设具有领先带动效应的国家动漫游戏基地和版权交易中心。

（二）注重供给侧结构性改革促进传统文创升级

在融入绿色发展理念的过程中，推进传统文创产业的结构调整和创新升级是关键举措之一。通过整合传媒出版、文化旅游、音乐影视、演艺娱乐、动漫游戏、工艺美术、原创艺术、创意设计、会展广告、文化装备制造等领域，实现传统文创产业的升级和转型。特别是在音乐产业方面，可以建设国际化、全国性的音乐生产地、乐器及音乐设施设备集散地、版权交易地、演出聚集地，构建现代音乐产业链。同时，培育国际化、专业化艺术经营机构，推广本地的天府画派，发展原创艺术基地和艺术家聚落，努力将成都打造成为国际知名的原创艺术之城。

在文化旅游方面，规划建设三国蜀汉城，将都江堰和青城山提升为世界级文化旅游精品，创建大青城国家级旅游度假区。通过发挥成都作为大熊猫家园的独特优势，依托大熊猫基地，规划建设集大熊猫参观、大熊猫主题文化演艺和游乐于一体的综合体验项目，同时打造配套完善的5A级大熊猫文化旅游小镇，力求打造全球独一无二的世界大熊猫乐园。

在推进文化产业绿色发展的同时，应重点关注环保、可持续性和社会责任等方面。在建设文化旅游项目和艺术基地时，注重生态保护和环境友好设计，确保项目不对自然环境造成不可逆转的破坏。利用绿色建筑和可再生能源等技术，最大限度地减少对环境的负面影响，实现文化产业与生态环境的和谐共生。

这些举措不仅可以推动文化产业的绿色发展，也有助于提升城市形象、增加就业机会，同时吸引更多游客和投资，为地方经济的可持续发展提供新的动力。

(三)壮大文创市场主体,促进文化消费

天府文化博大精深,源远流长。以大熊猫、芙蓉为代表的自然生态文化,以青城山为代表的道家文化,以金沙遗址、三星堆为代表的古蜀文化,以川剧、蜀锦、蜀绣为代表的非物质文化遗产,以李白、杜甫为代表的诗歌文化,以诸葛亮为代表的三国文化都为文创产业的发展提供了不竭的源泉。要以实施四川自贸试验区国家战略为契机,综合利用自主创新示范区、保税区和过境免签等国家政策,结合国际旅游目的地和购物天堂建设,大力开发优秀对外文化贸易产品,孵化对外文化贸易企业,支持本土文化企业拓展国际文化贸易市场,吸引有国际竞争力的各类外资或合资文化企业和艺术机构入驻成都发展,建设国家对外文化贸易基地和对外文化贸易保税港。

加强文创产业要素市场和产权市场建设,支持著作权、品牌等无形资产评估、登记、质押、投资、托管、流转、变现等市场行为,支持文化企业依法开展股权、版权、商标、品牌交易,促进金融资本、社会资本与文化资源有效对接。支持龙头、骨干文化企业进一步做大做强,支持社会文化企业参与国有经营性文化单位转企改制、企业重组和重大文化产业项目实施、文化产业园区建设,支持有核心竞争力和创新创业潜力的文化企业上市融资。

二、天府文化影像

中华文化是蕴含丰富情感的文化,炎黄子孙的祖先对能够建立深厚情感、建立稳定的生命联系的事物都十分重视。生活在4 000多年前的蜀人更是对与之共存的生命寄托着无尽的遐想与解读,今天,我们以天府文化影像来记录过往、回忆历史,构建文化记忆。

(一)天府文化影像内容

1. 故事情节川事铺陈

故事情节是天府文化影像话语建构的"线",起到了串联"川事""川人""川景""川物""川情""川语"等之间相互影响、相互衬托的作用;故事情节是搭建品质优良的影视剧的重要内容,在天府文化影视剧传播过程中体现出天府文化的娱乐性、讽刺性和包容性。通过具体事件的铺陈描绘,展示了四川不同阶段的历史史实和民族情结,勾勒出一段又一段辉煌的影像历程。

电影《抓壮丁》是一部以电影叙事来反映历史、以喜剧形式揭露和鞭挞抗战

时期国民党政府贪污腐化问题的影片。这部影片主要描述了民国时期在四川华蓥山地区，国民党反动派与地痞、地主等势力相互勾结，以抗日为幌子，大规模征募壮丁，勒索贫苦百姓的财产，迫使他们走上反抗之路的故事。王保长想要在征兵这一军阀统治政策中捞上一把，便开始敲诈、威胁地主李老栓，说他的儿子会被抓去当兵，然后又开始迫害佃农姜国富，姜国富出钱托李老栓去向王保长求情不要写自己儿子的名字，然而李老栓却用这笔钱为自己的儿子摆脱了被抓壮丁的命运。王保长利用手段骗取李老栓大儿子寄回来的钱，被揭穿后遭到李老栓一家痛打，后才知道双方都为上级领导的征兵官员，便戏剧性地握手言和开始共商抓壮丁大计。不承想在华蓥山游击队下山之后，当时被抓的壮丁趁此时机聚集在一起开始暴动，政府征兵的计划最终失败，王保长等人的阴谋诡计也付之东流。电影《抓壮丁》表现抗战期间国民党政府腐败、军规残暴的社会黑暗现状。改募兵制为兵役制来补给和筹备战时兵员，利用四川当时当地的反动派地主、地方保长以及军统的国民党官僚征召四川青年壮丁，他们徇私弊端、贪污敲诈，深刻地反映出当时社会的混乱和黑暗，彰显了人性的复杂。影片中山歌唱道："这山没有那山高啊，那山更比这山荒啊。修的房子归保长啊，养个儿子归老蒋啊。"歌中反映了"九一八"事变后国民党政府实行兵役制背景下的川北农村的凄凉景象。然而，主人公小明却是一位勇敢、坚毅的年轻人，代表了新一代抗击不公的力量。当面对政府逮捕壮丁的残酷行为时，小明选择了反抗。他不畏困难，勇敢站出来保护自己和其他村民，展现了坚持正义、追求自由的英雄气概，反映出四川人民用坚持和勇气向不公平和腐朽宣战，象征着对不合理制度的挑战，对独立和尊严的追求，传达了人文精神和力量。

  电视剧《川军团血战到底》是一部为川军正名、澄清曾经被抹黑的历史的经典之作，也是一部真正讲述川军北上以命抗战的悲壮故事的佳作。《川军团血战到底》以普通士兵为代表，讲述了他们在抗日战争中的艰辛历程，出川时，他们装备不足，缺乏弹药，抵达山西前线时正是冬天，士兵穿的还是单衣和草鞋。在与八路军并肩作战的日子里，在血与火的燃烧中，他们在晋鲁打仗，在困境中顽强地战斗着。剧中李德明在日军攻破藤县城防后，集结残兵一同顽强抵抗、绝不投降，最终因弹药和粮食耗尽与敌人同归于尽，正是他的壮烈牺牲，为后来台儿庄战役的胜利创造了先决条件。这部电视剧描述四川抗战的历史事件，充分展现了为中华民族复兴做出了巨大牺牲和无私贡献的四川军民。电视剧《川军团血战到底》故事发生在抗战时期，且发生地在成都，这为观众了解历史、感受川军的民族气节、体味天府文化提供了优秀的影像资源。

此外，还有诸多线下戏剧活动在成都开展。例如，成都市文化广电旅游局主办的"2021年'荟萃蓉城'精品剧目惠民展演暨第四届天府戏剧季"活动，通过演出精品传统剧目，传承优秀传统戏曲文化；以融入现代审美潮流的多元化剧目，立足现实、启发思考、抒发关怀，激发年轻一代的民族自豪感与传统文化认同感，荟萃文艺之美，传承中华文化。同时，第四届天府戏剧季"精品剧目评论"推优活动通过"观剧+写剧评"的形式，鼓励成都高校学生群体走进剧场欣赏传统戏剧与现代戏剧之美，着力培养一批"懂艺术、会欣赏"的高素质优秀人才。其中，话剧《谭位中》就是根据四川省遂宁市大英县象山地下党员谭位中的真实故事编创，全剧共五幕，从谭位中冒死营救地下党员刘云飞（原型人物）拉开序幕，呈现出新民主主义及民族解放时期共产党员的智慧，演绎了谭位中同志为追求毕生的革命信仰和心中的梦想，以及矢志不渝、无怨无悔的精彩人生，谭位中身上展现了四川人民的大无畏精神和爱国主义情怀。

20世纪80年代，音乐剧传入中国，成都音乐戏剧艺术界瞄准世界潮流，开始音乐剧的探索与实验，使得此类艺术形式突破了年龄、阶层等客观因素的局限，广受观众的喜爱。中国大型原创音乐剧《金沙》，由成都金沙太阳神鸟演艺文化有限公司出品，特邀国内著名音乐家、艺术家担任主创工作，同时汇集国内灯光、音响、舞台美术、制作等方面的顶尖技术力量进行设计制作。音乐剧《金沙》剧中歌曲共22首，包括《总有一天》《想念》《花间》《万物有灵》《飞鸟和鱼》《沙场》《天边外》《忘记》《我就会活过来》《当时》《月亮降临》等。音乐剧《金沙》依托本土文化厚重的题材资源，生动展现金沙遗址、永陵、三星堆等古蜀文明，形象描绘太阳神鸟金箔、远古时代象牙、千年沧桑乌木、永陵二十四伎乐、三星堆青铜神树等历史遗存，或装点为舞台空间的布景，或塑造成血肉饱满的人物，从点到面演绎出天府文化的浑厚底蕴。

众所周知，影视作品来源于真实生活，因此在天府文化影视剧中的故事情节不仅叙述了四川光辉灿烂的历史时刻，还宣传了真实的四川形象，更重要的是对中国抗战史料进行了重要补充，在倡导爱国主义、发挥光荣传统等方面，都有积极的意义。而且天府文化影视剧中铺陈的"川事""川人""川景""川物""川情""川语"等使观众直观地感受到四川的民风民俗和城市风貌，更具体细微地体现了天府文化的真实形态。

2. 人物形象川人风骨

人物形象是天府文化影像话语建构的"魂"，它使"川人"身上所体现出来的独有思想、品质、行为、习惯等特征有了现实依据，将人物精神和主题思想融入了影像话语建构中，在天府文化影视剧传播过程中体现出天府文化的幽默性、民族性和思想性，更易展现风采出众、别具一格的川人风骨和气质。

电视剧《壮士出川》是一部以历史为背景、以民族英雄为核心，充满悲壮氛围的战争题材作品。它尊重历史，还原人物形象，展现了四川军人的英勇和大无畏精神。剧中，刘湘、王铭章、邓锡侯等真实历史人物的形象鲜活有力，令观众情绪激昂澎湃，对川军战士产生了由衷的敬意，也令观众深刻思考战争与和平、生死与存亡、民族复兴与国破家亡等重要命题，意义深远。此外，电视剧通过这些人物形象，深入挖掘并展现了独特的四川地域文化，如袍哥文化、烟土嗜好、风水信仰等，使观众在欣赏剧情的同时，也能了解到丰富的地域风情。在人物性格塑造上，《壮士出川》也做得十分出色。军长邓锡侯、由商人转变为抗敌英雄的杨得财等人物形象的塑造，使得电视剧充满了深度，令人回味无穷。同时，《壮士出川》的悲壮氛围令人印象深刻。电视剧以浓墨重彩的方式，表达对牺牲军人的敬意和怀念，令人动容。它再现了抗战时期的惨烈场景，告慰以身殉国的英魂，让人深感战争的残酷和英雄的伟大。它不仅展现了我国军人的英勇形象，也展现了独特的地域文化。通过对人物性格的深入塑造，电视剧表达了对抗争精神的赞美，以及对牺牲军人的敬意。其悲壮的氛围和对战争的真实再现，令观众情绪激昂澎湃，对川军战士产生了由衷的敬意，也令观众深刻思考战争与和平、生死与存亡、民族复兴与国破家亡等重要命题，意义深远。

《傻儿师长》是一部电视剧，主角傻儿，原形为抗战时期川军将领范绍增。由刘德一饰演的傻儿，将袍哥气质展现得活灵活现。傻儿师长是袍哥的一员，喝过血酒，把兄弟情谊看得重如生命。在筹集起义经费的过程中，他通过划拳决定，最后选定了樊家。尽管大师兄不同意，但他坚定自己的决定，甚至充当内应，抢劫了自家几十担黄谷。不论他的行为是否明智，他的"信"是无疑的。当他还是土匪时，他不顾自身安危，救下了一名受伤的兄弟，展现了他的"义"。整部剧作生动地描绘了傻儿师长大智若愚的形象。他的小聪明体现在发现富人珠宝等事件上，而他的大智慧则体现在带领土匪队伍接受招安的决定。这种智慧贯穿他的一生，使他"智"在其中。电视剧《傻儿师长》生动地展现了四川人民仁义、智慧和诚实守信的美好形象。

大型原创音乐剧《苏东坡》（见图5-1）以苏东坡的人生轨迹和经历为线索，以他的艺术作品为创作素材，通过对师生情、兄弟情、爱情、家国情的层层刻画，传递苏东坡的博大胸襟和世界观、宇宙观。该剧深刻地展现了古代文人气节，带领世人穿越时空领略"川人风骨"。

图 5-1　音乐剧《苏东坡》剧照

天府文化影视剧作品淋漓尽致地展现了四川儿女勤劳勇敢、吃苦耐劳、乐于奉献、不屈不挠的大无畏精神，体现了四川人幽默风趣、乐观包容、积极善良的美好品质，也诠释了四川文人气宇轩昂、胸怀天下的风骨气魄。充分证明了天府文化影视剧作品能够更细致、更全面地展现天府文化风采和人文精神的魅力。

3. 视听语言川味表达

视听语言指音乐、色彩、语言和音响的融合，在天府文化影像中起到了至关重要的作用，它生动且立体地传达信息，不仅成为评判影视剧优质与否的关键标准，同时也展现了时代的特性、审美的魅力和人文的关怀。视听语言川味表达的独特性，形成集四川特色的地域文化、城市风貌、人文精神和地方语言融会贯通的川味影像。

电影《抓壮丁》以幽默诙谐而又爽利泼辣的四川方言为影视语言，成为我国首部全剧使用四川方言的讽刺喜剧影片。这部作品的成功，影视语言功不可没。尤其几个反面丑态人物形象绘声绘色的四川方言对话，给影片增添了讽刺、幽默的艺术效果。

电视剧《芙蓉花开》的故事发生于 20 世纪 90 年代，剧中展现了 20 世纪 90 年代成都市建筑特色，影片的镜头多数停留在成都传统建筑上，似乎在细数和品味 20 世纪 90 年代成都的城市风貌。同时《芙蓉花开》还注重展现四川的美食美景、风土人情，无时无刻不在传递成都人崇尚美好的生活态度。

电影《好雨时节》（又名《成都，我爱你》），名字来自杜甫的《春夜喜雨》中的"好雨知时节"。影片的艺术效果颇具特色，表现了四川独有的地理环境和气候特征，如烟雨蒙蒙一般的镜头，风格朦胧又淡雅，很好地诠释了成都的特色。影片的场景有杜甫草堂、著名的街道、雕塑和公共场所，电影拍摄角度十分平实，没有采用大量的俯仰角度或"摆拍"，因此表现出的杜甫草堂与现实中的杜甫草堂差异不大，给人以平易近人和身临其境之感。因而，整体画面视觉效果即真实、真切的再现现代化成都，还原建筑、交通、生活方式，传递真实成都生活气息，朴实无华却丝丝入扣。由此看出，天府文化影视剧擅长运用视听语言塑造天府形象，将技术和艺术完美融合，充分展现了四川的都市感、建筑的时代感、四川话的趣味性、天府生活的真实感、天府文化的多样性等特征，使观众对具有浓郁川情川味的天府文化形象有了更深刻的认识和认同。

（二）天府文化影像开发对策

1. 积极建立集团化影视机构

天府文化形象传播的传播主体涵盖政府组织、媒体和企业。应加快机制体制建设和改革，积极建立集团化影视机构，在此基础上，广纳优秀专业人才，优化专业人才待遇，建立科学的市场机制。此外，落实岗位责任制和奖惩措施，调动天府文化传播者的积极性。为四川影视人才提供良好发展平台，实现人才流动，助力天府文化影视产业的蓬勃发展。决策部门需加大对天府文化影视剧创作的支持力度，以鼓励更多优秀作品的诞生。同时，生产经营单位要吸引资金进入和投资天府文化影视剧市场，建立吸纳社会参与的长效机制。通过以上措施，解决天府文化影视传播瓶颈问题，为我国文化事业的繁荣发展做出贡献。

2. 创造跨文化影响力

天府文化影像传播的受众可分为两大类，一是本地传播受众，二是外地传播受众。长期居住在四川的受众，对天府文化具有较高的参与度。他们对天府文化影像传播的信息接收具有较高的开放性。相对而言，外地受众主要包括国内和国外人士，他们对信息具有一定的选择性。然而，由于地域风俗习惯的差异，他们对信息构建的参与度相对较低，这可能会影响传播效果。

四川省应当积极提升天府文化影视剧的国际竞争力，制定并实施相关政策，以应对国内外文化产品的竞争压力。首先，四川省应颁布"走出去"的相关政策，重视天府文化影视剧的发展。这一举措旨在鼓励并支持天府文化影视剧走出国门，与国际文化产品相竞争，以应对竞争日益激烈的市场环境。其次，四川省需要出台针对国际市场的发展战略。有效地鼓励和支持天府文化影视剧的发展，为其在国际市场创造有利条件。四川省应加强与其他地区和国家的文化贸易谈判与合作，为天府文化影视剧创造更好的发展环境，同时提升四川省的文化影响力。此外，四川省还需着力培育具有国际竞争力和影响力的影视文化或文化传媒类的企业，开发符合国际市场需求的影片，从而进一步推动天府文化影视剧的发展。最后，四川省可以通过举办公益性电影展和开展海外推广活动，提高天府文化影视剧的影响力和竞争力，提升四川省的文化软实力，为天府文化影视剧在国际市场站稳脚跟奠定基础。

3. 完善影像符号系统

天府文化影像传播的核心，就是展现独特四川天府文化的符号系统。要实现这一目标，我们需要关注三个关键方面：首先，选择能够体现成都物质文化与精神文化的符号；其次，解决符号的能指与所指问题；最后，解决编码与译码问题。通过镜头拍摄和后期制作，我们将代表四川的建筑、文化、生活方式等元素作为天府文化的传播符号，构建出展现天府文化形象的影像文本。

要想让天府文化影像符号焕发独特魅力并充满生机，关键在于提炼出"创新创造、时尚优雅、乐观包容、友善公益"的天府文化内涵，彰显其独特文化气质和核心价值，为观众带来独特且富有吸引力的影像体验。这需要通过整合人物、语言、视觉等影像符号，挖掘出天府文化资源的民族个性和共性，站在传承中华文明的高度展现文化符号的魅力。在传播过程中，注重趣味性、创新性和独特性，解决地域局限性可能带来的传播障碍。同时，在展现普世性价值观的同时，完善天府文化影像符号系统，这也是提升成都城市品牌形象的重要途径。

4. 发展多元化影像传播渠道

天府文化影视剧作为信息传播的载体，具有丰富的文化内涵和独特的艺术魅力。为了达到城市品牌宣传的目标，我们需要将这些优质作品投放到广泛的传播渠道，让更多的人了解和认识天府文化。在当前媒介生态日益丰富的背景下，单一的传播渠道已无法满足弘扬天府文化的需求，因此我们必须发展多样化的传播渠道，让天府文化影视剧走进更多人的生活。通过多元化的传播渠道，我们可以将天府文化影视剧推向更广泛的受众，从而提升城市品牌的知名度和美誉度。

天府文化影视剧的传播力量不容小觑，不论是在传统的电视、电影平台，还是在新型媒体如移动媒介，甚至是在车载电视和户外电子影院等新兴领域，都能看到其身影。这种多元化的传播方式，使天府文化影视剧得以触及更多的观众，实现更广泛的覆盖。而且这种传播方式还具有传播效果快和传播效果显著的优势。

在电视、电影等平台上,天府文化影视剧得以高效地传播,同时,影院、网络和手机媒介等渠道,也使其传播效果得到进一步提升。车载电视和户外电子影院等新兴渠道的加入,更是为天府文化影视剧的传播增添了新的活力。

在全球一体化和文化交融的大背景下,新媒体成为影视剧传播的主要平台。为了最大限度地利用新媒体平台,我们需要对四川天府文化的影视资源进行整合。以下是具体的实施策略:首先,创作大量的以天府文化为题材的短视频、微电影和网剧等,通过这些作品,观众可以更加直观地感受到天府文化的独特魅力。其次,将这些作品发布在国内各大视频门户网站和短视频平台,以提高视频的曝光度。天府文化影视剧主要的传播目的是提升城市品牌形象、宣传城市文化、增强天府文化影视市场竞争力。因此,丰富天府文化影视类型,发展多元化影像传播渠道,加强城市品牌宣传力度,才能更好地展示天府文化的魅力。

5. 满足受众诉求心理

在这个背景下,影视剧作为文化的重要表现形式,不仅反映了社会变迁,也塑造了人们的价值观和认知。它们在传播主流文化、引导社会风气、提升国家软实力等方面发挥着重要作用。同时,传播媒介通过传播丰富多样的内容,满足了不同受众群体的心理需求,进一步提高了信息的关注度和接受度。

在多元化的文化环境中,人们对文化的追求心理也在发生变化。天府文化影视剧应以其亲切、朴实、通俗的语言,赢得广泛的群众基础,增强其亲和力和吸引力。为了实现天府文化影视产业的可持续发展,创作路线应该坚持大众化,并主要面向在校学生、白领、潮流引领者等年轻群体。这些群体思维活跃、视野开阔,具有独特的见解,是潮流的先锋,他们的需求丰富且独特。为了吸引这类群体关注和支持天府文化影视剧的发展,我们必须丰富影视剧的内容,创造多元化主题如幽默教育、旅游公益、个性促销等,来满足受众的个性化诉求。

三、乡村文化旅游资源的发掘与开发

乡村振兴战略是新时代我国乡村发展的顶层战略设计。2021 年 4 月 29 日,十三届全国人大常委会第二十八次会议表决通过《中华人民共和国乡村振兴促进法》,这为我国乡村发展带来新的契机。乡村文化振兴是乡村振兴的重要内容,能够为乡村全面振兴提供文化哺育和支撑,是乡村振兴的力量之"根"和发展之"魂"。

成都市,位于我国天府文化核心区域,拥有 3 000 年的历史文化积淀,其丰富的乡村文化资源成为天府文化的重要组成部分。天府文化包括内海文化、治水文化、农耕文化、红色文化、客家文化、金沙文化、商贸文化等，它们共同构成了天府文化的丰富内涵。这些文化类型都具有恋土、顺变、包容、外向、赶超等特质，是天府文化历史根源的重要体现。近年来，四川省和成都市高度重视优秀传统文化的保护和传承，对天府乡村文化给予了特别的关注，实施了一系列有利于保护和传承的政策，取得了显著的成效。这些政策旨在弘扬乡村文化的独特魅力，进一步推动天府文化的传承和发展。

（一）对乡村旅游资源的基本认识

乡村旅游资源，作为乡村旅游业发展的核心要素，在旅游活动中占据举足轻重的地位。这些资源经过千百年的自然演变以及人类的开垦、种植和聚居，形成独特的韵味。广义上的乡村旅游资源，涵盖了旅游者在旅途中感兴趣的事物、特殊的物质以及发展旅游所需的公共设施、社会环境和客源市场等。从狭义角度看，乡村旅游资源通常是指乡村景观资源。现阶段的乡村景观资源概念，从景观生态学的角度出发，既受到自然环境的制约，也受到人类经营活动和策略的影响。其块体大小、形状和配置呈现出较高的异质性。

根据旅游景观资源的可利用特征，将其分为乡村自然景观资源和乡村人文景观资源两大类。

1. 乡村自然景观资源

自然景观资源，即那些未经人类干预和开发的景观，尤其在乡村地区，呈现出独特的气候、地形、土壤、水文和动植物等环境要素，形成独具特色的乡村自然景观。这些景观具有鲜明的地域性，如山乡的云雾缭绕、水乡的河道密布、海乡的碧海蓝天、高山峡谷的天然奇观及竹林的清幽宁静等。这些特点都展示了乡村自然地理景观的多样性和地域特色。乡村自然景观资源的独特性源于其天然未经雕琢的状态，这些状态在很大程度上决定了其地域特色。例如，山乡以其常年云雾缭绕的景象而闻名、水乡以其密集的河道和水上生活为特色、海乡以其碧海蓝天吸引人们、高山峡谷的天然奇观让人叹为观止、竹林的清幽闲适则为人们提供了一处宁静的休憩之地。

2. 乡村人文景观资源

乡村人文景观，被誉为自然界与人类长期互动的结晶，是一种独特的地理现象。在人文景观中，物质和非物质两大因素共同构成了其独特性。所谓的物质因素，主要包括民居建筑、寺院、祠堂、牌坊、街道等，这些是景观的核心部分，如骨架一般支撑起整个乡村人文景观的形象。这些物质元素不仅是乡村生活的基础，更是历史和文化的载体，见证了乡村的变迁和发展。而在非物质因素方面，思想意识、生活方式、风俗习惯等则为景观注入了独特的灵魂。这些非物质因素如同丰富多彩的民俗文化，使乡村人文景观更加富有生活气息和地域特色。它们承载着乡村人民的智慧和情感，展现了乡村文化的深度和广度。

一般说来，乡村人文景观资源包括以下内容。

乡村生产性景观。由农业生产活动所形成的农业景观就是乡村生产性景观，也是乡村人文景观资源的主要组成部分。它以乡村田园的农耕风貌为特色，以农民生产劳作与生活场景为主要内容，形成优美的乡村田园农耕景象，体现出人与自然的和谐相处之道，见证着乡村生活的四季变化。乡村生产性景观不仅能反映出不同时代的农业运作特色，还能因地域的不同而表现出具有当地特色的农业景观特征。

乡村聚落景观。作为人们生产、生活及环境的综合体，乡村聚落景观是一种最直观的人文景观。它包括依附乡村聚落村民的生活方式。由于乡村聚落与村民的生活、生产方式息息相关，有着浓郁的原乡本土色彩，成为乡村旅游景观资源的重要组成部分。具体而言，乡村聚落景观主要包括当地村民富有特色的建筑物、街坊、公共场所（如晒坝、环绕村舍的道路、桥梁等人们活动和休息场地），还包括供居民洗涤和饮用的池塘、溪流、井泉，以及聚落内部的空闲地、菜地、果园、林地等。由于它们与城市场景在空间形态和功能方面存在巨大差异，无疑会对受众产生神秘的吸引力。

乡村文化景观。乡村文化景观主要指与当地的特色风俗信仰相关的各种节庆，也包括当地著名的寺院、祠堂、牌楼场所举办的各类宗教祭祀活动。一般情况下，各地由于民俗、信仰、地理环境要素的差异，乡村性节庆活动名目繁多，形式多样不胜枚举，为乡村文化风情旅游提供了最宝贵的素材。

（二）乡村景观资源的旅游价值、意义与原则

1. 乡村景观资源的旅游价值

乡村景观蕴藏着生态、生产、生活和文化的丰富内涵，犹如一幅多彩的画卷，展现着乡村的独特魅力。首先，自然生态景观是乡村的一大亮点。在这片广阔的空间里，清新空气与山清水秀的田园风光相互交织，构成了一幅都市人向往的美丽画卷。这里绿意盎然、鸟语花香，让人们感受到大自然的厚爱和生命的活力。其次，生产性景观是乡村的独特韵味。在这片土地上，农耕文化传承不息，生产劳作充满活力。游客可以亲身体验农耕生活，感受劳作的辛勤与快乐，欣赏那独

具魅力的生产性景观。再次，乡村聚落景观是乡村的标志。这里的院落庭院式建筑聚落与都市的高楼大厦形成鲜明的对比，展现出乡村的宁静与美好。漫步在乡村的小巷，感受那份淳朴与自然，寻找到心灵安宁的栖息地。最后，乡村文化景观是乡村的灵魂。这里的宗教信仰、民俗文化丰富多彩，充满了神秘与浪漫。不论是古老的传说，还是独特的民俗活动，都让人对乡村文化景观心生敬意。总的来说，乡村景观以其独特的生态、生产、生活和文化价值，吸引了无数游客前来寻找心中的那份宁静与美好。这片土地，充满了生机与活力，是人们放松身心，感受大自然的理想之地。

2. 乡村景观资源开发意义与原则

乡村旅游资源的开发对于当地经济和社会的发展有着重要的意义。首先，乡村旅游能够促进当地经济的发展。通过吸引游客，提升了当地的知名度和吸引力，推动了乡村基础设施建设和服务业发展，为当地创造了就业机会，促进了小型企业的兴起，从而推动当地经济的发展。

其次，乡村旅游开发有助于提高当地居民的收入水平。当地居民通过参与旅游服务、提供特色产品或从事与旅游相关的产业，能够增加其收入来源，改善生活水平。作为一种可持续的经济来源，乡村旅游开发可减缓农村人口外流，实现农村经济的稳步增长。

最后，乡村旅游开发有助于保护本土文化。通过挖掘和展示乡村的传统文化、手工艺品、乡土风俗等特色，可以增强游客对当地文化的认同感，同时也为当地居民提供了保护和传承本土文化的机会。当然，乡村旅游开发应保证本土文化的纯正性和原汁原味。

此外，在具体旅游产品的开发中，遵循以下原则能够更好地实现乡村旅游的可持续发展。

乡土特色原则：旅游产品的开发应突出当地独有的地域特色，包括传统文化、民俗风情、特色手工艺等。这有助于吸引游客，提高产品的独特性和吸引力，同时也有助于当地文化的传承和发展。

自然美和人工美的协调发展原则：在旅游产品开发中，要保持自然景观的原始美，通过合理的人工设计和规划，提升乡村整体旅游的观赏性。值得注意的是，在人工干预过程中应注重生态平衡，确保旅游活动对自然环境的影响最小化。

保护性开发原则：旅游产品的开发要遵循保护性开发原则，确保在吸引游客的同时，不对当地的自然环境、文化遗产和社会结构造成破坏。这包括限制开发规模、设施建设的合理布局以及对当地资源的科学管理等。

经济效益和社会效益相结合的原则：旅游产品的设计和开发要在追求经济效益的同时，注重社会效益的提升。包括提供有益于当地居民的就业机会、提高社区收入，同时推动文化传承、社区协作和环保教育等方面的社会效益。

通过综合考虑这些原则，可以制定更加科学、可行和可持续的乡村旅游产品开发计划，确保旅游业的发展不仅仅能够提高经济利益，还能够在各个方面取得平衡，实现全面的可持续发展。

（三）乡村振兴战略下促进天府乡村文化资源开发的建议

为了更好地做好天府乡村文化的保护与传承和资源开发工作，按照成都市"全面实施乡村振兴战略，塑造城乡融合发展新形态"的总体发展思路，坚持传承和创新双轮驱动，通过加强顶层设计、强化教育引导、培育领军人才、塑造特色品牌等策略，补齐现存的短板。

1. 加强顶层设计，完善乡村文化保护传承机制

补齐天府乡村文化保护与传承工作中的短板，首要之举是完善体制机制，打通乡村振兴的"最后一公里"。一是编制和完善有关政策和规划。全市各市县（区）应根据辖区内镇村（社区）的实际，出台或修订地方文化保护与传承的政策和规划，政策和规划的内容、细则应针对辖区内镇村（社区）开展好文化保护与传承工作，并具备较强的指导性、可操作性。同时，进一步深入挖掘、整理天府文化传承根脉，出台或修订保护与传承红色文化、三国文化、金沙文化、熊猫文化、林盘文化等天府文化资源的专项规划和管理条例。专项规划和管理条例的制定与修订，应根据该项文化资源的保护与传承现状，创新制度设计，进一步完善管理措施，同时要突出文化资源保护与传承的重点。二是健全资金投入保障制度。天府乡村文化保护与传承工作的开展，面临巨大的资金需求，急需制定和实施投入保障制度，构建多元化金融服务体系，为全面推进乡村振兴提供坚实的经济基础。建议设立天府乡村文化保护与传承专项基金，主要用于支持有关博物馆和陈列馆打造、古建筑修缮、非遗特色小镇建设、非遗企业产品创新、文创产业集聚区发展等，并由此带动效益较好的传统工艺企业等实体经济，通过资金监管确保资金在天府乡村文化保护与传承工作中发挥作用。三是持续开展地方志修撰工作。围绕乡村振兴战略，广泛开展乡村历史文化的梳理和研究工作，完成镇村（社区）志及镇村（社区）史修撰。

2. 塑造特色品牌，创新乡村文化资源开发路径

打造乡村特色文化品牌，是增强文化自信力、重塑乡村文化生态、提升乡

村综合实力的重要途径。天府乡村文化只有打响品牌，才能更好地传承和发展。加强培育乡村特色文化品牌，依托特色文化资源，深度挖掘、保护本土乡村文化，同时融入新时代乡风文明和特色文化元素，打造具有浓郁地方特色的文化品牌。

一是加强乡村文化产品和服务的品牌包装设计，助力扩大品牌的影响力和提高美誉度。二是精心打造新型特色镇村。深入挖掘镇村（社区）的文化资源价值，依托优势产业，着力把具有地方特色的镇村（社区）塑造成特色品牌、建设成乡村文化传承发展的载体空间以及重要的休闲旅游目的地，如金堂县橄榄小镇、蒲江县道明镇竹艺村等。三是积极开展品牌传播活动。各市、县（区）可利用节庆庆典，围绕"我们的节日+主题"等，大力弘扬中华优秀传统文化，向游客宣传普及当地乡村特色文化。建议将节日主题活动纳入公共文化服务项目，着力提升节日主题活动的举办水平。充分借助"非遗大讲堂""非遗小传人"等公益活动，大力宣传本地特色非遗文化品牌。四是进一步推动和完善大数据综合服务平台建设，运用数字化手段搭建乡村数字博物馆和交互式体验馆，促进天府乡村文化数字化传承和特色文化品牌数字化传播。

四、大熊猫文化创意产品开发

（一）成都大熊猫文创产品开发思考

1. 挖掘大熊猫文化内涵

对于成都大熊猫文化创意产品开发设计来说，如何挖掘大熊猫文化的本质特征、丰富和完善成都大熊猫文化的深度应用是一个亟须解决的问题，注入富有特色的文化可以解决部分产品同质化的问题。

（1）历史文化

大熊猫这个可爱形象的背后蕴含着丰富的大熊猫文化。大熊猫历经800万年而依然存活于世，其生存历史可谓源远流长。可以把大熊猫800万年的生存历史及文化进程展现在大众面前，让世界人民了解、认识大熊猫的进化史，从而产生保护大熊猫的欲望。通过开发形象生动的文化创意产品并传播给世界，能够让世界更深刻地了解大熊猫的生存历史和文化内涵，了解大熊猫的生存环境，并思考其与全人类生存的密切关系。大熊猫的历史进程与大熊猫历史故事记载了大熊猫生态文明的发展及人类生存环境的变化，也反映了大熊猫在严酷的生存竞争和自然选择中，成为"活化石"保存到今天的重要价值。

（2）地域文化

天府之国宜人的气候、茂盛的森林为大熊猫等野生动物提供了优良的生存环境。长期生存于四川的大熊猫的生活状态，也反映了四川人的生活风格，大熊猫的慵懒与四川休闲风气能很好地融合在一起。大熊猫生存的地域环境分布区，周边有汉族、藏族、羌族、彝族、回族、苗族等民族，这些民族在与自然界和谐相处的漫长岁月中，培育了具有本民族特色的民风民俗，地域色彩浓厚，因此大熊猫文化可与这些民族文化结合。大熊猫文化的生存发展与四川历史的古蜀文化发展进程也有一定联系，建立大熊猫文化与宝墩文化、三星堆文化、金沙遗址文化之间的联系，深入定位和挖掘成都大熊猫文化的地域特征，让大熊猫文化得到延伸与发展。赋予大熊猫文化创意产品更加丰富的地域性，使大熊猫文化创意产品更具文化性、地域性、归属感，这将给大熊猫文创产品的创意提供更多的素材和灵感。

（3）外交文化

685—1982年，我国共向苏联、美、英、法、日等国赠送约40只大熊猫。大熊猫作为国礼赠送他国，使其逐渐演变成和平、友谊的象征，成为国家之间友好交流的沟通桥梁，也促进了我国与世界各国的文化交流。大熊猫作为我国独特的外交载体，向各国表达我国的善意，同时可爱、乖萌的大熊猫，也为我国打开了贸易格局，促进了国际合作。因而，大熊猫成为"最萌外交官"，衍生出大熊猫的外交文化，将大熊猫外交文化运用到大熊猫文创产品中也是很好的创意。

（4）生态文化

大熊猫文化的生态价值，源自其濒危、稀有、具有野生性和自然性等特点，使它成为活的生态文化的象征。大熊猫的生存状态是生态的一个晴雨表，而大熊猫自身是动物学界公认的"旗舰动物"。大熊猫身上所体现的生物多样性内涵，体现了大熊猫生存状态的重要意义。伴随大熊猫的足迹，可以找到自然界中最原始的自然环境和生态资源。

总之，只有对大熊猫文化有一定了解，才能赋予大熊猫文创产品赋予具有竞争力的文化内涵，而不能仅仅停留于浅层表象设计。对成都大熊猫文化的挖掘越深入，开发出的大熊猫文创产品就越有生命力，这对发展成都大熊猫文创产品体系具有深远意义。

2. 成都大熊猫文创产品开发趋势

（1）数字化文创

随着5G应用逐渐普及，文创产品的数量与种类不断丰富。具有可视化、交互性、沉浸式等特性的数字创意产品和服务不断涌现，"数字化+艺术化"成为文创产品新一轮的设计变革。5G 时代万物互联，文创产业的数字化、科技化必然是未来文创产业发展的趋势，互联网技术和艺术化结合已成为未来文创产品的开发趋势，也是文创产品进行国际竞争的关键。

（2）IP 化文创

随着经济的增长，人们对文化上的精神消费需求逐渐增加，文化创意产业成为拉动经济发展的又一大支柱，文化创意产业在经济发展中的作用不可小觑。我国已经涌现出不少承载深厚文化的文创品牌与 IP 融合取得共赢的案例。例如，故宫打造了一系列故宫文创产品，成为当下呼声最高的 IP。IP 形象的打造可创造较高的社会效应和经济效益。因此，打造大熊猫 IP 并开发文创产品，备受消费者的关注和喜爱。

（3）定制化、个性化、独特化文创

随着生活水平的提高，人们逐渐追求精神文化的享受，面对文创产品同质化严重的问题，消费者在旅游中购买文创产品，希望产品能满足个人诉求，并提供个人定制服务，这种私人定制带有强烈的个人想法和意愿，能牢牢抓住消费者的心，产生文化产品的长尾效应。

（4）强地域特征文创

随着旅游行业的日益发展，人们有更多的机会"走出去"领略祖国的大好河山，感受不同地域的民风民俗和地域文化。在旅游途中，消费者希望能购买到当地独特的地域文化创意产品，在离开旅游地后，能通过文创产品回顾美好的旅程。

（5）国潮文创

随着我国经济的发展，文化软实力的提升，推动了文化回归和文化自信，新一代青年对传统文化的重新发现和学习，让人们不再一味追求西方的设计和审美。原本不被重视的国民品牌，结合当下时尚和潮流，焕发了本土品牌的潜力，搭载着"国潮风"，涌现了大量"国潮品"，展现了"国潮文化"的新魅力。国潮文化不断给人们制造惊喜，因而受到人们的喜爱和推崇。这种广泛的文化认同和强烈的文化自信已经成为当下的流行趋势，在广大年轻消费者中产生巨大穿透力。国潮文化在文创产品上的开发也逐渐成为大熊猫文创产品开发的趋势。

（6）环保型文创

经济的快速发展让许多自然环境遭到破坏。为了响应国家倡导绿色环保、永续生活的号召，人们的消费观念、消费形态发生改变，大众的环保意识也逐渐提高，环保概念也开始映射在文化消费行为上，生活美学与绿色低碳紧密相连，因而用环保材料设计和开发的文创产品近年来也受到消费者青睐，开发环保型文创产品是未来大熊猫文创产品开发的重要方向之一。

3. 大熊猫文创产品开发原则

（1）文化性原则

文化主题是文化创意产品的灵魂，不同的文化背景与地域特征是文化创意产品设计的源泉。文创产品的文化性原则主要包括两方面：一方面是文化创意产品设计素材来源于文化资源中提取的文化元素，设计师将产品与文化的附加值融为一体，使消费者通过文创产品了解文化资源特色；另一方面是通过文化元素的创意转化，把文化资源中的无形文化内涵转化为有形的文化形象。大熊猫文创产品作为大熊猫文化与天府文化的载体，能否体现大熊猫与天府文化的强关联性，是目前大熊猫文创产品开发的主要目标，开发既有强烈的地域特征的大熊猫文创产品，使消费者产生地域文化共鸣。设计师应当注重大熊猫文创产品的文化性原则，探索大熊猫文创产品的历史资源"活化"的新路径。

（2）受众细分原则

对于大熊猫文创产品开发而言，描绘不同类型的受众群体画像，精准对标不同层级的消费者，投其所好，才能更好地开发大熊猫文创产品。不同类型的受众有不同的特性、喜好、消费心理和消费习惯，对于大熊猫文创产品开发者来说，广泛调研并进行受众细分，有针对性地研发各受众群体喜爱和需求度高的大熊猫文创产品，才能赢得消费者对大熊猫文创产品的认同，刺激文创产品消费，传播大熊猫文化。

（3）实用亲民原则

实用是产品的基本功能，一件好的文创产品不仅具有观赏性、纪念性和艺术价值，也应具有实用价值，缺少了实用性，文创产品就好像被"架空"的躯壳，失去了显示文化底蕴、彰显文化魅力、传承文化内涵载体的价值和意义，因而大熊猫文创产品的开发要观赏性与实用性兼具。亲民性指文创产品能融入消费者日常生活之中，成为"接地气"的大众都能接受的产品。亲民性表现在产品价格要适中，适合普遍受众的消费能力和消费需求。产品使用频率高、使用性能好、使用口碑佳也是亲民性和实用性的体现，消费者在日常使用中，浸润着大熊猫文创产品的文化意味和审美内涵，从而在潜移默化中宣传和弘扬了大熊猫文化。

（4）教育性原则

大熊猫文化创意产品肩负着对大熊猫相关文化知识普及的重任，通过对大熊猫文化的创意提炼，将大熊猫文化、天府文化融入文创产品设计中，从而使受众对大熊猫文化、天府文化有一个重新的认识，改变人们思维印象中的固化模式，通过文创产品载体起到推广宣传大熊猫文化知识的作用。但开发者在选取文化信息时，要注意知识的专业性、准确性和可融入性，不宜生搬硬造。

（5）情感化原则

情感化原则主要追求以人为本的设计理念，即"感性设计""体验设计"。文化创意产品设计需要满足人的感性需求、情感诉求和情绪价值，通过挖掘诉求的感性爆点，塑造动人故事来点缀产品，打造具有品牌效应的情感创意产品，以此与同质化产品竞争，创造独特的情感价值，激发消费欲望。开发大熊猫文创产品时，需要重视受众的感性体验，让受众在使用时产生轻松愉悦的心情，激发情感共鸣。

（6）创新性原则

大熊猫文创的同质化现象是其影响大熊猫文创品牌发展的重要原因。市面上大熊猫产品的类型、设计方式、外观面貌、材质、销售方式大同小异，无法彰显大熊猫文创产品的特质，导致文创产品泛滥，吸引力下降，销量不高。解决这类问题的关键是找到创新的突破口，大熊猫文创产品的创新可以从产品外观造型创新、设计理念创新、产品功能创新、产品材质创新、销售方式创新五个方面来解决同质化的问题。

（二）"熊猫胖兜"表情包文创产品开发

1. 表情包的作用

新媒体时代，网络平台、新媒体平台为传播文化及文创品牌提供了广阔的空间，直播、图文、表情包、音视频、游戏等形式，为成都大熊猫文创产品的宣传提供了良好的载体。文化需要通过媒介传播，将大熊猫文化通过互联网平台和新媒体平台传播，有利于提升其影响力和竞争力。

在众多互联网应用中，表情包不失为传播的最佳路径之一。作为社交媒体，微信、QQ已然成为主流的社交平台，微信表情包和QQ表情包也成为网民的重要交流方式之一，人们经常通过表情包表达情绪和传递情感。广大网民，尤其是青年人群，使用表情包进行线上沟通已经成为一种流行的语言表达形式。

设计和开发极具地方特色的大熊猫表情包，上传平台供网民使用和交流，也可以将大熊猫文创产品带入人们的日常生活。大熊猫数字文创设计包括数字作品、服饰、鞋帽、茶器、家居用品、摆件、文具、插画等，当然表情包是一个很好的互动传播途径，加之四川方言在表情包中的应用，利用移动终端的互动方式让人们更好地感受大熊猫文创带来的趣味性和天府文化的丰富性，符合当下"互联网+"背景下的新文创理念，让天府文化真正"活"起来。

2. "熊猫胖兜"形象表情包

通过对大熊猫外形元素的提炼，结合三国文化、天府文化及四川方言，经过设计转化，创造了成都大熊猫数字文创产品。

(1) 表情包形象设计

表情包的形象设计依托大熊猫的生物特征，设计者在线下成都大熊猫繁育研究基地现场观察大熊猫外形特征和生活习性，结合线上收集的大熊猫直播平台上点赞率、喜爱度最高的大熊猫形象，确定了游客喜爱度高、满意度高、兴趣度高的大熊猫表情包原型。为了创作具有地域特色的大熊猫形象，创造性地将四川美食中不可缺少的一味食材"辣椒"作为大熊猫原型的地域象征物，用AI、PS等软件制作"熊猫胖兜"表情包电子稿。设计过程中要求大熊猫形象简洁、色彩简单、线条流畅、憨态可掬。卡通化的形象设计还原了大熊猫原本可爱呆萌的形态，同时展现出趣味性。在形象比例结构上，将原本成年大熊猫1∶4的头身形态改变为1∶1，使大熊猫形象萌趣尽显（见图5-2）。

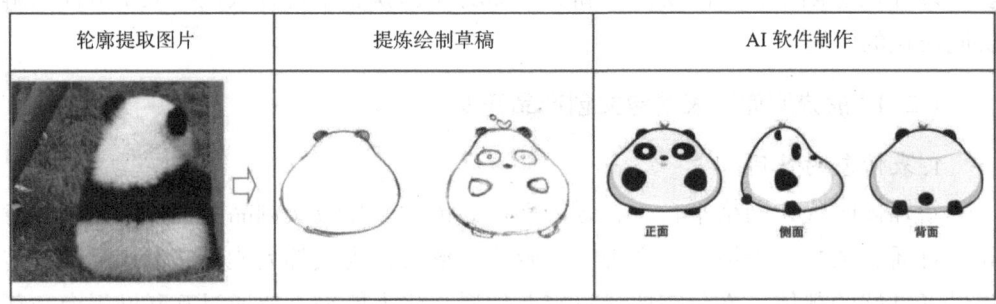

图5-2 "熊猫胖兜"形象设计过程

(2) "熊猫胖兜"形象延伸

确定"熊猫胖兜"的原型形象后进行文化延伸，提取三国文化、天府文化中的可视化元素，拓展"熊猫胖兜"的形象，增加大熊猫表情包的文化属性。设计者通过走访成都武侯祠博物馆等方式深刻了解三国文化历史，收集三国文化资料，最终选取蜀国典型人物刘备、关羽、张飞、诸葛亮作为大熊猫视觉延展形象。通过提炼著名东汉文物说唱俑、抚琴俑、吹箫俑的文化元素，作为"熊猫胖兜"造型设计素材，将生动形象的文物形象，与大熊猫形象完美结合，加深受众对东汉陶俑文物的认知，传承文化风采，打造成都名片（见图5-3）。在卡通形象及风格确定后，进行动态GIF制作。"熊猫胖兜"GIF动图大小应为240×240像素，以确保在手机等移动终端正常保存和发送使用。

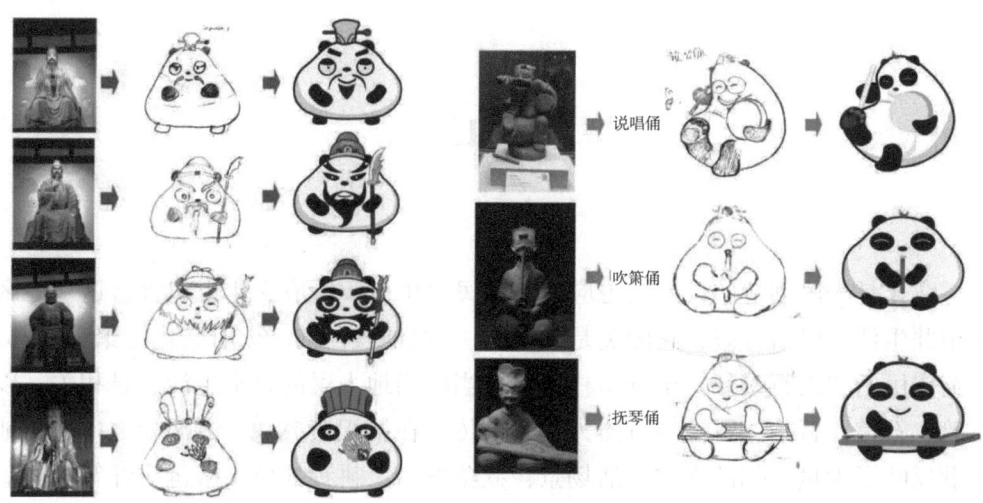

图 5-3 "熊猫胖兜"三国文化、蜀汉陶俑形象演变过程

（3）"熊猫胖兜"海报设计

根据表情包形象方案，选取四川方言中较为常见的日常用语，通过变换字体、字形、字号、颜色等，结合熊猫形象和主题进行图文排版，创作出"熊猫胖兜"表情包视觉海报。

（4）"熊猫胖兜"形象衍生文化创意产品

"熊猫胖兜"形象衍生的文化创意产品与"熊猫胖兜"表情包、"熊猫胖兜"海报设计有异曲同工之妙。通过结合具有代表性和寓意性的文字与具有地域特征、文化属性的形象，设计"熊猫胖兜"文化创意产品，产品类型主要包括纸胶带、方形丝巾、手机壳、抱枕、书签、鼠标垫、徽章、冰箱贴、食品等（见图5-4）。这组产品集实用性、观赏性、文化性于一身，深受消费者喜爱。在推广销售时，"熊猫胖兜"表情包会提高文化创意产品的认知度，增强实体产品的接受度和认同度。

 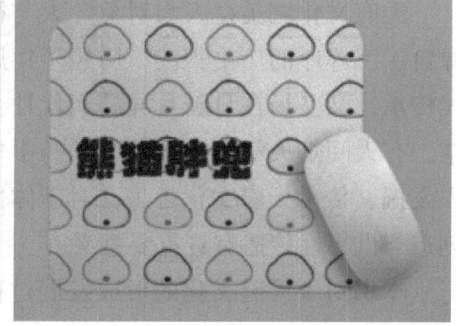

图 5-4 "熊猫胖兜"形象衍生产品

后记

文化是人民创造的，最终也应回归人民之中去。天府文化也包含着这一地区的市井生活、民俗百态，它的美是鲜活的、"接地气"的。天府文化汇聚于成都，古蜀先民的"大石崇拜"十分质朴，也与当时当地人民的日常生活息息相关，以石笋、石棺、石陵、石镜等石器为代表，传承在祭祀庆典和生老病死之中。蜀地民歌反映了大量人们的现实生活场景，砍柴狩猎、耕种捕鱼、搬运拉纤等，彰显着生活气息、历史底蕴和文化积淀。

在这片江河湖泽众多、仙山峻岭矗立、四时花木繁盛的土地上，很容易发现人与自然和谐相处、天人合一的美的再造、创新与承继。这里的人民是"诗意地栖居在大地上"。而从自然风光到经济社会，天府文化从方方面面赋予人民生活极致的美好。这里的人民可以一边享用着以天府之国的丰富物产烹调酿制的美酒佳肴，一边吟诗作对；也可以一边品茗闻雅乐，一边清谈儒释道三家文化。

天府居民们以文学、建筑、雕塑、音乐与绘画等表现方式记录美，更进一步"美善相乐"，升华了个人情操与社会道德伦理。"情"在艺术、审美活动中具有极其重要的作用。苏轼云："情者，性之动也。溯而上，至于命，沿而下，至于情，无非性者。性之与情，非有善恶之别也。方其散而有为，则谓之情耳。"[1] 一个地方的文化是当地人民情感的表达与外现。逢乱世动荡，天府大地包容迁移来此的人与他们的文明文化；在太平盛世，天府文化中的家风之美、友善之光闻名遐迩，令人印象深刻。

天府文化之美是人与对象、人与社会、人与自然、人与自身的和谐的美。既源自深沉浑厚的历史积淀，历经千年风雨，为岁月洗礼、为时光雕琢、为人们世代传承，又弘扬在日新月异的当代社会，适逢中华复兴，有家国情怀、有乡土情结、有人间烟火气息。在这个弘扬中华文化、实现中华民族伟大复兴的时代，深入发掘、传承天府文化之美，对于体悟理解中华文化之韵、实现中华文化的创新创造与世界性传播有着重要意义。

本书对于天府文化的形成发展过程进行了简要概述，在此基础上对于天府文

---

[1] 胡昭曦、刘复生、粟品孝：《宋代蜀学研究》，巴蜀书社1997年版，第51页。

化的各个资源要素进行深入探讨，对于其内在的文化、艺术等方面价值进行总结提炼。在新时代背景下，科学技术发展迅猛、革新迅速，人际交往的方式发生了很大变化，面对这样的情况，天府文化也要与时俱进，吸引更多年轻群体关注，才能实现新时代背景下的文化传承和发展，因而本书随后从文化保护、文化传播和商业化开发等角度对其发展现状和未来发展对策进行了具体论述。

未来，天府文化传承与发展还将积极抢抓成渝地区双城经济圈、成都世界文化名城建设等重大战略机遇，推动各地文化交流活动，拓宽交流和传播渠道，促进天府文化深入四川、面向全国、走向世界，铸就天府文化品牌。推动中华优秀传统文化创造性转化、创新性发展，按照时代特点和要求，赋予其新的时代内涵和现代表达形式，激活其生命力，与当代文化相适应、与现代社会相协调。

在本书撰写和课题研究过程中，我撰写本书全文，负责本书各章节提纲的设计、体例的确定、本书文稿的审定等工作，统筹推进课题组各项工作。金佳林负责本书的修订、校对等工作，统筹安排调研并撰写调研报告，组织开展史料研究和实证研究等工作，为本书的出版和课题的研究付出了大量心血。在本书撰写和课题研究过程中，林洁、杨莉、周昕、万丽萍、杨霞、周薇曦、曾冉、任磊、曾琢为开展调研、资料收集和整理、相关学术论文发表等工作付出了辛勤劳动。本书内容较为丰富翔实，参阅了诸多专家学者的研究成果，同时也得到了业界专家的指导和支持，可谓站在巨人的肩膀上前行，为了尊重先贤和当代专家学者的研究成果，也为读者深入探讨问题提供有关文献的线索，我把征引过的文献著述等尽量在"参考文献"中列出，在各章节的注释中标明，在此由衷感谢。

任丹丹

2024 年 1 月 28 日

主要参考文献

[1] 王苹:《天府文化美论》,四川大学出版社2021年版。

[2] 谭平、冯和一、周翔宇等:《天府文化与成都的现代化追求》,巴蜀书社2018年版。

[3] 刘平中:《锦江书院与"石室流风"》,四川大学出版社2021年版。

[4] 李冰研究中心:《天府文化之源——都江堰》,西南交通大学出版社2019年版。

[5] 余晓萍、徐澂:《天府文化》,东北师范大学出版社2019年版。

[6] 赵春兰、杜抒、黄运昇:《蜀韵古镇:多维视野下的古镇文化遗产保护与利用》,四川大学出版社2019年版。

[7] 胡彦云、胡萍:《讲中国故事 听锦江声音:天府文化安逸行》,四川大学出版社2022年版。

[8] 杨玉华:《天府文化概论》,中国社会科学出版社2022年版。

[9] 何一民:《神鸟起舞:金沙太阳神鸟与太阳崇拜的文化解读》,四川大学出版社2021年版。

[10] 王川、吴艾坪、刘朋乐等:《成都寻古录:从文物读成都》,四川大学出版社2021年版。

[11] 潘君瑶、潘殊闲:《文化遗产的建构:从古蜀文明到天府之国》,巴蜀书社2021年版。

[12] 四川华文传承文化传播有限公司:《文化天府:成都市文化旅游指南》,四川大学出版社2018年版。

[13] 肖东发:《天府之国:蜀文化的特色与形态》,现代出版社2015年版。

[14] 四川省地方志编纂委员会:《四川省志·文化艺术志》,四川人民出版社2000年版。

[15] 袁庭栋:《巴蜀文化志》,四川人民出版社2022年版。

[16] 阮荣春、罗二虎:《古代巴蜀文化探秘》,辽宁美术出版社2014年版。

[17] 胡传淮:《涪上脞谭：巴蜀文化与文献论集》,巴蜀书社2018年版。

[18] 四川省社会科学院哲学研究所:《巴蜀文化的多维视野》,四川人民出版社2002年版。

[19] 蒋晓丽:《四川文化产业发展研究》,四川大学出版社2006年版。

[20] 谭平、马英杰:《走近天府农耕文明》,四川大学出版社2021年版。

[21]《丝路之魂：天府之国与丝绸之路》编辑委员会:《丝路之魂：天府之国与丝绸之路》,四川人民出版社2017年版。

[22] 章夫:《水润天府》,成都时代出版社2007年版。

[23] 屈小强:《话说"天府之国"》,巴蜀书社2004年版。

[24] 李海:《奋进四川 锦绣天府》,四川人民出版社2012年版。

[25] 冯广宏:《天府哲学面面观》,巴蜀书社2006年版。

[26] 赖武:《东方的伊甸园：天府川西》,上海锦绣文章出版社2007年版。

[27] 郑德坤:《四川古代文化史》,巴蜀书社2004年版。

[28] 郑光路:《巴蜀武术天下奇》,北京联合出版公司2022年版。

[29] 徐平:《巴蜀风土杂记》,巴蜀书社2022年版。

[30] 陈吉吉:《人间的巴蜀石窟》,读者出版社2022年版。

[31] 李绍明、林向、赵殿增:《三星堆与巴蜀文化》,巴蜀书社1993年版。

[32] 屈小强:《巴蜀文化与移民入川》,巴蜀书社2009年版。

[33] 谭继和:《巴蜀文化辨思集》,四川人民出版社2004年版。

[34] 邓经武:《大盆地生命的记忆——巴蜀文化与文学》,电子科技大学出版社2005年版。

[35] 章玉钧、谭继和:《天府神游》,巴蜀书社2003年版。

[36] 罗明:《画图成意 画图成都——历史文化资源的文化符号与文化产业创意》,巴蜀书社2010年版。

[37] 袁庭栋:《天府的记忆》,成都时代出版社2007年版。

[38] 袁庭栋、张志烈:《历代文化名人在四川》,四川人民出版社2019年版。

[39] 许蓉生:《书香成都》,四川大学出版社2021年版。

[40] 谭继和:《竹枝成都：本土文化的经典记忆》,四川人民出版社2008年版。

[41] 税显辉、刁涵、黄俊棚:《中华文化天府论坛·三星堆文化与青铜文明学术

研讨会综述》,《中国西部》2022年第6期。

[42] 陈叙:《新媒体时代成都城市形象传播的思考》,《四川省干部函授学院学报》2022年第4期。

[43] 刘兴全、崔晓、智凌燕等:《天府文化融入孟中印缅区域人文交流的途径研究》,《成都行政学院学报》2022年第5期。

[44] 何平:《唐宋时期成都与周边地区的文化交流》,《中华文化论坛》2022年第5期。

[45] 马健、王梦娇:《培塑县域文化品牌 推进城乡文化资源共建共享——天府文化名县建设的可行性研究》,《乡村振兴》2022年第8期。

[46] 贾佳:《新时代成都天府文化的视觉叙述路径探析》,《文化创新比较研究》2022年第17期。

[47] 眭海霞、陈俊江、练红宇:《乡村振兴战略下天府乡村文化保护与传承研究》,《四川省社会主义学院学报》2022年第1期。

[48] 朱金春:《封闭与开放的辩证法:历史地理学视野下的天府文化形成与发展》,《成都大学学报(社会科学版)》2021年第5期。

[49] 李霜琪:《论都江堰是天府文化之源》,《文史杂志》2021年第5期。

[50] 杨玉华、万春林:《天府文化与成都超大型城市治理》,《成都大学学报(社会科学版)》2021年第4期。

[51] 杨子均:《天府文化进大学校园教育实践路径研究》,《中共成都市委党校学报》2021年第3期。

[52] 田蓉:《彰显天府文化美学价值推动成都民宿高质量发展》,《先锋》2021年第2期。

[53] 何金海、王玲:《美丽宜居公园城市建设对天府文化传承与发展的研究》,《四川建筑》2020年第6期。

[54] 张静华:《西周天府文化职能考论》,《浙江档案》2020年第11期。

[55] 李洁:《天府文化创造性转化创新性发展研究——基于成都城市美学的视角》,《中共成都市委党校学报》2020年第4期。

[56] 课题组:《天府文化创造性转化创新性发展研究》,《中共四川省委党校学报》2020年第1期。

[57] 杨平平:《诸葛亮治蜀思想探析》,《重庆第二师范学院学报》2018 年第 05 期。

[58] 黄杉:《试析天府文化的文化自信》,《四川戏剧》2019 年第 12 期。

[59] 龙宥齐:《生活美学视角下成都城市形象传播策略》,《新媒体研究》2019 年第 22 期。

[60] 刘泽祯、何毓婷、孟芸:《网红经济背景下天府文化的传播和价值探究》,《现代商业》2019 年第 30 期。

[61] 胡晓宇、胡玉珠:《以"天府文化"为核心的电子竞技产业发展前景分析》,《现代商业》2019 年第 29 期。

[62] 邓经武:《大石崇拜:天府文化的远古记忆》,《文史杂志》2019 年第 4 期。

[63] 黄杉:《由李冰治水溯源天府文化》,《四川戏剧》2019 年第 6 期。

[64] 蔡尚伟:《天府文化的历史韵味与时代表达》,《人民论坛》2019 年第 15 期。

[65] 黄杉:《天府文化形象塑造探究》,《四川戏剧》2019 年第 2 期。

[66] 宋洁:《坚定新时代天府文化自信把握成都的"根与魂"》,《中国民族博览》2019 年第 2 期。

[67] 李建:《天府文化背景下双流区文化创意产业发展路径探析》,《四川省干部函授学院学报》2018 年第 4 期。

[68] 蒲维维:《天府文化元素中"芙蓉"卡通形象研究及衍生设计》,四川师范大学 2019 年硕士学位论文。

[69] 莫虓筱:《成都"世界大运会"视角下的城市品牌形象塑造研究》,四川音乐学院 2022 年硕士学位论文。

[70] 许蕾:《三星堆博物馆文创产品设计研究》,成都大学 2021 年硕士学位论文。

[71] 王洁佳:《成都仿古街区的旅游开发研究》,西南财经大学 2009 年硕士学位论文。

[72] 刘宇超:《川剧影视化制作与传播研究》,四川音乐学院 2021 年硕士学位论文。

[73] 吴昊:《城市形象视域下的"天府文化"旅游商品设计研究》,西华大学 2020 年硕士学位论文。

[74] 吴雅婷:《成都市文化创意产业集聚发展研究》,四川省社会科学院 2020 年硕士学位论文。

[75] 蔡尚伟:《成都、重庆的城市文化与报业》,四川大学 2003 年博士学位论文。

[76] 张娅姣:《城市文化与城市发展：成都经验》，西南交通大学 2011 年硕士学位论文。

[77] 宋歌:《成都地域文化元素在城市文创旅游视觉形象中的创新设计研究》，四川师范大学 2018 年硕士学位论文。

[78] 李夕雯:《成都宽窄巷子动漫旅游宣传片的探索与研究》，四川师范大学 2017 年硕士学位论文。

[79] 郑婷予:《成都文化创意产业的空间分布特征研究》，华东师范大学 2015 年硕士学位论文。

[80] 刘灵:《当代城市美学形象塑造与文化传播》，四川师范大学 2013 年硕士学位论文。

[81] 付远书:《四川"智游天府"文化和旅游公共服务平台：探索"智慧文旅"新路径》，《中国文化报》2022 年 10 月 18 日第 6 版。

[82] 党鹏:《成都探路世界文化名城 天府文化凸现软实力》，《中国经营报》2022 年 6 月 20 日第 B09 版。

[83] 王嘉:《发展天府文化 推动文旅深度融合》，《成都日报》2022 年 6 月 1 日第 3 版。

[84] 田蓉:《推动天府文化创新性发展 协同打造巴蜀文化旅游走廊》，《学习时报》2020 年 9 月 16 日第 8 版。

[85] 陈伟、陈宇祥:《天府文化是彰显成都魅力的一面旗帜》，《成都日报》2017 年 6 月 7 日第 7 版。

[86] 马玉宝:《天府文化 行远自迩》，《成都日报》2018 年 3 月 14 日第 3 版。

[87] 曾江、赵徐州:《丝路文化与天府文化的交汇》，《中国社会科学报》2017 年 8 月 3 日第 6 版。

[88] 成都商报:《谭继和揭秘天府文化内涵：传承革新》，2017 年 5 月 4 日，http://sc.cnr.cn/sc/2014jiaodiantu/20170504/t20170504_523738269.shtml。

[89] 张黎:《天府文化的历史本源与气质神韵》，2017 年 6 月 7 日，http://news.chengdu.cn/2017/0607/1882996.shtml。

[90] ROBERT B, *Ancient Sichuan*：*Treasures from a Lost Civilization*，Princeton：Princeton University Press，2001.